JIAO YAN XIANG ZHANG QI SHU

集体化时代的山西农村社会研究

行龙◎主编

中国社会科学出版社

图书在版编目（CIP）数据

集体化时代的山西农村社会研究／行龙主编．—北京：中国社会科学出版社，2018. 3

ISBN 978－7－5203－2291－1

Ⅰ. ①集…　Ⅱ. ①行…　Ⅲ. ①农村—社会问题—研究—山西　Ⅳ. ①D669

中国版本图书馆 CIP 数据核字（2018）第 058952 号

出 版 人　赵剑英
责任编辑　张　湉
责任校对　张爱华
责任印制　李寡寡

出　　版　中国社会科学出版社
社　　址　北京鼓楼西大街甲 158 号
邮　　编　100720
网　　址　http://www.csspw.cn
发 行 部　010－84083685
门 市 部　010－84029450
经　　销　新华书店及其他书店

印　　刷　北京君升印刷有限公司
装　　订　廊坊市广阳区广增装订厂
版　　次　2018 年 3 月第 1 版
印　　次　2018 年 3 月第 1 次印刷

开　　本　710×1000　1/16
印　　张　18
插　　页　2
字　　数　289 千字
定　　价　75.00 元

“教研相长七书”总序

“教学相长”，可谓耳熟能详。《礼记·学记》谓：“是故学然后知不足，教然后知困。知不足然后能自反也，知困然后能自强也。故曰：教学相长也。”这里所说的“教研相长”，则是强调教学和研究的互相促进，互相提高。教学和研究，两者融为一体，相得益彰，那是一个大学教师应该感到很欣慰的事情。

山西大学中国社会史研究中心成立20多年来，秉持教研相长的优良传统，一直强调在做好科学研究的同时，做好本科和研究生的教学工作。既要把自己的研究成果融入教学实践中，又要把教学实践中的问题引入自己的科学研究中，由“知不足”“知困”，到“自反”“自强”，确实朝着“教研相长”的方向不断努力。

2008年5月，在山西大学举行的建校106周年纪念活动中，我在大会上有一个发言，题目叫作“走向田野与社会的史学”，初步总结了社会史研究中心成立以来立足前沿、学科融合、关注现实、培养人才、教研相长五个方面所谓的“经验之谈”。其中的“教研相长”如此谈道：

> 教师的天职是教书育人，传道、授业、解惑即为师之本。目前，高校普遍存在的一个令人担忧的现象是重科研而轻教学，它与不合理的各种考核和晋升条件有直接的关联，也与社会风气的影响直接相关。我记得，1985年留校任教后，乔志强先生曾和我有过一次认真的谈话，主题就是讲教学是教师的第一要务，站不稳三尺讲台，就没有立身之本，青年教师要把过好教学关当作工作后的第一关去认真对待，不得丝毫马虎。三十年来，我一直把老师的忠告铭记心间，即使在最近这些年繁重的行政工作压力下，我也尽量给本科生

上课，争取上好每一节课。对自己的学生我也如此要求，尽管可能会累一点，但我们作为一个教师，心里实在有一种良心上的满足感。目前，由我带头的《区域社会史研究导论》课程已成为国家优秀精品课程，团队也获得国家优秀教学团队的荣誉。我们还以精品课程为核心，开展了“校园历史文化节”“鉴知精品课程青年教师培训班”两项活动，有关的教材也在积极的编写过程中。事实证明，通过高质量的教学活动，大大促进了科学研究的广度和深度。教研相长绝非空词。

“教研相长”是山西大学中国社会史研究中心成立以来的一个好传统。乔志强先生在世时，不仅开拓性地率先开展社会史的研究，而且带领众弟子编写《中国近代社会史》一书，以此获得了教育部优秀教学成果奖，成为至今许多高校本科生、研究生的必读书和教材。乔先生仙逝后，我们又继承和发扬这一传统，虽然将研究的重心由整体社会史转向区域社会史，但教研相长却一以贯之，努力以赴。围绕 10 多年前为本科生开设的《区域社会史研究导论》课程，我们组建了“区域社会史”教学团队，获得了国家精品课程、视频公开课、优秀教学团队等荣誉，山西大学历史学科以此成为国家级特色学科，并建立了国家级的校外大学生实践教学基地。2014 年，山西大学中国社会史研究中心被人力资源和社会保障部、教育部共同授予“全国教育系统先进单位”的荣誉称号。

毋庸讳言，目前中国高等教育仍然面临着许多挑战和问题，其中重科研轻教学的现象表现比较突出，许多高校的研究机构人员很少甚或没有为本科生上课的教学任务，导致科研与教学的严重脱节。重知识传授轻能力培养，重课堂学习轻研究训练，已经成为普遍诟病的问题。山西大学中国社会史研究中心不足 10 人，我们既作为研究团队，又作为教学团队，一肩双任，虽苦犹乐，这是因为我们首先是一个大学的老师。在科研和教学的长期实践过程中，我们确实有一份责任感，又有一份快乐感。

“教研相长七书”的一个小小意愿，就是把我们长期以来围绕中国社会史、区域社会史的教学实践公之于世，接受大学生、研究生和社会各界的意见和批评，以便继续深化这方面的工作。

以下就"教研相长七书"分别作以简要的介绍：

一、乔志强主编《中国近代社会史》（人民出版社1992年版）。该书为乔志强先生"和青年教师的集体尝试"，该书分社会构成、社会生活、社会功能三编建构中国近代社会史的知识体系，内容包括人口、家庭、宗族；社区与民族；社层变动；物质生活；精神生活；人际关系；教养功能；控制功能等。有学者称为"乔氏体系，三大板块"。正文之前有乔志强先生撰写的长达35页的"导论"，讨论社会史研究的对象、社会史的知识结构、研究社会史的意义、怎样研究社会史四个问题。这是国内第一本系统的社会史研究著作，有评论认为此书为社会史研究"从理论探讨到实际操作迈出的第一步"，"具有某种划时代的意义"。该书又有台北南天书局1998年6月中文繁体本，已经成为许多大学本科生、研究生的必读教材。

二、行龙主编《区域社会史研究导论》。2004年开始，由我牵头在山西大学历史系开设《区域社会史研究导论》课程，期间，或历史专业选修课，或全校公开课，连续十余年未曾间断。该课程以"集体授课"的形式进行，中国社会史研究中心的8位教师共同担当本课程的授课任务。2007年，该课程被评为国家级精品课程，次年区域社会史教学团队被评为国家级优秀教学团队；2013年，该课程作为教育部精品视频公开课向社会开放。授课的同时，我们就在进行着相关教材的编写，结合授课实际和学生的反映，大家一起讨论，反复修订，课程讲授—田野考察—修订教材，不断地循环往复，终于完成了这本经过10余年努力而成的教材。该书共七章一个绪论，讲授区域社会史研究的趋向、学科定位、区域特性、小地方与大历史、区域社会史研究的理论、方法、资料等内容，意在提供给学生一个怎样研究区域社会史的入门教材。

三、行龙主编《近代山西社会研究——走向田野与社会》（中国社会科学出版社2002年版）。本书为"山西大学百年校庆学术丛书"之一种，"是我和近几届硕士研究生共同完成的"。"本书除前面两篇有关社会史及区域社会史的理论问题（行龙：《中国社会史研究中的几个问题》；乔志强、行龙：《近代华北农村社会变迁论——兼论地域社会史研究的理论与方法》）外，对近代以来山西人口、水资源及水案、灾荒、集市、民教冲突、祁太秧歌等分专题进行了研究。应当说这些问题都是之前很少涉猎或没有研究过的问题，我们试图从社会史的角度对此进行探讨。”时间过得真快，一晃该书已面世14个年头，昔日的硕士生已成长为大学的教授，我感到很是欣慰。又，正是本书当年的责任编辑郭沂纹先生的肯定和支持，才催生了“教研相长七书”，对此要对她道一声感谢！

四、行龙主编《集体化时代的山西农村社会研究》。此书可以看作前书的姊妹篇，也是社会史研究中心硕士生毕业论文修改而成。集体化时代的农村社会研究，是近年来中心的一个主要研究方向，多篇硕士、博士论文围绕此方向展开。该书所涉内容包括两大类：一类为集体化时代的某个村庄问题的研究，典型农村如西沟、张庄，一般农村如赤桥、剪子湾、道备等；另一类为专题研究，如新区土改、医疗卫生、水土保持、农田水利、文化生活等。需要说明的是，正如前书的副标题一样，各篇论文的形成，都实践和体现了“走向田野与社会”的理念。论文“或以资料翔实见长，或以立题新颖取胜，各位都注意到充分利用田野调查和地方文献，下过一番苦功夫”。现经中心诸位教师讨论，从数十篇中选取十篇结集出版，接受读者的指正与批评。

五、行龙主编、郭永平副主编《在田野中发现历史——学生田野调查报告（永济篇)》。走向田野与社会，是我们多年来从事社会史和区域社会史教研工作中的追求与实践。“这里的田野包含两层意思：一是相对于校园和图书馆的田地与原野，也就是基层社会和农村；二是人类学意义上的田野工作，也就是参与观察实地考察的方法；这里的社会也有两层含义：一是现实的社会，我们必须关注现实社会，懂得从现在推延到过去或者由过去推延到现在；二是社会史意义上的社会，这是一个整体的社会，一个‘自下而上’的社会。”① 田野工作是中心和历史学专业每一届学生的必修课，多年来，我们一直坚持这一做法，学生收获良多。

位于山西省南部的永济，是我们与永济市人民政府共同建立的国家大学生校外实践教学基地，近年来，山西大学社会史研究中心的教师结合《区域社会史研究导论》课程讲授，带领学生在永济进行了多次田野考察，该书收录的学生作品含学术论文、调查报告、田野日记三部分。

① 行龙：《走向田野与社会》（修订版），生活·读书·新知三联书店2015年版，第19页。

虽显稚嫩，但对我们而言却十分重要，因为这是多年来学生田野工作的一次集中展现。

六、行龙著《山西区域社会史十五讲》。该书从我近年来发表的数十篇有关山西区域社会史的论文中辑出。书分六部分内容，涉及山西区域社会史研究的主要脉络，新的研究领域、田野考察、资料发掘、人物研究及山西大学校史的相关问题。这些论文都是在教学过程中"初次亮相"，进而吸收各方意见成稿，也可以说是本人"教研相长"的成果。

七、胡英泽、张俊峰主编《区域社会史研究读本》。这个"读本"，或可叫做"选本"，也就是一个教学参考书。记得我们读大学的时候，有一门课程是"历史要籍介绍及选读"，很受学生欢迎。区域社会史是一个新兴的研究领域，30年来却有那么多的成果出现，既要选的精当，又要使学生爱读，既要有理论方法的引导意义，又要兼顾具体的实践操作，实在也是一件很难的事情。又，这个读本只收录了部分中国学者的作品，限于篇幅未能收录海外学者的作品（有机会可再编一本《海外读本》），意在使读者减少隔膜感而增进亲近感，这样的初衷或许更符合读者的口味。"学识有限，难免挂一漏万，留遗珠之憾"，并非一句客套话。

"教研相长七书"编订之际，既有一分欣慰，又有一分忐忑。我们在长期从事历史研究的过程中，认真地从事了相关的教学工作，从大家的谈论中，从学生的反映中，我们能够感受到做教师的快乐。另外，"教研相长"又是一个需要长期坚持和努力的过程，在目前这样的环境中也是需要比别人付出更多心血的过程。过程之漫长并不可怕，好在这个过程是快乐的。

时值2016年教师节即将来临，新的学期也将开始，愿以"教研相长七书"以为纪念，期望读者诸位多加指教。

"教研相长七书"整理、编排过程中，马维强同志付出了辛勤的劳动，特以致谢。

行　龙

2016年8月29日

于山西大学中国社会史研究中心

前　　言

《集体化时代的山西农村社会研究》与《近代山西社会研究——走向田野与社会》（中国社会科学出版社 2002 年版）一样，均以山西大学中国社会史研究中心硕士毕业论文选编而成，读者诸君不妨将此两书看作姊妹篇。

2003 年以来，集体化时代的山西农村社会研究逐渐成为本中心科学研究的一个重要领域，围绕这个领域的硕士生、博士生毕业论文已有数十篇，林林总总，蔚为大观。我在《回望集体化——山西农村社会研究》（商务印书馆 2014 年版）的“编者前言”中，曾经感叹此领域的开拓有一种“无心插柳柳成荫”的感觉，话虽如此轻松，但实际工作中师生都付出了艰辛的劳力和心力。

近十年来，我们下大力气抢救式地收集散落在基层农村的集体化时代档案资料，师生长年累月，不辞劳苦，栉风沐雨，寒暑不辍，坚持“走向田野与社会”，深入基层与农村。一茬又一茬的研究生毕业离校，一批又一批的档案整理入柜，每一位在中心工作和学习过的同志，都经过了收集整理资料的学术训练，都有一份田野工作的辛苦与收获，真可谓甘苦备尝，冷暖自知。

眼下，集体化时代的中国农村研究已经引起学术界和社会各界的高度重视，回头总结一下我们在这个领域的研究过程和成果，尤其是在培养研究生过程中的些许收获，实在是很有必要的。本书从近年来数十篇硕士论文中经作者删改选取十篇，篇幅所限，未能一一收入，这是需要诸位同学谅解的。

又，收入本书的一些论文，之前曾在相关学术刊物发表过，特此说明。

自2002年《近代山西社会研究——走向田野与社会》出版以来，时间已过去15个年头。白驹过隙，岁月如流，教书育人的责任却永驻心头。

行　龙

2016年8月28日

于山西大学中国社会史研究中心

目　录

革命与医疗

——太行根据地医疗卫生体系的初步建立

刘轶强[①]

“以一定的地域范围来研究社会及其发展的历史，无论从学术角度还是从实践效用来说都是十分必要的。”[②] 20 世纪 40 年代的山西被推到历史的前台，它既是国共合作抗战的中心，又是国共内战的重心之一。反映到史学研究上，对这一时期的研究也主要集中在战争与革命、生产力与生产关系、经济基础与上层建筑以及社会发展规律等影响国计民生的宏大问题，以事件、制度乃至器物为研究重点，而忽略了对人在社会中的生存状况、生活态度和精神信仰等与人本身直接相关内容的研究。在疾病医疗史的研究方面更是一个薄弱环节，比如医疗资源变化、公共卫生状况、医者的地位、疾病和医学的变动对社会所造成的影响等，成果很少。有些问题，虽已有所涉猎，但限于研究基础、资料和方法等方面的原因，往往不够深入。总体而言，这一时期疾病医疗社会史的研究在历史学界无论是深度还是广度，都有待研究者的介入和挖掘。

本文以 20 世纪 40 年代的太行根据地作为研究对象，从社会史的视角

---

① 刘轶强：山西大学中国社会史研究中心 2005 届硕士研究生，现任职于太原理工大学文法学院。

② 行龙：《近代华北农村社会变迁刍论》，《近代山西社会研究》，中国社会科学出版社 2002 年版，第 11 页。

出发，通过对这一区域特定时期内疾病医疗及其相关问题的考察，来展示历史变迁中的这一重要侧面。把对疾病医学史的关注层面放到区域社会史研究的脉络中，对了解这一时期人们的生存状况、精神面貌、环境与社会的变动、民众的心态等，都是非常有利的，它呈现的是一幅“真实存在”却长期以来未被发掘的重要历史面相。1937 年抗日战争爆发后，八路军挺进山西，开辟了太行根据地。作为陕甘宁边区的屏障，太行根据地对于中国共产党来说具有特别重要的战略意义。在这里中国共产党建立了巩固的政权，使自己的势力渗透到乡村的层面，获得了广阔的活动空间，为赢得战争的胜利进行了艰苦的努力。战争中健康的人是至关重要的胜利因素之一，不论是作为生产中的劳动力还是战争中的兵员，健康都是不可或缺的，这使得战时的医疗卫生工作变得非常重要。加强医疗卫生工作，必须改变原有的医疗状况，建立一套行之有效的应对疫病的医疗卫生体系。非如此则不能建立强大的医疗保障体系，为战争输送有生力量。1945 年 11 月，太行行署成立卫生科，既开展医疗业务，又负责卫生管理事业。1947 年 4 月成立太行卫生社，负责全区卫生行政事宜和具体的防疫治疗工作。①

1942 年开始的大生产运动不仅使根据地摆脱了经济困境，而且还告诉了共产党人一个非常重要的道理：要想赢得战争的胜利，必须实现“人财两旺”。“没有开展大生产是人财两不旺；已开展大生产的则是财旺人不旺”②；只有做到开展大生产的同时加强卫生防疫工作，才能做到“人财两旺”，才能使战争有保障，胜利有可能。医疗卫生的主要力量是医疗机构和医生。因此，建立相应的医疗卫生体系，加强对医生的领导和管理成为根据地医疗卫生工作的主要内容。

一

太行根据地山多地少，交通不便，是一个比较典型的落后小农经济地

---

① 山西省地方志编纂委员会：《山西通志》第 41 卷《卫生医药志 · 卫生篇》，中华书局 1991 年版，第 249 页。

② 健秋：《加强群众的卫生防疫教育，减少疾病死亡》，《教育阵地》5 卷 2 期。

区。在医疗卫生方面，其发展水平、行医模式也处于非常落后的状态。太行山地区的医疗主要通过分散的、个体的民间中医和零星的西医来实现。

抗战以前，太行山区的医疗主要依赖中医，有世代相传的名医、有半路出家的学徒，还有走街串巷的郎中。他们或挂牌应诊兼业求生，或走方行医游食四方，中医人才的教育培养，数千年来一直沿用家传、师授、自学的传统授业方式。这样的民间医疗体系，相互间少有联系，各自以生活居住的村镇为原点向外辐射，因地形复杂、交通不便，大多数乡村医生处于单打独斗的状态，故难以对多发、频发的疫病实施有效的控制。

中医的行医方式主要是兼业和走方两种。这种行医方式是适应乡村实际情况出现的，有利有弊。兼业医生多为看病不收“脉礼”，其形成的原因主要是由于医生所居地区偏僻，经济条件差，人口少，单纯以医为业，靠诊费收入难以维持生计，故自开药店，看病时免收诊费，谓之“送诊”，将卖药作为经济收入的主要来源，以药养医。兼业医生的理论水平和临床经验大多不高，难以承担防疫治病的责任。

走方是中医行医方式中很有特色的一种，此类医生无固定行医场所，身背药囊，装有随备药品，周游四方。走方医病开出的处方可由病人自买，多平淡无奇。随售的丸、散、膏、丹皆系自备秘制，是取效的关键。走方医中少数人得有师傅真传，医术高超，品德高尚，贵义贱利，持有历验不爽的经验良方，能治一般医生感到棘手的奇难大症；也有不学无术、专以兜售假药骗人钱财聊以谋生之徒。

可以看出，中医传统授业方式客观上存在两个根本缺陷：其一，担当培养教育的是个人，很难在理论、经验两方面都博大精深，普遍是长于理论则短于经验；富于经验而又短于理论；临床各科精于此而疏于彼。因而家传、师授以及自学者，不能接受全面系统的中医教育。其二，个人传业，范围狭小，能力有限，培养人数自然不可能很多，也就难以满足医疗防疫不断增长的实际需要。兼业和走方的个体行医方式具有行医规模小、范围小和医疗技术难以提高的缺陷。太行山区交通不便限制了其发展的规模和救治的范围，社会经济贫困也使其只能局限于维持生计，这就造成了根据地内传统中医的点状分布与各自为政，相互间没有联系与合作，诊病治病完全依靠个人经验和家传秘方，因此其只能应对日常普通疾患的发生，根本不具备有效控制大规模疫病流行的能力。

19 世纪 80 年代，西方医疗技术传入山西。以清光绪六年（1880）基督教英国圣公会在太原府创办首家西医教会诊所为开端，外国教会纷纷在山西大中城镇开办诊所和医院。与中医分散的个体行医方式不同，西医从一开始就以整体形象出现，并很快融入日益近代化的国家行政体系之中。西医以其先进的医疗理论和治疗手段被称为“新医”，而直接将中医压迫为“旧医”，也就是说原本应是两个不同体系的并列学科，却有了优劣之分。在近代中国追求近代化的大背景下，“抑中扬西”一时间成为潮流，国内掀起了一股否定中医、废止中医的思潮，民国十八年（1929），国民党政府通过“废止中医案”，但西医的强势崛起并不足以对中医构成致命的威胁。西医的传入由城市开始，它的优势地位也主要确立于大城市以及城市周边的城镇，这与西方资本主义政治、经济、军事、文化在中国的地理分布是相吻合的，“由于中国的土地广大，中国的经济、政治和文化的发展，表现出极端的不平衡”①。这种不平衡性的论述对西医的状况也同样适用，西医人员的稀缺及其集中于城市的特点，使其影响力大打折扣。正如杨念群所论述的：“家庭诊所的一体化构造，师徒单线的私秘性授传，经验主义方式的诊疗模式，和草根般的药物配制程序，在中国社会中已经存活了几千年，却都在仿佛阻碍着西医向中国乡村社会渗透进发的步伐。”② 同时，中医在人数上的优势同样制约着西医在乡村中统治地位的确立。表 1 是 1949 年晋城等四个县的中西医人数比例表，以此为参照可以大致判断出抗战前的情况应与之相似。

表 1　　晋城等四县中西医人数比例表

县　份	中医人数	西医人数	中西医人数比
晋城县③	307	43	7.1∶1

① 毛泽东：《中国革命和中国共产党》，《毛泽东选集》第 2 卷，人民出版社 1991 年版，第 631 页。

② 杨念群：《防疫行为与空间政治》，《读书》2003 年第 7 期。

③ 《晋城县鉴定医生花名统计表》，1949 年 7 月 12 日，山西省档案馆藏，革命历史档案 A196－1－22－6。

续表

县　份	中医人数	西医人数	中西医人数比
陵川县①	193	22	8.7∶1
垣曲县②	96	14	6.8∶1
涉　县③	46	8	5.7∶1

据此，无论是城市中以西医为主体的近代国家医疗体系，还是西医在城镇中的短期繁荣，都难以将西医的广泛影响延伸至太行山区。因而，在太行山区西医也是以零散的个体形式出现，他们与中医的医学背景虽然不同，但“单打独斗”的行医方式却毫无二致，加之数量稀少，根本无法完成预防和治疗疾病的双重使命。

医疗卫生状况在抗战爆发后的动荡社会环境下更加恶化。在战争环境下，人们失去了安定的生活规律和基本的生活保障。流离失所又使民众体质下降，且易招致外伤和灾病，加上日本侵略者违背国际公法，对根据地实施野蛮屠杀的同时，施放毒气、散发毒菌，一时疫患猖獗，危害甚巨。

以1944年太行区疾病状况为例：“在武安马店头全村有四百一十一人，就有三百零八人害病，占总人口百分之七十四点九强。上麻田六百零四人，害疟疾的五百一十四人，占总人口百分之八十五点八。其中以壮年最多，约占百分之四十五，其余为老年幼年。”④

“大兵之后，必有大疫”，疫病与战争是分不开的。太行根据地是华北抗战的重要地区，战争使医疗力量更趋薄弱，加之医疗设备不足、医药缺乏，根据地军民的防疫能力大大降低；战争还破坏了根据地社会秩序的稳定，使人们的生产、生活处于混乱状态。日寇对根据地进行大规模“清乡”“围剿”“扫荡”的同时，在根据地内大量散布病菌、毒气以及

---

① 《太行卫生社半年总结报告》，1949年7月1日，山西省档案馆藏，革命历史档案A52－4－124－10。

② 《垣曲县医生调查统计表》，1949年7月27日，山西省档案馆藏，革命历史档案A176－1－29－1。

③ 《太行行署1946年4月医药卫生座谈会纪要》，山西省档案馆藏，革命历史档案A52－4－114－1。

④ 太行革命根据地史总编委会：《开展群众卫生运动》，《太行革命根据地史料丛书之八·文化事业卷》，山西人民出版社1989年版，第663—664页。

在井中、河中投毒，对经济生态和社会生态造成了极大的破坏，不仅使疫病流行的范围逐步扩大而且更加频繁。“我们地区日益向外扩大，疾病却日益向内发展。就疟疾来说，1938 年、1939 年在冀西发生，1940 年赞皇一带发生甚炽，1941 年至武北直到清漳河岸，1942 年、1943 年到了武乡、襄塬等处，1944 年又到了二分区，这种趋势，日有增加。再说汗病，1939 年由河间开始传至林县、平顺，1940 年、1941 年，又至黎城、襄垣、左权，1942 年、1943 年榆社、武乡，直至现在（1945）武西仍在蔓延。”① 疫病伴随着战争在根据地内肆虐，根据地军民被迫“两线作战”。战争带来的人员损失显而易见，而疫病造成的减员亦不容忽视。

为控制疫情，减少根据地人民的生命与财产损失，急需更多的医生参加防疫减灾工作。对医生需求的增大和医生人数相对缺乏的状况，间接地鼓励了人们向医生这个职业的流动。一些因生活所迫又无一技之长的村民纷纷加入医生的行列中。但是，由于缺乏相应的培训与监督考评机制，不可避免地出现了医生队伍管理中的无序与混乱。医者的良莠不齐，必不利于保障根据地人民的身心健康，也不利于根据地医疗卫生事业的发展。1946 年 4 月，在太行行署召开的医药卫生座谈会上，很多医生检讨了自己的行医动机。有因生活所迫投师名医的；有因小学教员的工作不保险，正好看见父亲行医的收入好转而改做医生的；有发现村里群众求医难，自学开始行医的；还有自小学毕业后无事可做，游荡中发现医生这个职业好而行医的。② 这种趋势的结果是大批医生的出现似乎暂时改善了医疗人员缺乏的状况，但实际上，这些所谓的医生并不是正规中医或西医培训教育出来的合格人员，医疗水平参差不齐。不合格医生人数的增加不仅没有从根本上解决医疗力量不足的问题，反而使得医疗防疫力量更加孱弱，造成“有疫无防、防而无效”的局面，因此对原有医疗队伍进行整合，建立相应的疫病防治体系就成为根据地医疗卫生工作的一项重要任务。

---

① 太行革命根据地史总编委会：《开展群众卫生运动》，《太行革命根据地史料丛书之八·文化事业卷》，山西人民出版社 1989 年版，第 663—664 页。

② 《太行行署 1946 年 4 月医药卫生座谈会纪要》，山西省档案馆藏，革命历史档案 A52－4－114－1。

二

“现代医疗行政体系一旦与国家制度的有效运作相结合，固然可以在防疫行动中发挥主导作用，然而这种行政控制的形式在基层尤其是乡村地区实施时如果不能与传统意义上的民间关系网络建立起合理的联系，那么这种卫生行政的有效实施必然是有限的。”① 建立起有应对能力的防疫机制，实现降低疫病危害的目的，就必须整合原有的民间防疫、治疫力量，把分散的医疗人员组织起来，实现医疗的集体化。根据地所在地区是乡村，因此要想建立战时有相当效率的医疗卫生体系，不可能脱离乡村原有的医疗资源另起炉灶。考虑到现实的乡村医疗人员的情况，考虑到战争允许的环境和条件，那么，首先就是要联合乡村的传统医生们，建立适应战争和适应“新旧”医生们发挥各自优越性的组织和机构。

分散的中医遍布于根据地的每一个乡村，是民间医疗的主要力量。但是中医“缺乏群体应对瘟疫时的系统整合能力”②，其分散性也决定了个体中医无法有效地应对疫病的大范围蔓延，因此对传统的、分散的医疗体系进行整合便成为根据地政府防疫行政工作中最为迫切的一项内容。

从 1943 年开始，根据地政府发动各地的“模范”医生先后成立了中西医研究会等合作医疗组织，将分散的中西医医生联合起来统一领导，共同应对疫病的挑战。其中最著名的是 1943 年 6 月在襄垣县由中医郝子宏成立的医学研究会，其他地区，如黎城在 1945 年“九月十七日县府指令召开全县医生座谈会，成立医药卫生研究会的机构”③；左权县 1946 年春“县成立学术研究会，村成立卫生小组”④，等等。医学研究会的成立改变了中西医传统的独立行医方式，是个体医生由分散走向合作的开始。参加

① 《我国近代防疫体系的演变》，杨念群教授在中国人民大学的讲演。

② 同上。

③ 《黎城县医药卫生研究会工作汇报》，1946 年，山西省档案馆藏，革命历史档案 A174 - 1 - 65 - 1。

④ 《太行行署 1946 年 4 月医药卫生座谈会纪要》，山西省档案馆藏，革命历史档案 A52 - 4 - 114 - 1。

研究会的医生被组织起来，相互交流诊病经验和各科验方，遇有疑难杂症集体会诊，会诊后再开会讨论。

医生间的交流与合作，尤其是不同专科医生间的交流，使每个人的专业技术愈加丰富和完善。集体会诊提高了群众病愈的几率。研究会定期组织医生在附近乡村巡回医疗，结合诊病宣传医疗常识。当疫病大规模发生时，研究会能够及时组织医疗小组奔赴疫区进行救治。[①] 有组织的集体救治行为的出现，降低了以往个体医生单凭个人技术和经验应对疫病的不确定性，增强了民间防疫治病的能力。集体会诊还改善了以往同行是冤家互相拆台的状况，出现了前所未有的团结景象。

医学研究会的成立是根据地政府对旧的行医方式进行改造的开始，也是建立新的卫生防疫体系的最初尝试。

为进一步确立医学研究会的权威性，加强对乡村医卫工作的控制，构建政府领导下的民间医疗卫生防疫体系，各区县相继授权给医学研究会，对当地的医生进行鉴定。鉴定内容以“技术、政治思想认识、群众关系三方面来决定并加以笔试”[②]。对通过鉴定者由根据地政府颁发统一的“行医证”，未取得行医证者将丧失行医资格。此项措施的实施，使医学研究会成为根据地政府领导民间个体医生的桥梁。

郝子宏研究会的发展轨迹便是如此。1943 年 6 月研究会成立后，郝子宏就从鉴定医生入手去组织医生。7 月，郝子宏配合区政府组织了第一次医生鉴定，鉴定后建议政府，“每人发了暂时行医证，规定县上区上的研究会都选一个会长几个委员，规定区上一月开会一次，会长们三月到县上开一次会”。会上“动员医生和收集好药方（会后）领到医证的人们积极努力，分头负责。祖辈不传人的南娥药、疯狗药、抽风药，都动员出来了，没受鉴定的人们后悔不该硬憋。觉的不如自己的人都领了证，关键是自己害得自己不能看病”[③]。于是，越来越多的医生通过参加鉴定被组织起来，研究会的制度建设也日渐完善：定期开经验交流会，中西医相互培

① 《太行行署 1946 年 4 月医药卫生座谈会纪要》，山西省档案馆藏，革命历史档案 A52－4－114－1。

② 同上。

③ 《郝子宏与襄垣的医务工作》，太行革命根据地史总编委会：《太行革命根据地史料丛书之八 · 文化事业卷》，山西人民出版社 1989 年版，第 674 页。

训，对疑难杂症进行会诊，交流各自看病时所开的处方等。鉴定医生事务成为郝子宏医学研究会迅速发展的契机。

根据地政府以行政命令的方式赋予医学研究会鉴定医生的权力，体现了战时特点。医学研究会的管理者不是地方的医疗精英而是符合战争要求的“模范医生”，医学研究会也不是研究医学的机构，而是根据地政府对民间分散的个体医生进行组织与管理的桥梁。通过对医生的鉴定，医学研究会在民间医疗领域的领导地位得以确立。这个措施的贯彻落实，使根据地政府通过医学研究会这一民间医疗组织，逐步实现了对现有医疗力量的有效管理，是根据地政府强制性进入医疗卫生领域并逐步实施有效控制的重要步骤。从鉴定内容上看，“政治思想认识和群众关系”两方面的要求，是阶级性在卫生工作中的体现，也是战时纯洁医疗队伍的必要性的体现；“技术”要求则驱除了医生队伍中的“南郭先生”，进一步加强了防疫治疫的能力。

团结小药铺，成立医药合作社是根据地医疗卫生体系建立过程中最为关键的步骤。医生组织起来后，通过交流验方和处方，在诊病这个环节上实现了“集体化”，但病人买药还是要去开处方的特定医生的“小药铺”。由于个体药铺资金有限，不可能购置所有的药材，因而往往会出现药价高还抓不全的情况。另外，医生的生活收入来源于自己经营的药铺或挂靠的药房，在诊病的同时还要分心于经营，势必会影响医生一技之长的发挥，这样也就削弱了研究会防病治病的能力。所以，成立医药合作社就成为非常迫切的事情。

根据地为提高医学研究会的防疫能力、解除医生的后顾之忧，以自愿入股的形式，以医生私人小药铺为主，同时吸收群众资金成立了医药合作社或卫生社。医药合作社由根据地政府委派专人管理，人选一般就是创办医学研究会的“模范医生”。

医药合作社通常设有三个主要部门。1947 年 4 月成立的太行卫生社既负责全区的卫生行政事宜，也是医药合作社的主要模式。其下设营业部、治疗部和制药部。“各部均设有正副主任，生活待遇是供给制，不是公家供给，而是靠营业门市部的利润自给”，各部门也有明确的分工：

营业部共 10 人，专管营业全部的经济。一方面专人在外买卖药品，给各药社批发；另一方面门市部每日零售。它的作用是扶植药社的发展、供应当地机关与群众的药品。治疗部共5个人，是由社长、医生组成的，主要任务是门诊、出诊、巡诊，组织医疗小组，为当地群众治疗，团结乡村医生。制药部共9个人，其任务主要是创制中西药品。① 医药合作社进行“企业化”经营，自负盈亏，年终分红，实现了医病与经营的分离，不仅解决了群众看病难、抓药难的问题，还保障了医生的个人收入，免除了医生的后顾之忧。医药合作社是医生、药店和群众一起入股，医生的收入来源于经营部买卖药品的利润而不是群众的处方药品销售，由此带来的好处是多方面的。第一，医生群众共同入股，集体经营，有利于医药合作社的长久发展；第二，药铺合作后，解决了药品不齐全、群众抓药难的问题；第三，经营部的设立，一方面降低了药价，方便了群众，另一方面医生不再经营药铺，从此可以专心治病，一技之长得以更好地发挥；第四，医药合作社组织医生互相交流、研究，专业技术也有较大的提高。可以看出，医药合作社并不是简单的个体医生与小药铺的叠加，而是发挥了医疗卫生管理机构和经营组织的职能，是根据地政府控制医疗卫生工作的重要纽带。

此外，为解决药材缺乏的状况，医药合作社还进行了研制“土药”的工作，实现了部分药品的自我开发。战争期间，日寇的军事封锁阻断了山西与外省的药材贸易通道，价高质好的“川广药”和防疫治疫效果明显的西药都很难买到，解决药品供应的紧张状况成为医药合作社面临的非常迫切的任务。山西境内多山，而根据地又多为山区，有充足的中药材资源，为自行研制“土药”提供了有利的条件。研制“土药”以替代川广货和西药是各县区医药合作社的一项重要工作。

1945年4月，根据地组织了社会卫生展览。“土产药材展览室陈列的几百种成品药剂，从粉片、酊剂到贵重的针药，都是太行区医药界的心血创造。这些药剂有的比外来药品的功效还好，都是用本区的药材，部分用外来原材料造成的。这些药品的制造，就是西药和中医结合的具体形式，敌人封锁了奎宁，我们从中药的研究中制造柴胡注射液、大众疟疾丸，我们自造了预防伤寒霍乱的疫苗，特别是我们制造了‘克梅儿’注射剂来

① 《太行卫生社》，太行革命根据地史总编委会：《太行革命根据地史料丛书之八·文化事业卷》，山西人民出版社1989年版，第692页。

向花柳病进攻，可以代替外来的六〇六。”[①]“土药”的生产缓和了医药匮乏的状况，提高了根据地应对疫病的能力，成为医药合作社的一项重要工作内容。

综上所述，以医学研究会、医药合作社为载体，根据地中原本分散行医的个体医生走上了“集体化”的道路，成为根据地医疗卫生的重要力量。当出现“比较大的范围内发生疾病蔓延时，为了克服病区医生困难，及时有效地组织力量扑灭病菌”，各地的医学研究会在根据地政府的统一领导下，组成医疗队，奔赴疫区“了解全面病情，研究病源，组织治疗，宣传预防”[②]，在防疫治疫的工作中，发挥了重要的作用。医药合作社研制生产的“土药”，改善了根据地药品缺乏的状况，为有效地控制疫病的流行起到了重要的作用。可以看出，这一系列措施的实施极大地改变了根据地分散经营、缺医少药的局面。医药合作社成立后，根据地医疗卫生领域实现了救治、管理、经营一体化，增强了医疗卫生工作应对疫病的能力，标志着根据地政府、医药合作社（研究会）、个体医生三级配合应对疫病的医疗卫生体系的初步建立。

三

根据地医疗卫生体系的建立，使根据地政府可以有效地领导卫生防疫工作，但是，提高医疗防疫的效果，切实实现了防疫治病的目的，还需要加强对医疗队伍的管理，提高医疗队伍的专业素质和思想素质。因此，根据地政府在构建医疗卫生体系的同时，还进行了建设新型医疗防疫队伍的尝试。

根据地的中西医医生是防疫治病工作最直接的实践者，其专业技能的高低和数量的多寡，对医疗工作的实际效果有非常大的影响。在短期内迅速培养出大量的有应对疫病能力的中西医医生显然是不切实际的，

① 《太行区的医药卫生工作》，太行革命根据地史总编委会：《太行革命根据地史料丛书之八·文化事业卷》，山西人民出版社1989年版，第671页。

② 《十个月来太行区的社会卫生工作》，太行革命根据地史总编委会：《太行革命根据地史料丛书之八·文化事业卷》，山西人民出版社1989年版，第697页。

因此，为加强对现有中西医医生的管理，毛泽东在 1947 年作了重要的指示①：

“……在医药卫生方面……陕甘宁边区”，婴儿死亡率高至百分比之六十，成人死亡率高至千分之三十。去年死牛七千八百头，死驴四千头，死羊二十一万只，死骡二千三百只，人民相当普遍地相信巫神，在这种情形下，仅仅依靠少数机关部队的西医是不可能的。为机关部队服务是很重要的，西医比中医是更科学，但西医在这种情形下不关心人民，不为边区人民训练更多的西医，不联合和帮助改造边区的一千个中医和旧式的兽医，就是实际上帮助巫神，帮助边区人民的死亡。”毛泽东对卫生工作的指示不仅道出了改造中医的重要性，而且指明了改造中医的目的——为边区人民服务。“如何改造中医，如何使中医有科学思想，否则中医就无法进步”② 成为时人的共识。根据地中西医医生的数量比非常悬殊，表 2 是太行根据地 1949 年各专区中西医之间的比例关系。

表 2　　　　太行各专区 1949 年的中西比例表③

地　区	中　医	西　医	中西医比例
二专区	926	74	12. 5∶1
三专区	630	92	6. 8∶1
四专区	563	60	9. 3∶1
五专区	563	36	15. 6∶1

从中我们可以推断出在 1949 年以前中西医比例应该与之大致相仿。中医的数量决定了其在医疗卫生行业中的重要性。所以，改造中医使其符合根据地医疗卫生工作的要求就成为十分迫切的一项工作。

① 太行政报社编：《毛主席关于卫生工作的指示》《卫生工作新方向》，1947 年 3 月版，G4 – 7。

② 《太行行署 1946 年 4 月医药卫生座谈会纪要》，山西省档案馆藏，革命历史档案 A52 – 4 – 114 – 1。

③ 《太行各专社会卫生材料摘录》，1949 年 6 月 17 日，山西省档案馆藏，革命历史档案 A52 – 4 – 119 – 6。

首先是从检讨中医理论和行医方式两个方面开始的，在毛泽东改造中医的指示下达后，人们纷纷对照西医学寻找中医学的缺陷、检讨中医学的不足，形成以下认识："西医有科学是合乎实际，能说出所以然与道理的，如中医，五脏是五行，是说不通的，是不科学的。中医虽能治病，但基本是不合科学的。当然也有科学成分。如中医说心是思想问题的不对，脑子才有此作用。有同志说针灸又科学，又不科学，是对的。虽理不科学，但能治好病。西医说不明理，但能研究出理来。而中医就墨守陈法，不要死靠书本子。实际出发研究中医药，学打针非主要的。西医帮助中医，也看重于科学态度的重要。"①

对中医学理论的检讨很快发展为对中医诊治技术的质疑，主要是针对中医的医理和治疗时不加消毒等问题。如："中医治好病细追说不出理来，西医都能说。请中西医合作很好，对西医学习无机会又由于自满，养家依此就可以了。西医科学技术高明，中医针灸也得研究，否则也是不可靠，有一中医一针将小儿刺死"②，"中医不消毒、诊断不全面真实，不大好。……中医保守自私等是旧社会制度不良造成。落后、不科学也由此而来。中医应纠正缺点，才能为群众服务的更好"③。

对于中医来说，在当时的情况下西医的优势几乎是全方位的：首先，在理论上西医有系统完善的病理学等，在药品上西医有急救性的"强心针"，也有广谱性抗生素"青霉素"等，在救治措施上西医的常规"消毒"恰恰就是中医的弱项。一时间，中医成为不科学、落后守旧的代名词。于是，对中医学的检讨逐渐发展成为改造中医的运动。

其次，是对"请医如拜相"旧俗的改造。旧时，由于根据地普遍存在医生缺乏的状况，加之对医生的专业技能要求较高，所以医生的社会地位高、生活状况好。"当医生就是'聚宝盆'，既能挣钱又有地位，谁来请先生瞧病不是骑骡子，便是坐大车，还有坐轿车；又排场又威风，人人尊敬。'一看见人家赶上骡子搭上红马褥就眼红，再让骡子架上大车、轿

---

① 《太行各专社会卫生材料摘录》，1949 年 6 月 17 日，山西省档案馆藏，革命历史档案 A52－4－119－6。

② 同上。

③ 同上。

车来请，不去也得去。到他家里还是好待承，临走时装上脉礼钱'"①，"当医生就是看对象哩（能挣钱对象），有钱人来叫就马上去，没钱人叫就推诿，或说没工夫；药铺抓药，也是有钱人就抓好药，没钱人就抓赖药，主要是挣钱，不是治病救人。"② 这对于大多数普通农民来说就是"请医如拜相"。经济条件差的请不起医生，只能"听天由命"。

为改变"请医如拜相"的旧俗，根据地政府提出了新的口号："医生自上门，救命大恩人"③，以保证大多数农民的利益。在"为人民服务"的口号引导下，人们获得了打击传统医疗习俗的理由，长期压抑着的不满迅速"喷发"出来，根据地医生行医方式改变的同时其生活状况也急转直下。

在很多地方中医被当作工作员使用，形成了所谓"官医生"现象。以和顺县的情况为例，中医苏风义被"县里介绍到三区乔庄看病半天就看了二十多个病人，大家都说是'官医生'来了。有人看病没人管饭，来回路上打尖还得贴盘缠"④。从群众方面来看，存在着医生应该为人民服务的观点，故有一部分人让医生看病时，出现了命令的方式，态度生硬。如"大川口牛更羊请医生王俊林，因医生起床后洗脸，便训着说：'你还是这臭架，还洗脸哩'，王俊林赔着笑脸说'快、快，抹一两把就行'"⑤。

这样，"请医如拜相"的风光再也没有了。"现在医生没地位，在村上吃不开。瞧病时，在村上吃不上、挣不上；瞧不好病又怕戴特务帽子，即想改行。"⑥ 社会地位降低了，个人收入也就失去了保障，"给人家看了病，涂不给钱，还说些风凉话：'我想给你装上个钱又怕人家不让'（怕村干部）；又说：'你辛辛苦苦来了，有心给你装上个钱，恐怕你犯错误'，医生听了这些话很不高兴，但又不敢说出口来，只好哑巴吃黄连，

① 《潞城医生座谈会材料》，1946 年，山西省档案馆藏，革命历史档案 A188 - 1 - 68 - 4。
② 同上。
③ 同上。
④ 同上。
⑤ 同上。
⑥ 同上。

偷偷吃这个虚亏吧，背上这个包袱”①。

医生的家庭收入来源一是看病的诊费，二是种地的收入。可是，现在医生看病普遍存在既没诊费又耽误农时的情况。如在潞城县，当群众“来请医生时，不是打上农会旗号，便是打上政治主任旗号来请，去吧，实在不高兴去，不去吧，又怕说咱不给人家服务；又怕人家砍咱一伙，因咱是中农顶不住人家；去吧，地是不种了，不去吧怕提意见，又怕人家说‘过去挣钱你就去，现在不挣钱你就不去?’医生越悲观越落后，群众说咱有问题，更加不安，生怕斗争”。

更为严重的是医生除了看病误农时、没诊费、基本生活无法保证外，还得“支差”。“又看病又怕误了互助生产，白天瞧病，半夜还得放哨，不支差怕反映、怕提意见，又怕斗争，说不低头、架子大。”

“地位、收入、支差”② 三个方面的问题必然会导致医生不满情绪的滋生，这种不满又势必会影响医疗工作的正常进行，再加上“有一部分人由于自己在群运当中家庭被群众斗了，经群众运动家庭生活困难，自己思想上有了包袱，对政府、群众有意见了，产生了这种应付观点，有些人谈出不看病上级不依，看吧心上不满，所以只好应付，不是以看好病为要，而是以不出事为原则”③。

根据地对“请医如拜相”旧俗的改造，解决了群众看病难的问题，但矫枉过正又对根据地医疗卫生体系的建立产生了负面影响。

根据地政府及时发现了这个问题，在进一步强化为人民服务的同时也注重解决医生的实际困难，纠正了“过火”的工作方式。围绕中医关心的“地位、挣钱、支差”等问题，各地依实际情况提出解决办法，消除医生的顾虑，保证医疗卫生工作的顺利进行。

以武西县为例，县委在领导卫生工作时强调，“对医生的领导要完全尊重他是自由职业者，因此不能过分苛求，特别是要照顾与解决医生本身的生活困难问题。单纯地强调为群众服务，不能解决问题，是不会启发医生的积极性与团结医生的力量，医生与药房的分红办法应该提倡。加强医

① 《潞城医生座谈会材料》，1946 年，山西省档案馆藏，革命历史档案 A188 - 1 - 68 - 4。

② 同上。

③ 同上。

生教育与思想教育，特别是领导民主，才能清除互相间的意见”①。

加强对医生的正确引导也是工作的重点，为牢固树立为人民服务的观念，采取模范医生的原则，由群众鉴定选出模范医生，在群众大会上颁发奖状、在报纸上大力宣传予以鼓励，如襄垣的郝子宏和安泽的李克让等。

为保证医生的收入，“规定药铺和医生实行二八分红制，即医资一千须抽出二百元给医生，作为笔墨纸张的杂费，以改善医生生活。病人病愈了，也无须另外酬谢医生，省去病人的麻烦”②。

为保障医生的权益，打击庸医行骗乡间愚弄民众，进一步加强了对医生进行鉴定评审，统一颁发行医证书。“限制［卖当］医生，乡间常有［卖当］医生，欺骗群众，欺诈钱财，研究会负责检查，加以限制。医生都须经过研究会审查，发给证书，没有证书的在乡间不得行医。”③

对于医生们关心的“支差”问题，“除按行署规定执行的办法外，又经过大家研究根据个人的体力强弱和年龄的大小，在自报公评的原则下，按具体情况决定大家的支差、免差、缺差、长差、远征运输的标准”④。经过努力，纠正了以前工作中的失误，充分调动了医生的积极性，保证了根据地医疗卫生工作的顺利进行。以医学研究会为载体，附之为人民服务的职业理念，将西医先进的医疗技术与中医紧密地结合在一起，共同构筑起防疫治疫的“堤坝”，是根据地医疗卫生工作的努力方向。虽然在具体工作中出现了偏差，但能够及时地发现问题、解决问题，恰恰证明了根据地政府领导医疗卫生工作的能力在逐步加强，这也是根据地实现防疫治病目标和支援“生产支前”的最好保证。

根据地医生的严重短缺，是困扰医疗防疫工作的另一难题。以武乡县为例，据统计显示，1947 年武乡全县人口 138063 人，而中西医生只有

---

① 《武西县春季防疫卫生工作总结》，1945 年 6 月，山西省档案馆藏，革命历史档案 A181－1－80－1。

② 太行政报社编：《介绍三分区中西医药研究会》，《卫生工作新方向》，1947 年 3 月版 G4－7。

③ 同上。

④ 《沁县中西兽医会议总结》，1948 年 9 月 12 日，山西省档案馆藏，革命历史档案 A183－1－60－1。

173 人；而且，在战争时期医生的非正常减员现象也很严重，例如：在 1947 年，寿阳投敌 18 人（西医 6 人），打死 1 人，被俘 1 人，有问题被扣 3 人；榆社群众打死 11 人。① 为解决医生短缺的问题，根据地政府通过有计划地组织医生训练班，以增加有治疗能力的医生的数量，提高政府对疫病的有效控制力。

训练班根据各地疫病的流行情况，要求参加训练班的学员“每人能学会几种农村的流行病的治疗，如：疥、疟疾、蛔虫、痢疾、伤寒、斑疹伤寒、梅毒以及该县最流行的其他病，懂得病理，确会治疗，能够预防，会用中药疗法，也会西药疗法。如不能全数学会，只治疥、疟疾、痢疾、伤寒、蛔虫得全部学会。训练材料除卫生月刊外自找，各种疫苗血清，六〇六等注射，至少得一部分学会”②。完成训练的学员回到原驻地，加入防疫治疫队伍中，虽不能彻底解决防疫力量不足的问题，但从趋势上起到了缓和的作用。疫病的发生一定程度上促进了防疫机制的进步。防治疫病不仅需要建立行之有效的卫生防疫机制和培养一支高素质的医疗队伍，更需要有足够数量的医疗人员参与其中。以上三个方面的有机结合，是根据地医疗卫生体系初步建立和逐渐完善的标志，也是太行山区在医疗卫生领域发生变革并开始走向进步的标志。

四

根据地卫生防疫工作的直接目的是“为了使全面胜利早日实现，发展生产建设，继续支前”③。人是决定战争胜负的基本因素，健康的人在战争中具有双重属性：既是“劳动力”，又是“兵力”。因此，加强医疗卫生工作，减少疫病造成的人员损失，是取得战争胜利的重要保证。

对太行根据地医疗卫生体系的建立过程进行细致分析后，笔者认为中

---

① 《太行区半年来社会卫生工作材料综合》，1947 年 7 月，山西省档案馆藏，革命历史档案 A52 - 4 - 116 - 10。

② 《太行第二专署关于训练卫生员及医生训练班问题的指示》，1946 年 6 月 23 日，山西省档案馆藏，革命历史档案 A66 - 4 - 37 - 1。

③ 《太行第三区行政督察专员公署通知》，1949 年 2 月 21 日，山西省档案馆藏，革命历史档案 A67 - 4 - 16 - 2。

国共产党在战争和革命的特殊背景下，运用行政手段对传统、落后的医疗卫生系统进行了改造，初步建立起新的医疗卫生体系，是根据地医疗卫生领域进步的标志，为赢得战争的胜利提供了后勤保障。

太行根据地对传统医疗体系的改造具有双重意义。一方面，从阶级利益上考虑，对乡村卫生系统的整合是强化根据地政权的需要，具有政治意义；另一方面，从卫生防疫上考虑，经过整合建立的“县区政府、医药合作社［研究会］、个体医生”三级配合应对疫病的医疗卫生体系，具有医疗卫生近代化的意义。

村庄叙事

——1937—1957年的赤桥社会

常利兵[①]

一　问题的提出

1949年10月1日，中华人民共和国的成立标志着一个旧时代的结束和一个新时代的开始。因为中国共产党带领全国各族人民在22年的辗转斗争中彻底击垮了帝国主义、封建主义和官僚资本主义的长期统治，建造了一个由无产阶级政党领导的新中国。伴随着新中国政权体制的相继建立，全国人民在党的带领下步入了长达30多年的集体化时期。这样一种历史转折所囊括的30多年集体化历程在中国社会发展进程中具有承前启后、继往开来的重大作用，所以它日渐成为中外学术界关注和研究中国社会历史变迁的一片重要领地。《中国乡村，社会主义国家》（以下简称《乡村》）就是一部由美国学者弗里曼、毕克伟、赛尔登三人共同撰著的关于集体化时期中国乡村社会经验研究的代表作之一。该书按照西方学术界的研究范式，以河北饶阳县五公村为重点研究个案，综合运用历史学、政治学和社会学等学科理论与方法，考察和再现了1935—1960年间华北平原农民的生活。作者试图通过这25年时间中国华北乡村的社会变迁来

---

① 常利兵，山西大学中国社会史研究中心2005届硕士研究生，现任职于山西大学中国社会史研究中心。

阐述那些不寻常事件①对农民的巨大影响，同时也希望理解众多农民又是如何去影响或对付那些事件的。该书的中心论题是借助于农村来反映国家—社会的互动关系，论述了“党—国家体系的动力、文化连续性、新民族主义、由20世纪初混乱和战争及后来又由社会主义国家的政策所强化的几代人的困境和冲突”等四个方面的内容。②

我国台湾人类学家黄树民所著《林村故事：一九四九年后的中国农村变革》（以下简称《林村》）一书同样把研究的视角投放到了中华人民共和国成立以后的中国乡村社会。他详细考察了林村在1949—1984年前后35五年的变化历程。黄树民主要采用生命史的研究方法，以林村党支部书记叶文德的个人事迹为主轴来反映中华人民共和国成立后整个村庄的改变和发展。其集中阐述了四个能够反映林村历史进程中的变革因子，即农民的生活有了很大的改善，一种全国性的单一的文化形成，乡村传统信仰、价值观的遭遇与反弹，中国农民在现代中国社会里的地位。③《林村》一书从一个微观田野点的世界里找到了国家与地方乡村社会互动的运行逻辑，为解读中国社会变迁提供了难得的历史图景。社会学者曹锦清、张乐天、陈中亚三人合著的《当代浙北乡村的社会文化变迁》（以下简称《浙北》）一书，以浙北地区仅有47户居民的陈家场这样一个微型村庄为研究个案，详细地论述了新政权体系中新制度和新政策是如何以强劲的势头改变了村落固有的周期运动，同时村落内部所自有的传统力量又是如何在应付突如其来的外在力量作用中显示其合理性的。作者考察陈家场村落四十年的变化过程，运用了国家与地方社会的研究路径，主要采取了文化人类学的研究方法，重点按照历时性的构架就村落的生态环境、土地制度、生育制度、农业生产、婚姻家庭、乡村企业、教育卫生、村落文化和政府组织等方面进行了民族志的典型描述与解读。这在国内同行著作中具有较

---

① 主要指1935—1960年间五公村经历的抗战前后、南京国民政府的后期统治、解放战争、土地改革、朝鲜战争、粮食统购统销、合作化高潮、百花齐放、反右运动、苏联集体农庄式的高级社、“大跃进”及其造成的后果等事件。

② ［美］弗里曼、毕克伟、赛尔登：《中国乡村，社会主义国家》，陶鹤山译，社会科学文献出版社2002年版，第10页。

③ 黄树民：《林村的故事：一九四九年后的中国农村变革》，素兰、纳日碧力戈译，三联书店2002年版，第2页。

为突出的代表性。另外，张乐天的《告别理想——人民公社制度研究》（以下简称《告别理想》）是一部以人类学田野调查的方式写成的有关人民公社化问题的学术专著。作者以自己的家乡为调查点，凭借乡村生活的感性体验、乡土档案和口述资料的广泛占有与学术训练基础上的理性把握，不仅成功地描述了人民公社制度在一个普通农村社区内的发生、发展、衰亡乃至后续影响的全过程，而且还从理论上概括出了解释公社史的“外部冲击—村落传统”的互动模式，即“公社制度与传统村落之间有融合的地方，融合可以为公社的延存稳定提供依据；公社制度与传统村落之间存在张力，张力可以为持续不断的阶级斗争的必要性提供理由。公社制度内部的融合与冲突是公社制度的存在方式，因此也成为我们考察公社制度的一条基线”①。

也许事件间的动态关系网络更加真实地凸显了国家与地方社会的实践逻辑。笔者试图探讨的正是基于“过程—事件分析”② 背后所隐匿着的多重实践和自我表达。也即是说，社会学研究必须突破静止的、结构化的、固态的逻辑框架，要将其与动态的、非结构化的、流动的实践过程紧密结合起来，要能够在叙事性分析中体现出所要探究的制度的、结构的、惯性

---

① 秦晖：《人民公社与传统共同体：评人民公社研究的三本近著》，参见 http：//www. yangzhizhu. com/qinghui46. htm。

② “过程—事件分析”是由孙立平等人所提出的一种构建国家—农民关系的实践形态的研究范式。这种研究策略的最基本之点，是力图将所要研究的对象由静态的结构转向由若干事件所构成的动态过程。任何研究策略都不可避免地会涉及描述与分析两个方面。描述的任务是再现，分析的任务是解释，而描述是分析的基础。“过程—事件分析”策略的基础，是对于描述方式的强调，即强调一种动态叙事的描述风格。这就意味着，首先需要将研究的对象转化为一种故事文本。这里的关键，是将研究的对象作为或者是当作一个事件性过程来描述和理解。之所以要采用这一研究策略和叙事方式，从方法论上说是由于静态结构分析所存在的局限，这或许可以称之为结构上的不可见性。因为在静态的结构中，事物本身的一些重要特征，事物内部不同因素之间的复杂关联，以及这一事物在与不同的情境发生遭遇时所可能发生的种种出人意料的变化，都并不是潜在地存在于既有的结构之中。相反，只有在一种动态的过程中，这些东西才可能逐步展示出来。而且，常常有这样的情况，一事物究竟在过程中展示出什么样的状态，甚至有时完全取决于有什么样的偶发性因素出现。这种结构上的不可见性，划定了静态结构分析的边界与局限。它意味着，过程可以作为一个相对独立的解释源泉或解释变项。如果说，从结构到绩效结果，是一种简单的因果关系的话，过程因素的加入，则导致了一种更为复杂的因果关系。而且从一种更根本的意义上说，它超出了因果关系的传统视野（即动态情境的视野）。参见孙立平《迈向实践的社会学》《“过程—事件分析”与对当代中国国家农民关系的实践形态》两文。

的东西。孙立平教授建构的“实践社会学”范式，正是要摆脱传统研究理念的一种有效尝试。他突破了目前诸多社会学研究沉醉于对西方社会学研究理论方法的生搬硬套的窠臼，而立足中国当代社会实践进行原创性的社会学反思。

综合以上研究成果，本文采用叙事的深描手法，立足于田野调查和文献档案，较为客观全面地考察分析了赤桥村二十年（1937—1957）社会变迁的历史事实。首先，文章叙述了赤桥村在传统农业社会中的日常生活实践。通过村庄历史和石梯口事件的叙事性分析，我们看到了传统乡村社会中权力的运作逻辑。其次，文章描述分析了日伪、阎锡山统治时期赤桥社会的遭遇和选择。可以看出在日伪居村政权、村公所以及阎锡山治村政权统治下，赤桥村人为了生存进行的自我调整与适应。最后，文章重点论述了新中国农业合作化运动中赤桥村进行重建与整合的具体实践过程。凭借强大的意识形态作用和国家权力的介入，以及由此所引发的高度的政治热情，赤桥村人在集体化运动中进行了艰苦的探索和努力。

总之，本文通过一种分析性的建构，详细地叙述了赤桥村在传统社会、战乱时期、集体化早期等不同时段中操演村庄事件和动态的实践过程。笔者试图将赤桥社会过去和当代的诸多行动和事件综合为一个前后连贯的有关系的整体，并从中去凸显国家与社会、权力政治与地方实践、政治话语与制度安排等深层关系在地方乡村社会的运作轨迹。

二　村庄地理及其生存环境

现在的赤桥村是由山西省太原市晋源区晋祠镇所辖的一个3 000多人的行政村。晋源区所属的南郊区位于太原市区以南，晋中盆地北端。地理坐标为东经112°19′—112°46′，北纬37°36′—37°55′。东为太行山脉系舟山的延续，西为吕梁山脉云中峰的边沿，汾河纵贯境中，潇河横穿南端。东起罕山顶巅，西至庙前山主峰，东西最宽40千米；北起孟家井乡的店儿上村，南至姚村乡的高家堡村，南北最长47千米。全区面积686.9平方千米。东界寿阳、榆次，南、西连清徐，西北靠古交，北接太原市北郊，北中部与太原市区城乡交错。南郊区曾是古晋阳城所在地。从秦设置晋阳县到宋毁晋阳城，多为州郡治所、国都。在宋、金、元、明、清、民国时期，境内县级建制基本稳定，先后称平晋县、太原县、晋源县等。抗日战争和解放战争时期，曾一度建立清（源）太（原）县、清（源）太（原）徐（沟）县民主政府。太原解放后，初为晋源县。1951 年 8 月划归太原市，撤县分置外六、外七两个区。之后随着太原市行政区划的变动，境内所属的区、公社多次变动。1970 年 3 月 26 日，南郊区正式成立（区址小店），共辖 13 个公社、226 个大队、554 个小队，312 个自然村，7 个居民委员会。1984 年 5 月 8 日，原 13 个公社改制为 4 镇 9 乡，共辖 235 个村民委员会，297 个自然村，11 个居民委员会。1990 年，南郊区辖 4 镇 9 乡，238 个村民委员会，总人口 29. 2 万人，总面积 686. 95 平方千米。

晋祠镇则位于南郊区西南部，北距省城 25 千米，因有唐叔虞祠而得名。太原解放后，曾为晋祠公社、晋祠镇政府驻地。东西宽 0. 25 千米，南北长 1. 5 千米。辖 28 个村民委员会，43 个自然村，3 个居民委员会，面积 74. 35 平方千米。1990 年有 8657 户，32036 人，其中农业人口 7280 户，26655 人。耕地面积 20956 亩，农村经济总收入 7968. 76 万元，农民人均收入 843. 6 元。晋祠镇历史悠久，明代称堡城，即后来的晋祠堡区域。该镇主要农产品有水稻、小麦、玉米、莲菜等。民国年间镇上造纸作坊有上百家，粮食加工有十余家，磨坊、醋坊、商业店铺百余家。

赤桥村是一个千年古村，距离太原县[①]西南 7 里许，南接驰名中外的旅游胜地晋祠，北邻西镇，西依卧虎山和悬瓮山，东靠太汾公路。原名石桥，据村中观音堂内残存的清乾隆年间的碑文记载，曾先后叫过刘村、韩村。相传战国时，智伯家臣豫让在石桥上刺杀赵襄子未遂，自刎时血染桥面，故改名为赤桥（又传宋太祖赵匡胤箭射卧虎山，流血染桥，故名）。其实从上文中可以发现赤桥和赤桥村并非指的是同一个实体。这里涉及一个村庄实体与命名的问题。如果说村落的地理位置选择主要依赖于自然生态环境的决定性影响，那么关于村庄的命名则基本上受人文生态环境的制约。“在农业文明中，相对自足而封闭的自然村落，乃是村民生于斯、死

---

① 即指现在的晋源镇、晋阳堡、古城营等地区。从明洪武八年（1375）至 1951 年的 500 多年间，晋源一直作为太原县（晋源县）的县衙、县署、政府驻地。现为晋源镇政府驻地，位于南郊区汾河西，距小店镇 8 千米。

于斯的场所，是他们一生活动的主要舞台，是他们的社会，也是他们的世界。所以村庄的命名反映了村民的价值和希望，忌讳和祈求，习惯和传统。我们可以通过对村名的研究，揭示出村落的文化特征，揭示出乡村文化中的深层结构。”①

赤桥村原来叫作刘村、韩村，据村中老人讲最早的时候刘、韩两家曾是村里的大家族，家族延续最长，所以那样叫。实际上这是一种“族氏命名法”，即以村内最大、最古老的一族姓氏作为该村的村名。那么由最初的刘村、韩村进而改名为赤桥村，决非偶然，而是村落文化变迁的又一次选择。众所周知，豫让刺杀赵襄子时曾留下了“士为知己者死，女为悦己者容”的佳话，这对村庄名称的演变起到了积极的导向作用。豫让之举作为一种忠义文化的缩影，在一个有着两千多年儒家文化传统的国度里，忠义的行为选择必定是人们所向往的一种秩序象征。以至于后来者路经此地纷纷题诗赞颂豫让的义举，“豫让酬恩岁已深，高名不朽到如今。年年桥上行人过，谁有当年国士心?”（唐·胡曾）“卧波虹影欲警鸥，此地曾闻手椹仇，山雨往来时涨涸，岸花开落自春秋。智家鼎已三分裂，志士恩凭一剑酬，返照石栏如有字，二心臣子莫经由。”（邑令殷泽）② 这样一种凭借村内建筑物（石桥）来命名不是随意的，它必须是共性的实体，能得到村民们的共同认可，也就是说它必须代表着整个村子的文化指向。

现在赤桥村是一个杂姓村，姓氏多达 60 多种，3000 多村民中就有 900 多的外来户。村庄的和谐与平静确实能让人体会到一种村落文化结构深深隐藏在赤桥村人祖祖辈辈的生活世界中。在田野调查中，每当笔者问及村民对本村历史有何典型记忆时，大多数村民都会不假思索地说本村人多地少，手工造草纸、副业为主，人们的适应能力强，外来人口多，村内有智伯渠、豫让桥、兰若寺、兴化洞，还有名人刘大鹏等。尽管赤桥村的人们并非完整地表达出了自身环境的真实过去，但是至少他们依赖自我的实践过程和生活经验形成了一个代代口耳相传的“集体表象”（collective representation）。正如保罗·康纳顿在《社会如何记忆》中所指出的：“我

① 曹锦清、张乐天、陈中亚：《当代浙北乡村的社会文化变迁》，上海远东出版社 2001 年版，第 5 页。

② 刘大鹏：《晋祠志》卷五，山西人民出版社 2003 年版，第 117 页。

们对现在的体验在很大程度上取决于我们有关过去的知识。我们在一个与过去的事件和事物有因果联系的脉络中体验现在的世界，从而，当我们体验现在的时候，会参照我们未曾体验的事件和事物。”① 不过，“有关过去的知识”和“未曾体验的事件和事物”需要不断地被构建和创造，而人们“对现在的体验”则变得更加真实和有意义。因此，这样一个共同的历史记忆对于村落共同体的形成和自我实践的选择有着极其重要的作用。

晚清乡人刘大鹏在《晋祠志》一书中写下的《赤桥村记》则让我们详细地看到了一个千年古村的真实概貌，而这种真实的社会记忆多少年来则不断地在形塑着村民的自我认同和地方感。摘引如下：

> 《山海经》曰：悬瓮之山，晋水出焉。悬瓮山左山曰卧虎山，头枕蒙山，尾蟠悬瓮，状如卧虎，因以为名。山麓有村，曰赤桥。邑乘谓宋太祖尝卧虎山出血，故名之。又相传战国时智瑶掘渠引晋水灌晋阳城，赵襄子用张孟谈计灭智伯，就智伯所成之渠建桥于上，以便往来。取“火克水”之义，名之曰赤桥（五行相克，水克火，此反用之，厌水之灌晋阳城故也）。豫让思报智伯仇，曾怀利刃伏斯桥下，谋刺赵襄子，故又名豫让桥。其余祖居也。在县治西南距城八里，南北西三面地甚狭，且矿碛难耕。东资晋水灌溉者稻田五、六百亩，麦田三、四百亩，村人造草纸者十八九，耕田畴者十一二。稼事之多者，田不过三四十亩，少则一二亩，鳞塍雉陇，层叠不平。刈获植种，车马难施，悉以肩仔。他处农以三时，此独严冬奥寒造作草纸者，不得休息。亩之所获，不敷朝饔夕餐。所资以为生者，藉稻秸以成草纸，可易金钱，以佐菽粟之不足。妇女事纺织者寡，助男造草纸者多。木杵击水之声，连夜不辍。勤则勤矣，而每日所易金钱，足够糊口而已。饱暖之家颇多，而富有者则鲜矣。出入相友，守望相助，疾病相扶持，有陶唐氏之遗风。读书人士不尚纷华，以笃实纯朴为主。所以然者，孔、颜、曾、孟、程、张、朱之学，渐摩涵濡，非一日矣。西南与晋祠接壤，即周成王翦桐叶封弟叔虞之区也。晋水出晋

① ［美］保罗·康纳顿：《社会如何记忆》，纳日碧力戈译，上海人民出版社2000年版，第2页。

> 祠，分南北流。北流经赤桥，故村人赖晋水以造纸，且溉田畴，利用甚广，足以赡养身家。由他乡而迁来者，岁不断。风俗敦宠，人情忠厚，于斯概见。里中子矜之士，虽书香代有，而获科甲者未之前闻。自光绪己丑、甲午开科以来，士皆奋志读书，争自琢磨，讲求尧、舜、禹、汤、文、武、周公、孔孟之道，其心术之正，品行之敦，经济之求，学问之勤，慎独之严，改过之勇，兢兢焉不敢一日忘。至于亲君子，远小人，戒游戏，惜光阴、言语，节饮食诸端莫不皇然相砥砺。邻村之士迁其居而来者数家，欣欣然结伴联群，幸得昕夕萃荟讲学，乡圣域贤关步趋耳！呜呼！穷乡僻壤，俗美风庥，说礼乐而敦诗书，课农家而讲仁义，是虽贤邑宰教化所维持，而实圣天子恩膏所沛者深也！余也生于斯，长于斯，聚族党于斯。四十年来目睹里中睦姻任恤之风，孝悌忠信之俗，熙熙浩浩，奚啻羲皇世界，能不忻然色喜，踌躇满志也哉！所抱愧者，藐然中处，德未格于家庭，行未孚于里党，心思梼昧，尤悔丛集，不足为闾巷树仪型耳！然窃赖峨峨髦士，蔼蔼吉人，崇实黜华，克俭克勤，俾后生小子有所观法也。此非独予之幸，且闾里之幸也！其有所不逮者，尚望仁人君子匡救焉。①

可以看出，赤桥村的生态系统特征和经济生产结构直接取决于它所处的地理环境。该村“为晋祠、县城往来要衢”，而且，“斯庙（即村西的古兴化洞）南距北涧河一箭之远，西即卧虎山麓。北距兰若寺半里许，庙前即驿路，路东有戏台。庙右连一茶坊，东向。凡自东北来至晋祠者，经由庙前必须止而饮焉。常有租居售餐者，以给行客之饥”②。现在的赤桥村像往昔一样，仍旧人来人往。尽管因晋水断流，村中造纸业衰败，但是赤桥人立足自身环境，因地制宜，不断地进行着生计的选择和变通。比如村中兴起的童装业、运输业、旅游业以及各种家庭买卖业等。赤桥村人在实践中获得了一次又一次的新生。这一切的选择正如村人自己所言，全得益于晋祠。正如英国人类学家雷德蒙·弗斯所言，任何一种环境显然给予人类生活一种极大的限制，在一定程度上总要迫使生活在其中的人们接

---

① 刘大鹏：《晋祠志》卷二、五，山西人民出版社2003年版，第60、117页。

② 同上书，第117—118页。

受一种物质生活方式；但它另一方面却为满足人们的需要提供物质，并对人们的文化起着微妙的作用。①

水资源在赤桥村的地理环境中是一个重要因素。赤桥人祖祖辈辈赖此农耕种稻、赖此水磨磨面、赖此洗纸造纸，甚至可以说是赖此维持生活。正因为如此，水资源成为关注和争夺的焦点。清道光年间发生的石梯口事件让我们清晰地看到了一种地方性资源——水的利用和控制如何使得多种力量卷入其中，进而发现村庄日常生活惯习的遭遇、整合和延续。

刘大鹏《晋祠志》卷三十、河例一中记载道：

> 遵断赤桥村洗纸定规碑记（一样两石，一竖唐叔虞祠正殿中，一竖赤桥村兰若寺正殿前阶上）：晋水发源于悬瓮山前，环祠数十里而遥，均沾润泽，或灌田亩，或旋转碾磨，或淘洗纸料。取用不同，而所以沐圣母恩惠，一方之人，万世之远，依之以为生，固无异也。惟用水虽为四河，而实分为南北两股。本村旧在晋祠镇总河北界，薄堰以南用水洗纸，早晚就近便莫甚焉。情因每年春秋之际，北河渠甲挑浚渠道，春季清明前三日决水，至谷雨前三日放河，秋季霜降前三日决水，至立冬前三日放河。决水至时各十余日，河内无水，不能洗纸，村中造纸之家不得已即赴难老泉金沙滩洗纸，历年久远，从无异词。乃于道光二十四年间，晋祠镇士庶补修庙宇，以思报本，因而渠甲等于泉水（即石塘左右）两岸高架石栏，以致洗纸难下（渠甲意在由此兴讼，以图渔利）。无奈从旁开口，下水洗纸。于二十五年二月间被南北渠甲刘煌、张蚊等阻拦，以致本村董事人任宝成、赵玉璧、郝英、刘三台、刘钟英等，控于王天（炳麟，四川安岳县进士）案下，未蒙断结而调遣。继来署篆者戴天（广仁，奉天宁县优贡生）、田天（丰玉，江西瑞昌进士）屡讯不决。村人不能久待，无奈陈情于府辕，蒙陆天（应穀，知府）随委阳曲县靳天（廷钰）勘讯，未断而荣升州牧。嗣蒙踵任陈天（景曾）留心研讯，准情酌理，断令仍照古迹下水处紧接石栏地面开挖道路，并置坚厚木门二扇，以便

① 参见［英］雷德蒙·弗斯《人文类型》，费孝通译，华夏出版社 2002 年版，第 32—33 页。

随时启闭等。因而张蚊等违断不服，主使张琼林等翻控臬辕蒙劳天（崇光）、批委候补州杨天（振鹭）诣勘明白，会同邑侯毓天（名嗯，正蓝旗笔帖式）传集两造研讯确实，创立新规，彼此便利。两造允服，情愿息讼。判云：查得晋祠一水，各村灌溉所资，赤桥村在该庙河内洗纸，虽偶一为之，亦属不得已之举。讯据两造各执一词，而利泽所关，碍难遽事更张，前断筑磴修门极为平云，但使赤桥村终年有水则在本村洗纸尤觉便益，无事舍近求远，更启讼端。今据两造所供，又诣勘各村渠道，访察舆情，自应谅为变通，俾两造允服无词。查春秋二季，晋水一渠议定挑渠之规，向来自下而上。一经筑坝，则赤桥村无水，终以十日为期，停工不洗，有碍生计，故须远藉金沙。若改为自上而下，由庙内起挑，至斗门筑堰，且有五府营、花塔等村帮夫赶挑，则赤桥村每年春季无水不过三日，停洗无多，事属可行。惟在秋季或遇雨水连绵，又值农忙之际，则挑挖需时，不能与春季一概而论。今复经本县亲诣勘明，将孙家沟沙堰改为石堰，雨花池退水渠益加宽广，则小站营等村水患无虞，而赤桥村洗纸可以便宜行事。两造均称利益，可垂诸久远，永息讼端。（孙家沟为北河大患，沙堤一溃则北河水涸，若在盛夏苗多就槁。经此断案，北河农民欢然称颂，乃北大寺村人谓为该村风水遂止，不改沙堰为石堰。）仍饬该庙住持遵照前断，禁止游人在金沙滩（即石塘）抛掷砖石，踏践堤堰，以期各安生业，取其两造允服甘结。详情各宪批示遵行。施行结案之后，张琼林、杨正芳等于十一月间翻控府辕，蒙陆天仰本县程天覆讯，判云：查此案缠绕，讼无结期，本县细阅前卷，逐河勘讯，该河春秋二季挑浚筑堤，致水不能下流，赤桥村人不能洗草造纸，业经前县委员会勘讯断，春秋挑河三天放水，赤桥村人停工三天。据称秋季河工较大，断令以五天挑河放水，如遇天降霖雨之日不计外，即以五天为止，如届期水不能放，准其到金沙滩洗纸（俗名洗纸为喘朵儿）。饬差协同乡约，将堤堰门顶堵盖，各具切结，附卷完案。夫酌理准情，揆几度务，舍劳而就近，易旧则为新章，息事便人，成一方之美利，万世之良规也。用是刻之贞珉，使后之人用遵而不紊云。道光二十七年岁次丁未暮春赤桥村同事人王文耀、赵燕昌、赵玉堂等勒石。①

在石梯口事件中，前后共有 22 人直接参与了事件本身的诉讼过程，南北渠甲四人，赤桥村 8 人，断案官员 10 人。而且事件“屡讯不决”，即使结案也被渠甲等人多次“违断不服”“翻控府辕”，致使石梯口事件历时近三年才了结。实际上这是渠甲、村人、官府三方为了自身利益的获得与维系而进行的一场诉讼。按照乡规民约，赤桥村民向来在“决水之日”从石梯口下水洗纸，“返造成纸易金钱，以养身家”；而渠甲者“多奸猾，最喜兴讼，一有讼端即可按亩摊钱，于中渔利矣”；作为中央集权代言人的地方官员，“有司断案十分公允，乃若辈抗违不尊，翻控数次，方才结案，亦由有司之申饬不严耳!”这样一场基于彼此利益的博弈凸显出了一种地方性资源在乡村社会运行中所扮演的重要角色。

赤桥村人千百年来仰赖晋水的恩泽，“或灌田亩，或旋转碾磨，或淘洗纸料”，打点着传统中国农业社会里的生存逻辑，“有例无程，历年久远，无人管辖，至雍正七年始设渠甲，经理总河兼辖四河，而四河渠甲不得干预总河之事”。② 但是，我们从石梯口事件中还是看到了南北河的渠甲们是如何阻挠和干涉属于总河北界薄堰口南赤桥村人生产草纸所需水源的。也许“靠山吃山靠水吃水”这样一句日常谚语，动态地反映出了一个内地村庄传统变迁中权力政治的实践过程。

三 战乱时期的村庄（1937—1948）

中华人民共和国成立前的赤桥村长期受着日伪政权和阎锡山的统治，而且是“兵农合一”的试点区。1937 年 11 月 8 日，日军侵占了山西省首府——太原市，随后太原（晋源）、清源、徐沟三县同时沦陷。距太原县城仅七里许的赤桥村也被日军占据，并且成了县城和晋祠间日伪政权往来的重要据点。刘大鹏曾在日记中写道：“日军在村驻农民宅，将各家之木

① 刘大鹏：《晋祠志》卷三十，山西人民出版社 2003 年版，第 572—573 页。

② 刘大鹏：《晋祠志》卷三十一、三十二，山西人民出版社 2003 年版，第 585、601 页。

器捣毁为火，以造其饭。予之赁铺中桌椅板凳烧毁几尽，村丧失物件甚多，日出以后，方才起行，向南而去。里人受所驻日军之害者甚多，竟是抢劫物件、米粟及银钱而去，兵即贼也。”①

日军为了推行其在晋祠境内的统治和汉奸傀儡政权，在赤桥村组织了日伪居村政权机构，赤桥作为主村，辖制明仙、纸房、西镇三村。主村下设居村村长、副村长、书记、保卫团、水闸人、闾长等职，任职人员除副村长有一人是外村之外，其余四十二人均为本村村民。据村中老人高计祖回忆，日军在村庄四围修筑了防御工事，全部用土墙圈围起来，只有村中官道东西两个出口，同时村内外行人必须得有出入通行证。可见，日军把赤桥村作为一个毗邻晋祠驻扎日军的军事地点，一个重要原因就是该村是当时太原县城通往晋祠、清源、古交、徐沟等地的重要出入口，是一个进行战事的地理枢纽。于是村庄的日常秩序和村民生活被强行整治进了一个由外来侵略者所提供的地方实践中。一个庞大的日伪居村政权组织机构的出现足以说明村民的生活会面临怎样的遭遇。另据统计，参加日伪警备队（当时设在晋祠）的村民就有十四人。这些所谓的“中介人”在革命政权的话语中大多成了汉奸、叛徒之类，但是他们有的在新政权建立后仍然充当了村庄重建与整合的领导人物。比如在农业合作化运动中担任副业组长的王必曾担任赤桥日伪居村副村长，担任会计的聂四火曾担任居村书记，担任社长的刘义曾担任居村保卫团长，作为信用社主要成员的张志、李玉曾担任三闾闾长，等等。除日伪居村政权机构之外，赤桥村还有一种政治组织机构——村公所，设有村长、副村长、闾长、书记、村役等职，卫中立为村长，高升军为副村长。它的主要职能是维系地方乡村社会的日常生活。但是在村庄沦陷后，赤桥村公所则显出了其乱世时期复杂多变的表象来。从中可以看出所谓的村庄精英人物既属于国家集权体系建构之一部分，又可以立足村庄随时游离于这样一种制度性安排而寻求眼前的出路。

村公所在日军占领村庄之后，也开始起灶吃饭。“所中吃饭者常有三、四十名，村长、副二名，闾长五名，外则有书记二名、村役一名，三

① 刘大鹏遗著，乔志强标注：《退想斋日记》，山西人民出版社1990年版，第515、521、549、567页。

庙之尚有三名，其余均为应卯，不免吃闲饭者。”[①] 当然，一切米面费用主要来自村中“义仓谷口，三庙之租课”，以及向富有的住户和出租碾磨所索取来的米面粮粟等。尤其当村庄处在战乱的境况之下，村民们对村公所等人挥霍义仓、庙租等公产行为议论纷纷，不满情绪渐涨。见此情景，村长卫中立等人恐生枝节，只好于 1938 年 4 月 1 日中午吃了所谓的“散公饭”，并决定日常事务中村公所仅留书记一名、村役一名、尚友一名，另给予工食费，其余均撤销，若有村庄公共事务则派人请村长副等人予以办理。尽管在村民的温和抗议下村公所之人的借混乱世事而挥霍浪费之举有所收敛，但是一旦赤桥村人的义愤情绪在外来侵略者的压榨下有所缓和的时候，所谓的村庄精英巧借各种名目分享共产的行为再次重演。1938 年 10 月 15 日开始起派村费，连续四天，但缴钱者寥寥无几。可是村长副、闾长、村役等二三十人每日在村公所吃饭，“有酒有肉，均系公费，概不惜钱，亦不怜恤邻里乡党”[②]。可见，对于一般村民而言，在村公所任职的人还是有一种普通百姓难以抗拒的权力。据王海保老人讲，日本人进来后，让村公所的人做什么就得做什么，否则有可能被日军枪杀。再加上“赤桥村公所之人，尽以为日人占据中国似乎妥当，无他顾虑”，因此，除了“料理”村务之外，还承担了日军在村庄行事的主要角色。1939 年 12 月 16 日，村公所奉日军命令，鸣锣召唤各家户到村公所集会，日军要从村中召集 15 岁至 25 岁的年少之人“作为少年团之丁”，然后再到晋祠驻地由日军训练以备派遣少年团出兵开战。当时的年轻人都得去，可是又不愿卖命打仗，自己人打自己人，所以有的在途中逃跑，跑不掉的多被打死。村庄老人李守一亲自向笔者讲述了自己的一个亲戚因不愿替日本人打仗，往花塔村的二姐家逃跑时被日军发现后活活打死的惨剧。1940 年 7 月 4 日，村公所散发县公所颁发的“良民证”，每张两角，外加村公所费五分。在同一天，又召集村人到村公所照相，每人收取两角。9 月 3 日，驻扎晋祠的日军头目来赤桥村调查耕种田地情况，村公所安排丰盛酒菜，招待日军。1941 年 2 月 17 日，村公所在村中鸣锣催迫各家户出劳力，重修村庄以西的汽车路。每户必须得出一人，上午、下午两次出工，

---

① 刘大鹏遗著，乔志强标注：《退想斋日记》，山西人民出版社 1990 年版，第 522 页。

② 同上书，第 534 页。

并且日军在汽车路边监督劳工。“一呼百应，夫若不到，或到一迟即行殴打。”[①] 1941 年 4 月 8 日一大早，村公所就鸣锣召集村民照相，并且传达日军命令，必须佩戴身上才可出入往来于村庄内外。4 月 21 日，村公所再次鸣锣通告村民，由于前期本村有许多人尚未照相，无论男女 60 岁以下、13 岁以上今日必须到晋祠补照。1942 年 3 月 5 日，赤桥村公所鸣锣召集村人，男女老幼必须到村公所照相，以备日后日军清查户口之时验证本人所照相片。1942 年 7 月 14 日正午时分，村公所之人鸣钟鸣锣，召集村民到村公所听日本人演讲，由日本人强迫村人组织的“自卫团”迅速集合，不容疏懈，以应付紧张战事。

从上述简短的事件片段中，可以看出村公所这一村庄机构成了日军奴役村人、统治村庄的工具。日军多次强迫村民照相，清查户口，抓丁拉夫，修筑公路，并组建村庄“自卫队”，在繁多的战事活动中，村公所始终操演着重要的角色。尽管村公所名义上要由村民投票选举产生，“里中鸣锣数次，召集村人到村公所，投票选举村长副”，但任职人员的渎职或变相盘剥村民的行为，致使“新旧村长交接不能清楚，近十日仍然纷乱不清”[②]。因此村公所由村中权势之人掌控着就不足为怪了。村中老人戴师力说当时赤桥村的日伪居村政权机构和村公所基本上都搅和在一起了。那些任职的人大都是地主、富农、中农，日本人来了之后，他们就积极地迎合“小日本”，就是想找个靠山能保住自己的那点家产、权力。比如村人刘大光能在 1937—1939 年间连续担任居村副村长，除了自己是地主之外，还直接与他的孙女婿在晋祠充当日军的翻译官有关。一些贫苦穷困的人后来也加入了日伪政权和村公所，大都因为没办法活下去了，便妄想着能像富有的那些人一样给自己找条出路，但仅仅只是“跑腿的”而已。

1945 年 8 月，党领导下的郊区抗日武装伴随着全国范围对日军进行大反攻的势头，也主动出击了日伪军占领的各个军事据点，彻底消灭了在此盘踞八年之久的日本侵略者。但是备受煎熬的赤桥村民还没来得及享受抗战胜利所带来的欢喜，村庄内外便又笼罩在了阎锡山的统治之中。在阎锡山统治的 32 年时间里，“兵农合一”的实施把各村农民紧紧束缚在了

---

① 刘大鹏遗著，乔志强标注：《退想斋日记》，山西人民出版社 1990 年版，第 567 页。

② 同上书，第 582 页。

土地上，给农村的经济生产和发展带来了巨大的破坏。这一政策强令 18—48 岁的男青壮年编组分地，以组抽兵，6 人编为一个小组，其中 1 人当常备兵，5 人为国民兵耕种“份地”，并且负担 1 个常备兵及其家属。每人每年出优待粮 3 石，棉花 2.5 公斤。兵农小组成员所交出的粮棉供给常备兵粮食 6 石 6 斗、棉花 7.5 公斤，并且规定在军营的不发饷；而且要以粮食 8 石 4 斗、棉花 5 公斤优待常备兵家属。每一“份地”除了优待粮外，还有军购粮、马料粮、战备粮、调解粮等十多种负担，“份地”80% 以上的产品被阎锡山当局掠夺。阎锡山军队控制的平川地区，推行“兵农合一”政策不到一年，太原郊区就有 40% 的青壮年被抓走充当兵役，荒芜、半荒芜的耕地达 30% 以上，粮食产量也比抗战前下降了 40% 多，劳力不及抗战前的 60%，畜力仅是抗战前的 26%。1 斤小麦涨到法币 5150 元，农民陷入饥饿与死亡的境地，绝大多数贫苦农民靠糠皮、豆渣、苜蓿、树叶和野菜过日子。太原县晋祠镇与赤桥村仅里许的南大寺村，共有 26 户人家，就有 5 户卖妻子，9 户卖儿女，28 人饿死。[①] 笔者在村中进行田野调查时，每当提及阎锡山的统治时，便有村民能流利地唱出那时村中流传的一首歌谣：“兵农合一聚宝盆，家败人亡鬼吹灯。兵农合一好，黄蒿长了一人高。”这样的一种历史记忆形象生动地讲述了处在阎锡山管制时期村庄的真实故事，同时也能让我们在更加微观的叙事中感悟历史、构建历史。

赤桥村作为“兵农合一”暴政的试点村，规定村中每十人一组抽两人当兵，有土地的为国民兵组，无土地的为工商组。为了保证“兵农合一”暴政的具体实施，阎锡山政府还在赤桥村组建了一系列的政权机构：赤桥治村敌伪政权组织，分别设有治村村长、治村助理员、治村书记、治村地籍员、治村户籍员等机构，还有在日伪政权组织的基础上设置了赤桥居村村长、居村兵农合一评议员、农官、书记、水闸、闾长等分机构；伪晋源县赤桥村进步委员会，下设赤桥进步委员会、主任、副主任、委员、成员；赤桥治村兵役组织，具体设有赤桥治村连部，下设连长和排长，同时还设有兵役分队长和兵役闾班长；赤桥治村同志会组

---

① 太原市农业合作史编辑委员会编：《太原农业合作史》，山西经济出版社 2001 年版，第 27 页。

织，设有治村特派员（专门指派）、赤桥治村特派员、兵农基干、妇女干事、同志会；另外还有三青团、国民党、铁甲基干、反干团、奋斗团等组织。在一系列组织机构中共有成员131人，全系本村村民，实际上他们成了“兵农基干”执行人。比如村民芦胜志、王必等人担任居村村长，芦胜志还担任赤桥居村兵农合一评议员，还有刘义、陆羽钧、刘义柱、刘会元、高升等人担任赤桥闾长、进步委员会成员等职。在后文的叙述中我们还会看到这些人在村庄农业合作化运动中担任着主要职务和拥有的权力。

赤桥村组建的诸多政权机构把村民的生活整合到了一个与人们的预想有很大偏差的村庄运行秩序中。处在战事频仍中的赤桥村民，平日里吃不饱穿不暖，还得在与自己朝夕相处的那些充当村政权人物的乡邻的催促下被迫交粮交钱，加上各种摊派繁多，好多村民不堪忍受，被迫害致死。再者，由于年轻力壮的人大都被迫去修筑炮台，充当常备兵、预备兵，导致村里的大量稻田荒芜；而上了年岁的老人和妇女只能靠做草纸度日。当时只有七八百人的村庄被由一百多人所组建的“兵农合一”政权制度所辖制，我们完全可以想象得到村民们在艰难的时事中为了自身的处境所进行的不同抉择。尽管这种选择会随着政权的更替而相继地变化，但是此种选择以及由它所带来的生活会在后来政权的建设中重新被提及或者被革掉。

通过日军统治和阎政时期村庄政权组织情况的比较分析，可以看出，王必、聂四火、李玉、芦胜志、张志、刘宜、陆羽钧、刘义柱、刘会元、高升、卫中立、高胜军等人在前后两个战乱时期均担任村庄政治组织机构的村长、书记、闾长、水闸等主要职务。当然，阎锡山统治时期村庄政权组织机构庞大，种类繁多，又有诸多村民自觉或不自觉地加入了一个被寄以生存希望的村庄权力网络中，毕竟村庄精英人物的衍生效应成了人们眼前权衡利弊得失的重要参照系。但是，在外界力量的主导下，村庄权力仍旧被那些家庭条件优越的地主、富农、中农所执掌着。在后文村庄农业合作化运动的叙事中，我们仍能够看到一些村庄精英人物的所扮演的角色。但是需要指明的是在“四清”“文化大革命”运动中，这些历经三个不同政权统治时期的村庄人物被彻底清算和打倒，直至退出村庄的权力网络。

四 村庄重建与整合(1948—1957)

(一) 村庄土改

1948 年 7 月 20 日，村庄解放了。这一天，对于赤桥村的人们来说是一个永远值得赞颂的日子。因为它标志着一个旧时代的终结，一个新时代的开始。高计祖老人讲述了当时村里解放后的情景：那个时候，村里人对于解放了这一码事反应很不一样。对共产党了解一些的村民张贴标语，欢庆解放；那些平日里只知道给地主富农做长工干活的人，好像没什么激情，什么解放了，翻身了，共产党领导天下了，根本不知道是怎么回事；平日里靠剥削生活的地主富农，则显得有点焦虑不安，整天都在担心共产党是否和日本人、阎锡山统治不一样，自己的财产和剥削行为是否要被清算没收；还有一些人，他们什么也没有，很穷，听说共产党向着穷苦人民，所以当时表现得非常积极，甚至每天都在向进驻村里的工作队诉苦，揭发谁谁经常打骂剥削自己，可算是盼来了穷人的大救星了；而那些小商小贩、经营店铺的人则在打理自己生意的同时象征性地庆祝了村庄的解放……可见，不同利益群体对于村庄解放这么一个划时代的历史性事件的体验是多么的不同，或者说这样一种“对现在的体验”的巨大差异直接与人们“有关过去的知识”和亲身实践密切相关。而正是这种鲜明的差异为中国共产党进行新政权和新农村的巩固和建设提供了持续不断的空间和理由。

土改是赤桥村解放之后首推的一项社会政治运动。1946 年 5 月 4 日，中共中央将《关于清算减租及土地问题的指示》作为党内文件，发至各解放区贯彻执行。它表明党的土地政策已经由削弱封建剥削的减租减息的政策向消灭封建剥削、没收分配地主土地政策的过渡。而 1947 年 10 月 10 日《中国土地法大纲》的出台，则标志着再次宣布废除封建土地制度的历史性选择。从此，所有解放区进行的土地改革就有了一个明确的法律依据。1948 年 3 月，毛泽东又起草了《一九四八年的土地改革工作和整党工作》的指示，以指导当时的土地改革。根据党中央的指示精神，中共晋中区党委就“兵农合一”地区的土改问题向华北局请示。同时，1948 年 11 月 10 日以赖若愚为书记的中共太原市委依照毛泽东土改整党指示下发了《关于今冬新区土改意见》的文件。12月8日，华北局的复电中就实行过“兵农合一”的地区和村庄的土地改革问题进行了专门指导，特别要“团结中农，保护私人正当工商业。号召地主、富农自己拿出底财与农民分配，政府可酌情留给他们一部分，允许其投入工商业。严禁乱扣、乱打、乱杀”。此后，太原市委又召开了新区土地改革扩干会议，要求全区凡是可以进行土地改革的地区都进行土改，并且重新印发了赖若愚书记的《关于太原新区土地改革会议的总结报告》。该报告强调，土改中要照顾中农的利益，平分土地是不动中农的祖宗地；对“兵农合一”中失掉土地的地富与未失掉土地的地富要有所区别；对有关群众动浮财的要求暂不处理，主要集中精力解决土地问题；要注意与对敌斗争工作的密切结合。在工作方法上分“两步四个阶段”：一是宣传政策，发动群众；二是组织农会，具体贯彻政策；三是划分阶级，三榜定案；四是制定分配土地方案，平分土地后出榜公布，建立人代会，改造旧政权。[①] 这样，根据党中央和太原市委下发的文件和扩干会议的周密部署，下设的县区一级单位便开始了新解放区土改的实践工作。

太原等地先后组织大批干部，经过短期集体培训组成了土改工作队分别于1948年的11月、12月开赴清源、徐沟、太原、阳曲四县开展土地改革的试点工作，随后全面铺开。据统计，1948年12月，太原县委在县城集中培训了土地改革干部451人，之后分赴全县49个行政村进行土地改革。[②] 在由土改工作队所指导的农民协会的主持下，按照“兵农合一”实施前后土地变动情况，以自报公议、民主评定的方式划分阶级成分。没收地主的土地、耕畜、农具、多余的粮食、房屋、征收祠堂、庙产地和其他公产地，分给无地少地的农民，留给地主在质量、数量上相等于贫雇农的份额，中农的土地最多不得超过本村人均地亩的10%，“抽肥补瘦、抽多补少、填平补齐”“中间不动两头平”。之后，再统一出榜公布，发放土地房产证，确保村民的产权所有。到1949年3月，太原县境内的土地

① 太原市农业合作史编辑委员会编：《太原农业合作史》，山西经济出版社2001年版，第36页。

② 太原市南郊区地方志编纂委员会编：《太原市南郊区志》，三联书店1994年版，第24页。

改革工作全部结束，划定地主 369 户，富农 759 户，上中农 1403 户，中农 8747 户，下中农 1025 户，贫农 9492 户，雇农 4748 户，征收了地主、富农多余的土地，贫农雇农分得了土地。占总户数 1.41% 的地主人均土地由土改前的 29.81 亩下降到了 3.08 亩，占总户数 2.91% 的富农人均占有土地由土改前的 14.66 亩下降到了 3.47 亩，而占总户数 36.41% 的贫农人均土地却由土改前的 2.51 亩增加到了 3.98 亩。[①]

赤桥村的土改则起始于 1949 年初春，也是在太原地区的清源、徐沟、太原、阳曲四县全境解放之后开始的，并且是本县区土改运动的试点村。经过两个多月的土改工作，赤桥广大贫苦农民在这场群众运动斗争中，分房分地，有的贫苦村民还分到了粮食、农具、水磨、碾子等，扬眉吐气，万分高兴。土改期间，村庄贫雇农及部分中农、上中农、下中农共分得土地 474.39 亩，分到房屋 134.5 间。在此需要说明的一点就是在土改运动过程中，赤桥村庄的具体实施基本上遵循了党中央“中间不动，两头拉平”的政策。因为贫雇农大都分得了土地、房屋等财产，除少数人在外或不接受分给的土地之外，还有一部分中农（包括下中农、上中农在内）成分的村民也因生活需求和房地占有数量的不同而得到了分配。而所有这些被重新分配的资源则主要来自对村庄中地主、富农、中农、农业劳动者等私有财产的强制性、制度性的安排。

表 1　　　　赤桥村被分房地财产情况统计表

成分 \ 数量 \ 项目	户数（户）	分地（亩）	分房（间）	备注
中农	1	52	24	其中分地占总分地数的 74.39%，分房占总分房数的 92.94%。被分户数占总户数的 4.57%
上中农	8	50.88	16	
农业劳动者	2	50	5	
地主	2	81.3	38	
富农	2	118.7	42	
合计	15	352.88	125	

说明：笔者根据赤桥村档案的相关内容绘制。

① 太原市南郊区地方志编纂委员会编：《太原市南郊区志》，三联书店 1994 年版，第 24、186 页。

表2　　赤桥村土地改革后划定阶级成分情况

项目 数量	贫农	中农	上中农	下中农	富农	新富农	地主	破产地主
户数①	149	102	45	10	14	3	3	2

说明：笔者根据赤桥村庄档案相关内容绘制。

由于赤桥村长期处于日伪和阎锡山“兵农合一”暴政的统治之中，加上历来人多地少，手工业副业家庭作坊等混杂，因此其阶级状况和政治情况相当复杂，这给村庄土改工作带来了诸多的困难。例如，一些地主富农，家庭人口多，一方面常年雇用手工造纸工人为其做工，进行剥削；另一方面又在外长期给人干活出卖劳动力。所以，给正确定出其经济状况的阶级成分带来了不少的困难，而且有些户的成分在历次运动中不断地被变换。村民高变七曾在土改时被划定为中农成分，在1949年10月土改复查时又被定为上中农，1957年村里进行反封建补课时再次被划定为富农，到1963年“四清”运动时又重新被定为上中农。

在土改事件中，富农分子余志士隐瞒他于1941年曾放高利贷进行剥削，并且暗地里购买了野庄村四十余亩地出租给当地农户。土改时，余志士原有的35间房屋被分出19间，原有耕地47.4亩被分出37.3亩给贫雇农。余志士对自己私有财产转眼间被分配给别人很是不满，于是在土改后不久居然公开跳出来说：“你们分了我的地过不了三年就不是你的了。”贫农康银富分了他八分地，到耕种的时候，余志士竟阻止康银富播种。在一个为广大贫苦村民谋利益的新政权领导下的新农村建设运动中，余志士的行为无疑是一种阻碍和反动。当时广大贫下中农对余志士隐瞒土地、借

① 由于中华人民共和国成立后各种政治运动的反复进行，村庄人口和户数的统计前后也不一致，有时出入较大。比如1949年村庄有234户，892人；1950年为237户，896人；1951年为239户，901人；1952年为241户，909人；1953年为244户，928人；1954年为248户，945人；1955年为251户，961人；1956年为250户，950人；1957年为256户，976人。但是在1966年前后村庄“四清”运动中阶级成分复议时确定村庄土改后共有328户，这与1949年年底1950年年初的户数统计相差近100户，而与1966年的331户相近。因此，笔者根据村庄调查和档案资料的分析认为这种差数主要是由于村庄人口复杂，外来户不断，社队人口统计只限于入社人数的登记，“四清”工作队的统计数字则主要针对的是村庄中在住的所有人口等方面的原因所致。

放高利贷、反动言语进行了批斗，狠狠地打击了富农分子的猖狂进攻。1963 年“四清”运动中被戴上“四类”分子帽子的余志士也算是对自己的行为承担了应有的结果。现任村干部杨通宝拿着一张不是十分清晰的黑白照片给笔者讲道，“照片中间的那个低着头认罪、多次被批斗的人就是余志士”，照片背景是一个村民开荒地、大生产的热闹场面（应杨通宝的要求，笔者未将该照片公开）。可见，这种对异己行为进行政治清理的现场批斗把村民的日常选择整合进一个集中单一的意识形态模式中是多么的富有成效。还有一件事情发生在 1949 年秋后。贫农畅根孩划分到富农刘德元杏沟子里的枣树地，锯倒枣树烧木炭，同时用两石五斗小米买了沙堰南纸房村的枣树地和陈二兔伙锯烧木炭。刘德元对分了他的地和枣树早已怀恨在心，并且理直气壮地说：“你们这些穷小子分了我的地，没有分我的树。”于是，他气势汹汹地上去用枣木棍从后面朝畅根孩就打，畅根孩冷不防被他打倒。陈二兔急忙上去制止了刘德元，不然畅根孩有可能会被打死。这一恶性事件在刚处于新政权建设和巩固的赤桥村引起了轩然大波，村庄领导和贫下中农代表立即向上级政府部门汇报了有关情况。针对刘德元这种反攻倒算、殴打贫下中农的罪行，县区人民政府立即给予了逮捕法办，判刑五年，进行劳改。刑满时当问他服不服罪，刘顽固地回答：“我被判刑甚是冤枉，实在受屈。”对此，人民政府对他重新判刑，继续劳改。据说刘德元后来病死在监狱中。

赤桥村土地改革运动历时两个多月结束了，完全打破了原有的村庄秩序和生活规则。通过这一群众运动，我们发现了新政权体制和国家权力在村庄实践中那种至高无上的影子。但是我们不得不承认，土改在村庄重建和整合中所隐藏下来的较量可以说在 1949 年之后 30 多年的村庄进程中不断重现和改变，而这样的演变让我们在微观的层次上触摸到了国家与地方社会的互动轨迹。① 总之，土改后，农村形势发生了根本性变化。昔日生活在日伪、阎锡山统治下的农村社会最底层，在政治上毫无地位的贫雇农，瞬间成了农村社会的主人；而过去把持农村经济社会

① 村庄档案中详细地记载着“四清”运动、“文化大革命”等大事件中那些被制度性安排了不同成分的村民之间的斗争，着实体现了惯习、身体、政治、权力和地方实践的复杂关系。因文题所限，不再赘述。

生活的地主、富农在新政权的冲击下丧失了原有的资本和权力。农村中的贫雇农在经济、政治上的优势逐步得以确立，翻了身，生产力也得到了解放，新中国的农村呈现出一片生机勃勃的景象。

（二）村庄互助合作运动

千百年来，在封闭的农村社会中，贫苦农民在独自的农业生产过程中，由于缺少耕畜和大型农具，同时需要适时播种、及时锄耧、消除草荒、按时收割和颗粒归仓，因此进行彼此的搭手、帮助就逐渐地形成，代代沿袭相传，逐渐形成了乡村中生产互助的习惯。在互助形式上，“一是有劳力与有畜力的亲戚或好友互相换工，帮助耕种等。这类互助俗称‘合犋’。二是在邻里亲戚之间经过磋商，集中劳力，排开时间，合理安排农活，在劳力上互助。三是劳力多余户，合伙租种耕地或搞副业，各按一定的劳力投入，分获收益。四是伙喂耕畜互助，有三四户贫苦农民合资购买一头耕畜，共同喂养，合伙使用。既是畜力的合作，又是包括耕作上的劳力变工，是较为固定的互助”①。农民的互助有利于农业生产的发展，有利于克服生产上的困难，是贫苦农民借此赖以生存的一种习惯。后文中我们还会看到在新中国政权对赤桥村进行重建和整合的进程中是如何成功地将这一古老的文化传统模式加以充分地重视和利用，以至于为巩固党的领导和新政权的建设产生了巨大作用。

1949—1957 年是中华人民共和国成立后进行农业社会主义改造的农业合作化时期。全国各地在土改完成之后便开始了合作化运动。土改后，尽管贫雇农获得了土地，但是长年战乱带来的破坏、耕畜农具劳力的缺乏，以及新旧政权更替给村民造成不断“变天”的恐惧心理等因素仍在相当程度上制约着农业生产的发展。“土地改革以后，农民分得了土地，他们的生产积极性空前高涨。但是，由于家底太薄，许多农民在生产上仍然存在诸多困难。有的缺耕畜、农具，有的种子、资金不足，也有的缺少劳动力，迫切需要互助合作，而且在解放前农民也有换工互助的经验。所以人民政府积极领导和帮助互助合作，并取得了进展。到 1950 年年底，

① 太原市农业合作史编辑委员会编：《太原农业合作史》，山西经济出版社 2001 年版，第 16 页。

临时性季节性的互助组和常年互助组已发展到 272.4 万个，参加互助组的农户达到1131 万户，占总农户数的 10.3%。”① 1951 年 12 月中共中央制定了《关于农业生产互助合作决议（草案）》（以下简称《决议（草案)》)，并指出：农民在土地改革的基础上发扬起来的生产积极性，表现在两个方面：“一方面是个体经济的积极性；另一方面是劳动互助的积极性。……党中央从来认为要克服很多农民在分散经营中所发生的困难，要使广大的贫困农民能够迅速地增加生产，而走上丰衣足食的道路，就必须提倡‘组织起来’，按照自愿互利的原则，发展农民劳动互助的积极性。”②

太原市郊乡村的农业生产互助组合作是在抗日战争和解放战争时期原有的变工互助和劳武结合变工队的基础上发展起来的。1949 年，全市互助组发展到 472 个，参加农户 2758 户，占总农户数的 3.3%。到 1950 年，全市互助组由 1949 年的 472 个，参加农户 2758 户，分别发展到 1316 个和 7180 户，占总农户数的 7.3%。1951 年初春，太原市委遵照中央有关精神，结合本市农村社会的实际，于 2 月 3 日制订印发了《一九五一年郊区农业生产计划》。该计划要求在互助合作方面，按照“组织起来，提高技术，多打粮食，发家致富”的方针，鼓励放手发展互助合作组织。并且要求在自愿、互利、等价、民主的原则下，组织起来的劳力达到 30%—40%。随后全市各个农业县区先后召开农代会，纷纷制订计划，组织交流农业生产互助的先进经验等，一般号召与典型示范相结合，力戒以往命令主义的做法得到了大力推广。3 月中旬，市委领导又结合郊区的具体特点，要求开展以大量种植蔬菜、大量发展畜牧业、大量植树造林和培植果树、大量种植小麦和水稻，提高单位面积产量为内容的“四大一高”爱国丰产竞赛运动。此时，晋源县委领导召开了党代会、宣传动员大会，大多数党员、团员和积极分子参加了各乡村的常年或临时农业劳动互助组。这一时期全国范围的抗美援朝运动、镇压反革命和爱国丰产竞赛运动三大历史事件对于地方社会的发展

① 王贵宸：《中国农村经济改革新论》，中国社会科学出版社 1998 年版，第 24 页。

② 中共中央文献研究室编：《建国以来重要文献选编》第二卷，中央文献出版社 1993 年版，第 511—513 页。

进程起到了巨大的推动作用。在带领亿万农民翻了身的中国共产党所进行的每一项运动中都大大激增了农民群众的爱国主义、民族主义的政治情感。因为广大农民群众看到了一个为其谋利益和幸福的政党，而这是以前任何一次政权更迭都没有实现的。因此，1951 年年底全市互助组达到了 2389 个，比上年增加 81.5%；参加农户 10722 户，增加 49.3%。而且互助组的发展出现了新的趋势：一是互助组开始出现联组的形式，规模扩大；二是常年互助组所占的比例明显增大；三是出现了含有更多社会主义因素的初级农业生产合作社。

1952 年中共太原市委在继续推进互助合作的领导力度，突出贯彻了"组织起来与提高技术相结合，与副业生产相结合""全面规划，加强领导，积极发展，稳步前进"的方针，坚持"资源、等价、民主"三大原则，采取"说服教育，典型示范，积极引导"的工作方法。同时号召党团员积极参加互助合作组织，不准党员作富农、资本家和高利贷者。这一年，赤桥、辛村等村庄被确定为互助合作组织与供销、信用合作相结合的试验点，并且鼓励其加强农业生产以适应国家建设的需求。为了显示出组织起来的优越性和农业合作化道路的正确性，1952 年 9 月，太原市委组织了一次规模较大的评比活动。之后组织乡村干部、互助组长和单干农民代表，到试办的初级农业生产合作社参观访问，在田间地头把初级社、互助组和单干户地里长的庄稼进行了实地对比，使参观代表人员受到了一次百闻不如一见的现场教育。1952 年互助组猛增到 10333 个，是 1951 年的 4.3 倍；参加农户 56667 户，占总农户数的 44%。[①] 到 1953 年年底，全市组织起来的农民，由 1949 年的 2758 户增加到了 46934 户，占到农村总农户数的 35.2%。[②]

当时的赤桥村面临着几个实际问题：一是该村曾是"兵农合一"的试点村，村庄的生产发展遭到了破坏，一般村民生活较为贫困，缺少耕畜和大型农具，只有组织起来才能克服困难。二是赤桥村历来就是一个人多地少的村庄，很多村民靠做草纸等生意维持生计，土改后归田务农，

① 太原市农业合作史编辑委员会编：《太原农业合作史》，山西经济出版社 2001 年版，第 25 页。

② 同上书，第 26 页。

种地不是行家里手，也需要组织起来互助生产。三是遭到战争破坏的赤桥村要恢复生产，就需要尽快恢复水地和菜田，而只有组织起来才能更好更快地修复废渠、旧井等。为了适应组织起来的需要，赤桥村建立了太原市郊第一个晋源赤桥信用合作社。但是，赤桥村像其他地区一样，也出现了两极分化的势头。一方面比较贫苦的村民又开始卖房卖地；另一方面有人却开始买地买房，这样有些人势必发展为新式富农。此外，村庄社会结构复杂多样，造纸副业是很多村民收入的主要来源。至少我们能够看出并非所有的村民对前期土改运动后的制度安排和利益所得完全接纳和认可。正如杨通宝所言："当时人们都不敢相信怎么一下子就有地有房了，所以有的村民就乘机将地房卖掉以便手头积攒点钱维持生活，寻思着自己再去找活干或者继续像以前那样给有钱人家做工。"甚至我们可以想象抱有如此想法的村民不在少数，赤桥村固有的传统和区位结构造就了如此的惯习。如前文所言，那些以前靠副业为生的人转向以仅有的一些耕地维持生活是有诸多漏洞的。耕畜、种子、农具以及作业方法等的残缺都制约着部分村民进行新的生产，所以单干现象对人们体验新政权的温暖有着客观的障碍。从个体经济来看，单干的小农经济好像独木桥，经不起风吹雨打。当然这种村庄内需的不足就给了那些在土改运动中被贫下中农分了房子和耕地的地富分子对党的政权在乡村巩固进行诬陷、抵抗提供了铁的事实。原村庄干部王生才给笔者讲述了发生在互助合作运动时期的一件事情。针对有的村民出卖在土改时期所分的房、地现象，富农分子刘正业不满地说："穷光蛋分了房子土地，也不顶用。"于是他把分给贫农张替根的房子又买了回去，进行反攻倒算。村党支部对此，一方面以阶级斗争路线为指引，狠批了刘正业反攻倒算的罪行；一方面又组织贫下中农深入学习毛主席关于"组织起来"的指示，积极热情地宣传农业合作化的优越性和光辉前景。

1952 年 10 月，赤桥村成立了草纸推销社，社长刘义，理监事张志、刘会元，会计聂四火，业务张文生。1953 年，村里又成立了信用社，主要成员张会、李玉。随后政府号召互助合作，农村要有三社占领阵地，群众走集体互助组。当时响应号召，全村承办了两个互助组，槐树社搞了一个手工业草纸社，农业为副，社长张会，农业组长卢胜志；前头社也成立了一个农业互助组（由区政府领导）。同一年，赤桥村又成立了农业互助组，组名叫前进社，组长郑池，记工员刘会元，23户搞生产，稻白地39亩全部进组，土地互助耕种，生产的粮食各户收入齐年算工，副业造草纸也是各户收入。从赤桥村初期互助合作的历程来看，可以发现在推销社组织起来之后，村庄的草纸生产集体经营，统一强化了村庄副业命脉，个人自由买卖市场空间日渐缩小。同时村庄供销社把全村十几房私人小铺子合并起来，统一利润，也限制了私人单干现象，占领了村庄商业阵地。而信用社的成立则掌握了全村的经济命脉，进行村内借贷活动。这样，赤桥村农业、副业、商业、金融等经济结构的大改组和模式化既鼓舞了村民互助合作运动的积极性，也从具体实践中渐趋地否定了私人单干现象。

1953年，党中央提出了过渡时期总路线，随之展开了全国第一个五年计划。而赤桥村的阶级斗争、两条道路的大搏斗仍在继续，如组织起来走合作化的道路还是允许私人单干，在分配问题上是按劳动工进行分配还是搞土地分红，生产资料是私人所有还是集体所有。实践中的村庄一直是沿着集体合作的模式前进，而那些不满、怨愤、抗争行为的结果只是从另一层面验证了集体化道路的威力和不可抗拒性。赤桥村成立的前进组与手工业组没多久就转入了曙光初级农业生产合作社。而这样一种依赖上层政策和意识形态进行的生产改组和规模扩张在后来的政治话语中则成了生产上的盲目和冒进。在初级社成立的同时，所有社员通过民主选举的方式选出了本社的主要负责人。其中，社长一人，由高四中担任，农业组长为郑池，副业组长为王必，保管组长为高升，会计为刘会元，技术员为李福泉，农业副业生产活动全部在曙光初级社统一安排进行。而利益分配问题经过社内讨论决定：土地报酬按产量石数进行分红，人工按劳力分红，社干、义务工到年终看出勤多少、补贴多少并经过四评（评土地、评劳力、评底分、评农具）。下面的统计图表比较全面地说明了赤桥村1954年曙光初级社及该年度年终结算、分配的基本情况。

表 4　　　　1954 年赤桥村庄曙光初级社基本情况

户数	人口		劳力				政治面貌		阶级成分		耕地种类/面积		
	男	女	男		女		党员	团员	中农	贫雇农	稻地	白地	自留地
			全劳力	半劳力	全劳力	半劳力							
26	46	43	23 人	9 人	16 人	7 人	5 人	2 人	10 户	16 户	34.3 亩	22.1 亩	7.6 亩
备注	村庄另有造纸汗池 10 个，副业造纸全归社里所有，强劳力 12 人为农业组（组长丁喜元）专营农业，半劳力和女人、有造纸技术的社员专搞副业造纸，农忙时副业停顿搞农业，到秋收后完全搞副业												

说明：笔者根据村庄档案记载的相关数据制表，为保持资料的原貌特征，一些误差数据未做纠正。以下涉及合作化时期的相关数表不再说明。

表 5　　　　1954 年赤桥村庄曙光初级社年终结算分红的基本情况

项　目	数　量	项　目	数　量	项　目	数　量
土地总产量	148.3 石	每石分红数	6.432 元	公积金抽取数	110.98 元
农业纯收入	2353.2 元	每劳动日分红数	1.582 元	公益金抽取数	101.81 元
副业纯收入	8420 元	每户平均收入数	414.30 元	稻谷亩产数	576 斤
总收入	10773.2 元	每人平均收入数	121.00 元	/	/
备　注	1954 年土地分红制，土地 40%，劳力 60%。金融以万元计算折人民新币壹圆				

表 6　　　　1954 年赤桥村庄曙光初级社社员分配粮食情况

种　类	硬稻谷	软稻谷	红软豆	谷　子	糜　子	玉　茭	黄　豆	小　麦
斤　数	11238	1600	751	3829	533	1016	794	2749
备　注	除了交公粮以外，社员尽分现粮，下缺口粮由国家供应							

进入 1955 年赤桥村曙光初级社发生了一些变化。社内没有土地的社员出现了变动，主要是因为土地分红所引发的矛盾。一些社员看到专搞手工业生产有前途，并且都是外县人，于是有 7 户离社；同时带有土地新加入曙光初级社的共 8 户。针对社里的变动，社队领导经过商议专门成立了社务委员会，社长高四中，副社长郑池，政治副社长刘义，会计刘会元，保管员任晋忠，技术员李福泉。同时，社内也进行了一定程度的组织分工，农业专管三个组，副业分成三个组，并实行社长会计半脱离制。

表 7　　1955 年赤桥村曙光初级社的基本情况

户数	人口		劳力				政治面貌		入股金额	耕地种类及其面积		
	男	女	男		女		党员	团员		稻地	白地	自留地
			全劳力	半劳力	全劳力	半劳力						
27	56	52	24 人	11 人	18 人	7 人	7 人	5 人	2327 元	41. 35 亩	23. 98 亩	8. 12 亩
备注	1955 年，初级社社员开垦荒地 38 亩，播种山坡地旱地 14. 2 亩											

可以发现，1955 年曙光初级社的组织规模有所扩大，总人口由原来的 89 人增加到 108 人，劳力、耕地面积等均有增多，尤其是开垦出了 38 亩荒地专营农业。因此该年度的分红结算的状况比上一年有了较多的变化。

表 8　　1955 年曙光初级社粮食分配情况

总产量	留机动粮	扣留部分				劳力 74%		土地 26%	
		公粮	种子	饲料	卖余粮	总数	每劳动日	总数	每石产量
39940 斤	1587 斤	2036 斤	1944 斤	492 斤	22133 斤	8778 斤	1. 018 斤	2970 斤	17. 15 斤
备注	存库	上交政府	入库	喂养牲畜	稻谷售给国家周转回粮	社员应分的现粮，全社通年共用劳动日数 7868 个，土地总产量 165 石			

表 9　　1955 年曙光初级社年终分红结算情况

项　目	总收入	总　支　出					
		农副业原料	公积金	公益金	土地报酬	劳力报酬	奖励金
农业收入	6634. 11 元	1810. 40 元	132. 90 元	66. 31 元	1200 元	3414. 70 元	10. 00 元
副业收入	16825. 70 元	8087. 60 元	336. 50 元	168. 30 元		8203. 30 元	30. 00 元
总计	23459. 81 元	9898. 00 元	469. 20 元	234. 61 元	1200 元	11618. 00 元	40. 00 元
备注	每石产量应分 7. 276 元，每劳动日应分 1. 477 元。每户平均收入 477 元，人均收入 125. 30 元						

通过 1954 年与 1955 年两年度曙光农业初级社的基本情况，可以看出进行过内部调整和改革的初级社以及其组织规模和入社人口的增多给社员

的物质生活所带来的进步和提高。比如每户的收入由先前的 414. 30 元上升到了当时的 477. 00 元，每个人的收入也由原来的 121. 00 元提高到了 125. 30 元，尤其是公积金提取额是 1954 年度的四倍多，公益金的提取额为 1954 年度的两倍多。对于刚刚创建一年的曙光初级社而言，这样的发展速度和所取得的成绩是令人兴奋的，无疑对新一轮的村庄合作化运动提供了模板和向往。因为初级农业生产合作社的优越性是通过统一经营土地、统一使用劳动力以及在此基础上给农民深刻的集体化教育与政治文化学习得以体现的。不过这种初期的可喜成果在 1958 年后“大跃进”“人民公社化”运动中又随着单一集体化模式的强制推行而遭遇了巨大的挫折和困境。

（三）合作化运动的冒进和村庄高级社的建立

1955 年 7 月 31 日，毛泽东作了《关于农业合作化问题》的报告，对农业合作化的理论和政策进行了系统阐述。其中指出：“目前农村中合作化的社会改革的高潮，有些地方已经到来，全国也即将到来。这是中国 5 亿多农村人口的大规模的社会主义革命运动，带有极其伟大的世界意义。我们应当积极地热情地有计划地去领导这个运动，而不是用各种办法去拉它向后退。”同年 10 月上旬，中共七届六中全会（扩大）召开，会议讨论通过了《关于农业合作化问题的决议》，通过了《农业合作社示范章程（草案）》。

中共山西省委、太原市委领导认真贯彻落实中央的决定，并大胆地确定了全省 1956 年初级社发展到约 5 万个，入社户数占总农户数的 65% 左右，1957 年发展到 6 万个左右，入社农户达到 75%—80% 的奋斗目标。这样农业合作化的步子越迈越大，一个大办高级社的热潮在广大农村迅速掀起。1956 年 1 月 21 日，太原市 1171 个初级农业社合并为 672 个高级农业社，入社户数达到 13. 59 万户，占全市总农户数的 98. 7% 。随后在太原“五一”广场召开了 2. 5 万人参加的庆祝全市农业、手工业、私营工商业完成社会主义改造的胜利大会，彩旗招展，万民欢腾。据统计，以赤桥村所在地的晋源区为例，1955 年年底，全区 66 个初级社就有 61 个社扩大规模，发展社员 1171 户，平均每社扩大 19. 2 户；连同老社员共 5136 户，社均 78 户。新建初级社 103 个，社员 4342 户，社均 42. 2 户。新老初级农业社合计169个，社员9478户，占总农户数的91.2%，其中有56个老社基本并转为33个高级社。[①] 当时的赤桥村民也纷纷响应政策要求尽快入社，这样，曙光初级农业生产合作社由原来的27户扩到了92户，翻了近四倍。于是另建了两个社。在村西组建了桥建社，户数82户，社长陆羽均，副社长张三货，政治副社长吴二喜，会计张塔元；村南又建立了建华社，户数48户，社长刘义，副社长王富，政治副社长张继中，会计聂四火。旧有的手工业社28户，社长任忠正，农业副社长芦胜志。在合作化高潮中，要求村民们将私有财产、四评作价归社。生产农具、牲畜、副业工具等生产资料全归社内管理，并取消土地分红制，贯彻按劳分配、多劳多得的政策，实行定额管理制度。原社内主要干部郑池给笔者讲述了当时合并大社后的情景："尽管有的村民不太愿意将自由的财产充公上交给社里，但是也不得不跟着大家一起加入高级社。不跟着大家干，就随时有被批斗的可能，况且根本不允许你单干，你也没机会单干，心存怨恨也得跟着潮流走。村里当时被批斗过的那些人就是在走合作社问题上表现消极，老想着自己，那个时代就不兴这个。"

1956年1月5日，赤桥村又进行了合作社大改组，四社合并为一社进而转为曙光高级农业社。此次改进使村庄农业的生产更推进了一步，统一规划，统一安排，手工业社有土地的社员归农业社，无土地的归手工业社。单干户思想表现不好不准入社（当时有六户没准入社）。

表10　　1956年高级曙光农业社的基本情况

<table>
<tr><th rowspan="3">户数</th><th colspan="2">人口</th><th colspan="4">劳力</th><th colspan="2">政治面貌</th><th colspan="7">阶级成分</th></tr>
<tr><th rowspan="2">男</th><th rowspan="2">女</th><th colspan="2">男</th><th colspan="2">女</th><th rowspan="2">党员</th><th rowspan="2">团员</th><th rowspan="2">贫农</th><th rowspan="2">新下中农</th><th rowspan="2">老下中农</th><th rowspan="2">新上中农</th><th rowspan="2">老上中农</th><th rowspan="2">富农</th><th rowspan="2">地主</th></tr>
<tr><th>全劳力</th><th>半劳力</th><th>全劳力</th><th>半劳力</th></tr>
<tr><td>250户</td><td>502人</td><td>448人</td><td>207人</td><td>104人</td><td>113人</td><td>79人</td><td>18人</td><td>14人</td><td>119户</td><td>68户</td><td>38户</td><td>6户</td><td>8户</td><td>9户</td><td>2户</td></tr>
</table>

① 太原市农业合作史编辑委员会编：《太原农业合作史》，山西经济出版社2001年版，第99—100页。

续表

耕地种类及面积			折固定财产					副业状况							
稻地	白地	自留地	毛驴	绵羊	山羊	打稻机	水车	造纸业		烧石灰	打草帘	社员外做	运输工	炉灰□	毛驴加工
								汗池	产量						
437.95亩	335.5亩	56.25亩	38头	88只	36只	9架	1架	42个	3944捆	2450000斤	37000元	23590元	7203元	56元	6764元
备注	地主户人口9人，富农户人口48人，管制生产3人；稻地全部社内经营，白地299.25亩社内经营，另有山坡旱地69.3亩；男社员底分2590分，每10分底分入股分基金69元，女社员底分876分，每10分底分入股分基金34.5元，共入股分基金20672元，贷款户72户，免勤户13户。其中老社两年积累公积金580.18元，公益金328.62元。社内开展文艺生活，设立了俱乐部、图书馆。折固定财产，小农具不在其中。当时草纸生产满足了城市人民的需要，城市居民很满意；石灰生产大大支援了国家建设，扩大了生产														

表11　　1956年曙光高级社收入支出分红年终结算情况

总收入部分			总支出部分			分配部分		
项目	数量	金额	项目	金额	占总收入百分比	项目	金额	总收入百分比
粮食收入	547235.8斤	58561.11元	生产费用	39849.44元	19.42%	公积金	9729元	4.74%
副产另收入		7973.72元	管理费用	194.37元	0.095%	公益金	3253.19元	1.58%
蔬菜收入		15476.11元	农业税	2852.31元	1.39%	社员分配	149169.64	72.7%
副业收入		122606.55元	保险税	153.79元	0.075%		—	—
其他收入		584.25元		—	—		—	—
总计		205201.74元		43049.91元	20.98%		162151.83元	79.02%
备注	参加分红劳动日69836个，每个劳动日应得报酬2.136元							

通过1954年、1955年、1956年年初高级社的基本情况及年终分红结算的比较，可以发现，入社的户数、人口、劳力、阶级成分、农业耕种和副业经营模式等方面都有了较大变化。例如副业的分工越来越多样化，而且有9户富农、2户地主加入了高级社。1956年，曙光高级社总收入的规模显著增多，诸如蔬菜、副业和其他方面所带来的收入。而该年度的收入总额是1954年收入的近20倍，是1955年的近10倍；每个劳动日的分红数量由1.582元、1.477元上升到2.136元。随着总收入的增加，组织规模的扩大，与此相适应的生产管理费用、农业税收、副业保险税等因子也

成了村庄农业社组织系统协调运行所不可缺少的了。1957 年，赤桥村又响应政府号召力争大丰收，农业生产分了五个大队，副业造纸统计各队经营，男女劳力由各队调动使用，实行“三定一奖励”制度。另外为了丰富村民们的日常生活，村内设置了有线广播站，共安装喇叭箱 108 个。由于 1957 年曙光高级社各组织因子的增多，其收入来源的多元化已使得当时社内进行统计结算不能像以前那样简单地来进行，组织结构的复杂化必然要求各因子分工的精密化。从以上赤桥村农业生产合作化运动数据情况来看，村庄已经进入了一个集体化的制度安排之中。

（四）村庄高级社里的矛盾

赤桥高级社成立后，在利益分配问题和投工折价的财产上出现了两种意见：一种是按高级社社章办事，按劳动工分红分粮；另一种是按土地财产分粮分红。因此，“在当时出现了损公肥私挖社会主义集体经济的妖风，他们主张吃干分净，在各方面都要突出。这时反映在村庄内部两条路线的斗争非常激烈，经过反复的思想宣传、斗争和较量最终取消了按土地分红的不合理制度”[①]。曾经在土改中被划为富农分子并且担任过初级社副业组组长的王必对村庄曙光高级农业生产合作社的出现表示了不满。前文曾提及过的富农分子刘元也对村办高级社的做法很有怨言。这样的一种阶级话语实际上是对当时高级社将土地、耕畜、农具、财产等私人所有变为集体所有造成自我利益丧失的一种本能反应。

从土地改革后的“耕者有其田”到个体私有基础上的单干、互助组、初级社，以及对村庄资源的强制性平均分配所引发的阶层冲突，实际上凸显的是一种利益的诉求。但是在新政权的巩固与建设过程中，个体利益诉求和维护在更多的时候不得不被革掉。同时我们也能看出一种与党的主流导向相反但是从小农意识出发的话语表达，不能说在村庄内外没有它的响应者。在赤桥村热情办社的运动中，有些人却对曙光农业高级社的态度动摇、徘徊、观望、等待、左右摇摆，像村民刘四海等人就坚决要求退社单干。对于党中央集团利益的地方基层代表——村庄党支部，退社单干则成了农业合作化运动中必须被铲除的“资本主义妖风”。因此，村庄针对阶

① 《赤桥大队阶级斗争史》，1974 年版，第 4 页。

级敌人所进行的破坏性行为进行了一次又一次的严厉打击和狠狠的批斗，如村民杨来顺所言，“大长了贫下中农的志气，大灭了阶级敌人的威风，还大大促进了生产的发展”。1957 年村庄斗争的起因主要基于这样的事实：赤桥村较为富裕的村民过去做草纸生意时就存有碾草纸碾和造草纸锅等私人财产。比如富农分子刘元有吊池、四面锅，余志士也保留着四面锅。他们每锅造草就拿三元钱的租赁费而且灰泥还归他们个人。斗争就此展开，是保留这种个人所有，还是归集体所有？当时村里主要有两种意见：一种强调这两项生产资料属于商业性质，应该个人保留；另一种意见则是生产资料就应该折价归集体所有。经过斗争、宣传、批判，集体轻而易举地取得了胜利，这样赤桥村内的一切私人生产资料折价归了集体。

但是新的斗争又开始了，就像村干部杨通宝所说，“当时几乎天天在搞斗争，不搞又不行，政策让搞，所以村里只能照办”。原来村庄并社前，手工业社一者做草纸，再者种地，还吃国家供应粮的做法在转为高级社时就变成不合理的了。并社时，“有土地的社员还以为是土地分红，就退了供应粮入了社，可是在分配时土地分红取消了，这些人就瞪眼了，有些后悔。同时，并社时他们损公肥私，把社会主义扩大再生产的资金按他们所挣的工按 1.50 元预先分了红，主要是怕合并后吃了亏，分的少”①。可是曙光农业合作社在 1957 年利益分配时，每个劳动工 2.35 元，而且还按工分红分粮。这样一来，那些预分了红的人就有了一种收入不均的心结，认为“曙光社剥削他们”。村庄党支部为此多次召开群众大会，极力澄清一个问题就是“究竟谁剥削谁”。正如广大群众被灌输的政治思想那样：党内不同思想的对立和斗争是经常发生的，这是社会中阶级矛盾和新旧事物矛盾在党内的不断反映。

不过仍有一些胆大妄为的人在村里发泄自己的不满，“农业社搞不好要倒台，好面豆面不见面，红面搅上榆皮面，煮圪瘩就是总路线”。于是，“一些群众受欺骗就公开闹分社，有的仍在闹退社，乌烟瘴气，不可开交”。面对这种情况，村庄党支部响应国家有关农业生产合作社中出现的问题所制定的若干整顿政策开展了广泛的所谓反封建补课运动。村里的地富言论和行为举止被进行了彻底的清算，击退了少数阶级敌人的猖狂进

① 《赤桥大队阶级斗争史》，1974 年版，第 5 页。

攻，教育了群众，巩固了曙光高级农业生产合作社，从而为1958年后的“大跃进”“人民公社化”运动打下了坚实的基础。

五 结语

通过赤桥村1937—1957年间叙事性分析，笔者试图构建一个内地村庄在传统社会、战乱时期以及新中国农业合作化运动中的日常生活实践过程。我们可以在赤桥村人的日常生活中看到权力实践是如何生成和运作的，也就是说人们在三个不同时期中的遭遇和选择的背后始终可以看到一种权力的影子。从石梯口事件、日伪阎锡山时期的村庄政权组织和中华人民共和国成立后土改互助合作社等实践过程中，赤桥村人均依赖自身的调整和适应回应了国家权力在地方社会的表征。借此，国家与社会的宏大背景中一种村级主体性通过自身的经验过程得以不断地体现，而这样一种“地方性知识”的建构对于我们解读当下中国乡村社会发展和存在的问题具有较强的指导性作用。因为村庄日常生活实践中所隐匿的行为逻辑和惯性仍在基层民间社会的经验累积中不断地存在。

近些年来，1949年以降的中国社会历史研究已成为社会发展的内需和学者们的自觉行为。但是我们必须得承认这样的一种事实，即现有的研究成果大多集中在“人民公社”和后来的“文化大革命”时期，而且宏大的历史建构多于地方实践的解读，意识形态主导的历史阐释多于地方经验具体扮演者的心声。在如何评价中国集体化时代的问题上我们学界并没有得出多么富有见地的、客观的、实事求是的结论来。众所周知，在新政权建立后，通过暴风骤雨式的地权均化的土地改革运动，执政者以革命惯有的强制性的剥夺方式改变了传统乡村社会存在的基础，而且新政权在乡村社会获得了广大贫苦农民强有力的支持。由于政权的合法性是以暴力为基础，所以屈服、赞同、追随和神化政权的强制性成了社会民众以及掌权者共有的习性，而赤桥村以土改、互助、农业合作化为中心的日常生活实践就遵循了这样一种逻辑过程。而且我们可以从村庄集体化早期的实践中看到生产分配、矛盾斗争之间所体现出的村级主体性在地方社会进程中显得多么的迫切和重要。

另外，从前文叙述中我们看到村庄权力的占有体现了一种强大的惯性。尽管新政权彻底地取代了日伪居村政权、阎锡山敌伪政权在村庄的统治，但是曾经被新政权否认和斗争的村庄政治权力的占有者如王必、刘义、聂四火、高升、卢胜志等人，并没有随着政权的更替而退出权力网络，而是在村庄日常生活生产中扮演着重要的角色。不过富有戏剧性的结果是这些人在后来的“四清”“文化大革命”中受到了重创，被彻底地清算，在“文化大革命”结束后至 20 世纪 80 年代初又被“摘帽”、平反。实际上，这样的一种权力实践过程是中国社会集体化时代一个十分重要的表征，但与此相关的研究却显得很不够。

在赤桥村的叙事中，我们还可以发现权力关系在地方社会中的多重实践。一方面，国家政府通过对房地、农具、粮食等财产的强制性分配和占有使得权力介入变成现实；另一方面，那些私人财产所有者同样有着自我实践的权力，面对强大的“至上权力”的排斥、压迫、规训也时常进行了自我利益维护的权利表达。尽管后者的权利实践被制度性地整合进了一个单一模式中，但是我们从相关的叙事中看到了抗争一直存在。事实上，村庄中那些通过土改运动分到了房地等财产之后的贫雇农，已经不只是对财产从无到有的获得，而是通过这种财产的制度性占有具有了一种超出占有本身的国家权力的象征。因此，它有强大的力量去斗争、削弱那些与此相悖的行为，从而贯穿国家的权力意志。这样，我们就会发觉村庄一些富农分子因自己的房地被贫雇农分走后反常言行遭遇批斗的政治合理性所在，或者说这样一种权力技术的仪式化运用象征着国家意志在赤桥村的具体实现。

集体化时代吕梁山区水土保持工作初探

——以山西省三川河流域为例

翟　军[①]

环境问题是目前全球所普遍关注的热点，而作为世界上最大的黄土沉积区，黄土高原的环境变迁尤其是其极具影响的水土流失更是受到世人的关注。三川河流域的水土保持工作是整个晋西黄土丘陵沟壑区极具典型性的水土保持治理工作之一。新中国成立之后，伴随着党和政府治理黄河的大规模展开，三川河流域也迎来了轰轰烈烈的水土保持治理工作，并在与集体合作的实践结合中，于20世纪50年代中叶树立了像离山这样享誉全国的模范典型。在此之后，尽管三川河流域的水土保持工作充满了失误和波折，但却从未间断，一直贯穿了整个60年代和70年代，并且在“农业学大寨”运动中走向了高潮，涌现出了一大批各具特色的水保典型。在这近30年的历程中，水土流失治理工作可以说充分体现了集体化的时代特征。同时，作为山西西部最大的一条河流，三川河无疑是山西境内对黄河中游水土流失影响最为明显的流域。因此，其在集体合作方式下所形成的关于水土保持工作的经验与教训，对于整个晋西黄土丘陵沟壑区水土流失治理的影响也最为明显和突出。同时，三川河水保工作的连续运作，也便于本文

① 翟军：山西大学中国社会史研究中心2010届硕士研究生，现任职于山西省盐业公司。

对之进行一个相对完整时段的考察。另一方面，三川河流域作为集体化时代水土保持治理的模范，其所属县市保存了大量关于水土流失与治理的档案资料，笔者通过田野考察广泛收集了这批资料，为本文的研究打下了坚实基础。因此，本文拟以三川河流域为背景，并将其置于集体化这一特殊的时段下，梳理与探讨水土保持治理工作在这三十年中的实施与运作过程。[①]

一 三川河流域概貌及历代治理

三川河流域地处黄土高原东麓，西北以吕梁山分支汉高山、马头山与湫水河为界，南以上顶山与屈产河分水，西至黄河，东达赤坚岭，全长174.9千米，流域总面积为4161平方千米，地理坐标大体在北纬37.20°—38.15°，东经110.2°—111.30°之间。[②] 范围包括了今天山西省离石、方山、柳林、中阳四县市。作为该区域核心的三川河是黄河的一级支流，同时亦是山西西部最大的河流，因其间有东川、北川、南川三条主要支流汇集而成名。其中，东川河位于离石城东北，由大小东川河组成。北川河史称离石水，为三川河之主源，其发源于方山、岚县交界处之辉辉山赤坚岭，途中自上而下的经由开府沟、马坊沟、南阳沟、麻地会沟、圪洞沟、峪口沟、店坪沟等七条较大支沟，至离石与东川河相汇。发源于中阳

① 从根据地时期的互助组到1984年人民公社的消亡，是近代中国社会持续连贯的历史过程，被称为“集体化时代”。近些年来，对于集体化的社会研究，可谓方兴未艾，备受瞩目，已经成为众多学者一种自觉行为，并且在制度变迁、乡村经济、生活与文化等方面取得了丰硕的成果，在此不一一赘述。而关于黄土高原水土流失与治理的研究，同样是成果显著。早在1947年，成甫隆的《黄河治本论》一文就已针对黄土高原的水土流失现象进行了初步探索。而史念海的《黄土高原历史地理研究》一书则以论文汇编的形式对黄土高原的水土保持、水土流失和森林植被等问题进行了全方位的剖析，可谓此领域的集大成之作。然就针对集体化这一特殊场景下的水土保持工作，却是关注甚少，除在一些方志资料中有所涉及外，从社会史层面进行研究的只有郝平的《治山保水：集体化时代大泉山村“典型”的塑造》和青年学者高芸的《“以粮为纲”政策的实施对陕北黄土丘陵沟壑区水土保持工作的影响——以绥德县为例》等为数不多的几篇学术论文。为此本文选取吕梁山区的柳林县为个案进行实证研究，深入分析在集体化时代背景下，作为水土保持工作中重要一环的梯田是如何在基层社会被认知和推广，以及其对于当地水土保持工作的影响等问题。不妥之处，敬祈方家指正。

② 顾鹤皋、吴常柏：《三川河》，《人民黄河》1956年第9期。

县上顶山界牌岭的南川河，其由南向北流经中阳县城、金罗等地，在离石交口镇一带汇入三川河。①

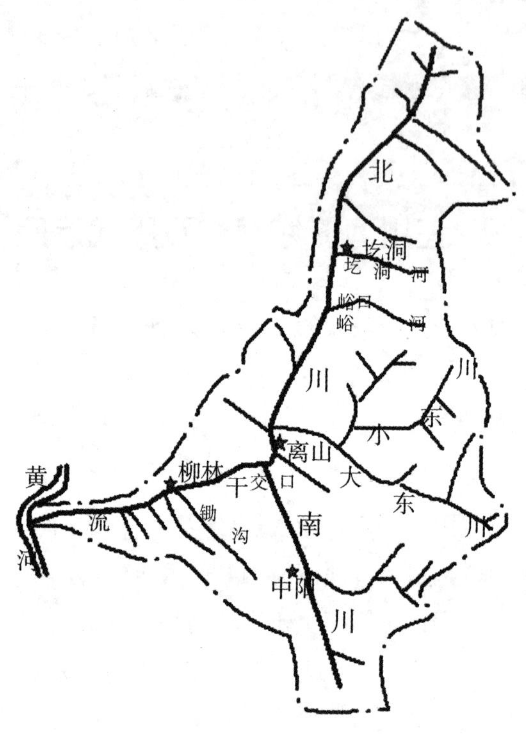

图1　三川河流域图

说明：底图采自顾鹤皋、吴常柏《三川河》，《人民黄河》1956年第9期，第41页，《三川河流域图》。

特有的自然地貌环境，使得三川河流域成为黄河中游水土流失最为严重的区域之一：整个三川河流域可分为土石山区和黄土丘陵沟壑区（见图2），其中，土石山区主要分布于三条支流的上游，海拔1300—2831米，面积2155千米，约占流域面积的60%。该区年降雨量在500—700毫米之间，植被覆盖较好，故水土流失较轻。黄土丘陵沟壑区主要分布在流

① 《三川河1966—1970年水利发展规划》，1965年8月，山西省柳林县档案馆档案，SJ1-8-111-117。

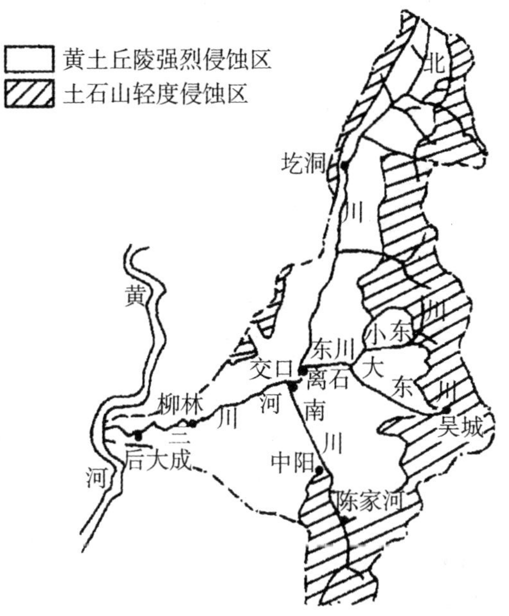

图 2　三川河流域土壤侵蚀类型区划示意图

说明：底图采自康玲玲、王云璋《三川河流域近 30 年水土保持蓄水拦沙效益分析》，《水力发电》2003 年第 7 期，第 12 页，“三川河流域土壤侵蚀类型区划”图。

域的中下游，海拔 800—1500 米，面积 1625 千米，约占流域面积的 40%。该区植被稀疏，地面覆盖黄土与红土。其中，黄土遇水极易崩解，土壤侵蚀程度较大。红土中黏性成分含量高，土壤侵蚀程度也较黄土轻，但由于透水性差，又较易产生径流。整个黄土丘陵区沟壑密度每平方千米达 3000—5000 米，而地面径流集中，故侵蚀沟不断发展，年水土流失量达到了整个流域土壤侵蚀量的 90% 以上。① 地处吕梁山西麓的三川河流域大部位于黄河陕甘晋半干旱区的北部，春季干燥多风降雨少，夏季炎热雨量集中。平均降雨量为 400—500 毫米，但其分布严重不均，6—9 月短短的 3 个月中就可占到全年降雨量的 70% 以上，且这种降雨常以大雨、暴雨形

① 张厚环、张孝亲、柏跃勤：《三川河流域水土流失的治理与效益》，《人民黄河》1988 年第 2 期。

式出现。[①] 而三川河一带土质疏松，植被稀少，当降雨集中于这段汛期时，山洪暴发，无所阻拦，不仅极易造成洪涝灾害，更为水土流失提供了滋生的温床。

此外，人类在这一流域长期不合理的活动亦是加剧水土流失的重要原因之一。历史时期的三川河流域长期处于农牧交错带上，其境内的农业生产活动经历了一个从牧业到种植业的变迁过程。在春秋时期该区以游牧为主，零星的耕地处于广大牧区的包围之中。至北朝后期建石州，该区农业经济开始得到一定程度的发展。此后，农牧界线几经变迁，至明清之际，由于国家统一、社会安定，加之政府“劝课农桑”，三川河流域迎来了人口猛增、拓荒垦田的高潮——自明代起，历代皇帝均将垦荒作为增加田赋的主要手段，这一方针持续了近六百余年，到清末仍然相沿不改。特别是康熙朝“滋生人丁，永不加赋”，更加助长了这种垦荒风潮。大量的垦荒使得耕地面积成倍增加，也同样破坏了当地脆弱的植被环境。据《明经世文编·庞中丞摘稿三》记述，时晋陕两省间垦荒之田“错列在万山之中，岗阜相连”，由永宁至延绥途中，已是“即山之悬崖峭壁，竟无尺寸不耕”，[②] 由此可见当时近乎疯狂的开荒耕种。从明万历年间的耕地45万亩到民国时期的180万亩，[③] 整个流域的耕地面积成倍剧增，但其中80%以上集中于山坡地耕种。[④] 同时，该区长期以来所盛行的广种薄收的耕种方式，不仅使单位面积产量有限，未能从根本上改变农业生产水平，亦促成滥垦进而加剧水土流失的另一重要因素。诚如史念海先生所言，“既然广种，也就不一定去选择耕地了，甚至极陡的坡地也要种植。陡坡本来容易流失水土，一经耕种，疏松了土壤，当然更会使水土流失”[⑤]。粗放农业，荒山垦种，长此以往，严重破坏了全流域的林草植被，成为进一步诱发水土流失的催化剂。加之该区本就十分脆弱的生态环境，造成了三川河

---

① 顾鹤皋、吴常柏：《三川河》，《人民黄河》1956年第9期。

② 陈子龙等选辑：《明经世文编》，中华书局1962年版，第3870页。

③ 钮仲勋：《历史时期山西西部的农牧开发》，《地理集刊（第七号）》，科学出版社1964年版，第66页。

④ 中共中央办公厅编：《中国农村的社会主义高潮（上册）》，人民出版社1956年版，第218页。

⑤ 史念海：《黄土高原历史地理研究》，黄河水利出版社2002年版，第299页。

年土壤流失量2739.35万吨，相当于每年在整个流域的土地上剥去一层厚近10毫米的肥沃土层。至中华人民共和国成立前夕，整个三川河水土流失面积达2767平方千米，约占总流域面积的65%。[①] 如此状况，不仅严重制约了三川河流域经济的发展和人民生活水平的提高，更是使其陷入“愈穷愈垦，愈垦愈穷”的恶性循环中。

为了改变生存环境，当地人民在长期的生产生活实践中，不断探索，积累蓄水保土、制止沟蚀、防治水土流失的经验。如在坡耕地修“输水道”、打坝淤地、植树治坡等。尽管地方社会有着丰富的治山保水经验，但这些宝贵的经验却长期处于一种分散、零乱的状态中，其一般都是根据当地生产生活中某方面的需要单独进行，从未将之作为一项战略有计划地推广。此外，这些水保工程的建造在过去主要集中于个人或家族内部去完成，加之生产工具等方面的局限性，造成其力量弱、规模小，呈点状分布，特别是像淤地坝这样费时耗力的工程，显然是传统时代的小农经济所无法承受的。诚如成甫隆先生在《黄河治本论初稿》一书中所述，打坝“多是当地富农们积多年谋略不惜重价把沟中一小段土地购并过来，方可在这一小段内做起坝堰，这些坝堰亦只能是在‘沟之末梢处’（即沟之起源处）”[②]。而这些小坝小堰不仅技术粗糙，且惠及人群较少。即使是在三川河流域筑坝最为集中的离石刘家山一带，坝地沟道超过2.5千米的也是凤毛麟角，而这54座土坝也仅仅可淤地400亩。[③] 这往往造成其只对一村一地产生显著效果，却无法从根本上改变全流域水土流失加重的态势，从生产力度及地域范围上呈现出巨大的局限性。

二　合作化时期三川河流域水保历程

20世纪50年代，中国共产党在土地改革的基础上，通过互助组、初级社、高级社等形式，在广大农村掀起了一场深刻的社会经济关系变革运

---

① 《离石县委关于治理三川河的报告》，1965年4月，柳林县档案馆藏，SJ19191164。

② 成甫隆：《黄河治本论初稿》，上海书店出版社1992年版，第29页。

③ 黄河水利委员会：《山西省离山县刘家山打坝淤地的经验》，《人民黄河》1954年第12期。

动，史称“农业合作化运动”。而以农业合作化运动为契机，整个三川河流域的水保工作进入了一个全新的集体合作时代。其本质就在于将小生产者逐渐组织成集体化生产，由个人单干走向集体合作。而这种组织形式与合作思想亦被贯彻于山区农业发展与治理水土流失的工作中，成为这一时期水土保持工作的主旋律。在合作化这段时期内，我们可以具体分为两个阶段。

1. 合作化初期三川河流域水保的缓慢发展（1949—1953 年）

1951 年 9 月，中共中央召开了第一次全国农业互助合作会议，会议中对互助组和农业生产合作社在生产上的优越性进行了论证，要求贯彻自愿、互利原则，采取典型示范之方式，逐步引导农民走集体化道路。至 1952 年年底，全国农业合作互助组已发展到 800 万个，农业生产合作社试办了 3600 余个。同样，在当时三川河流域所属各市县，互助合作亦在稳步推广。1950—1953 年，全流域互助组已从 1245 个发展到 3953 个，参加农户 33831 户，占总农户数的 47%，而初级农业社也从无到有，发展到 59 个。这种劳动互助的方式，对于需要大量人力物力的水土保持工程而言，其可以克服个体经济的天然劣势，并充分发挥集体经济的优势。而三川河流域的水保治理工作正是在这一背景之下开始起步的。

早在 1951 年，三川河所属的离石县就召开了水利会议，提出要进行必要的水土保持，并开始将其纳入水利工作的议程中。同时建立了水土保持机构和水保试验站，以负责指导全县的水土保持工作。此后选定位于北川河畔的王家沟村为全省水保实验村，开始进行最初的水土保持规划与治理工作。1952 年，随着治黄工作的大规模展开，三川河流域也逐渐受到了党与政府的重视。在 1953 年黄委会组织的九个黄河水土保持查勘队中，其中的第三、第四分队就对三川河的水土流失状况进行了详细考察，并依此将其划归为晋西黄土丘陵沟壑坡沟兼治区。这就为三川河流域水土保持治理工作的进一步规划与全面展开打下了坚实基础。

流域考察、机构设立、试点规划，综观这些工作不难看出，这一时期三川河流域的水土保持治理工作还处于摸索与起步的阶段。尽管在一系列的文件中强调水土保持要充分发挥群众力量以及合作造林、兴修水利等，其思想也与时代主流一脉相承，但此时合作化尚处于探索阶段，合作化的规模还远远未达到要求。尚处于组织形成阶段的合作化运动也还不足以从政策方针方面进行统一规划。而这一现状体现在三川河流域的水保工作即是正在起步，缓慢前进，效果尚不明显。（见表1）

表1　　离石县水土保持统计资料表

年份	梯田	地埂	打坝座数（个）	打坝淤地（亩）
1949	—	—	700	3500
1950	—	—	700	3500
1951	—	—	711	3550
1952	—	—	722	3580
1953	—	—	788	4040

资料来源：《离石农业建设资料（1949—1963 年）》，中共离石县委农村工作部，1964 年版，第 86—87 页，山西省晋中市档案馆藏，C13 - 13。

2. *以离山为例——合作化发展下水保工作的突飞猛进（1954—1958 年）*

1954 年 1 月 8 日，中共中央发布了《关于发展农业生产合作社的决议》，确定了对农业合作社要积极领导、稳步前进的方针。该决议指出："这种由具有社会主义萌芽，到具有更多社会主义因素，到完全的社会主义合作化发展道路，就是我们党指出的对农业逐步实现社会主义改造的道路。"① 此后，农业合作化运动在全国迅猛发展。1955 年 1 月，全国合作社已达到了 48 万个。1955 年 10 月的七届六中全会以及会上通过的《关于农业合作化问题的决议》，进一步强调了合作社要大发展。至 1956 年年底时，全国入社农户已达 10742. 2 万户，占到农户总数的 87. 8%，农业合作化运动提前实现，我国农村生产资料私有制的社会主义改造基本完成。此后，中共中央开始推动农村经济由集体所有制向全民所有制的转变，规模较小的高级社被迅速合并为大型的人民公社，其速度之快令人瞠目，仅仅在 1958 年三个月内就发展到占农户 98. 2%，高级社近乎消失殆尽。

---

① 中华人民共和国国家农业委员会办公厅编：《农业集体化重要文件汇编（1949—1957）》，中共中央党校出版社 1981 年版，第 227 页。

随着合作化运动的深入，大规模的水保工作也与之紧密结合，开始充分动员与组织群众，挖掘发挥集体协作的力量。1954 年 3 月，山西省水利局召开了全省的首次水保工作会议。同年 8 月，省人民代表大会第一次会议通过《关于在全省范围有计划地开展水土保持工作的决议》，明确提出水土保持工作是包括范围较广、规模较大的建设工作，必须依靠农业社、互助组。把依靠农业社、依靠农业合作化运动，当作迅速、有效地开展水土保持工作的路线和方法。而在这四年之内，三川河流域的农业合作化运动亦与全国同步，其中，离山县的水保工作发展尤为突出——离山县根据中央文件精神，开始整顿互助组和农业生产合作社，从具体解决组织、管理、领导、政策等问题入手，适时地推动了合作化运动在当地的进行，这也表现在其合作社规模越来越大，程度越来越高。(见表 2)

表 2　　　　离山县农业合作化发展情况表

（单位：组，社：个，户数：户，人口：人）

项目＼年份	1954	1955	1956	1957
农业单位数	4315	2698	326	419
其中：互助组	4141	2064	—	—
初级合作社	174	634	36	—
高级合作社	—	—	290	419
参加社组户数	32990	39007	53001	54560
其中：互助组	28904	17139	—	—
初级合作社	4087	21868	859	—
高级合作社	—	—	52142	54560
参加社组人数	123909	151271	195781	200072
其中：互助组	107807	64125	—	—
初级合作社	16102	87146	3618	—
高级合作社	—	—	192163	200072

资料来源：《离石农业建设资料（1949—1963 年）》，第 22—24 页。

据此，离山县委也结合自己的实际情况，在 1955 年 9 月，派遣 3 个工作小组，到王家沟、柿子垣等 20 余地，进行水土保持治理考察。也就是在此次调研的基础上，成就了刘耀的那篇关于依靠合作化开展水保工作的著名文章，使离山县的水土保持治理工作受到了全国的关注。从1956年始，整个离山县的326个农业合作社全部成立了水土保持专业队，使水土保持的组织形式更趋专业和完善。同时积极动员群众，提出将“经常进行的水保工程与农暇时间组织突击运动结合起来”，使水土保持与农事安排相适应，并由季节性转为全年进行。四年间，全县90%以上的劳动力均被组织参与水土保持治理工作，可见力度之大。而柳林贺昌农业社，更是因对传统梯田的革新被水保专家赞为“水土保持上的一个创举”。[①] 四年间，全县90%以上的劳动力均被组织参与过水土保持治理工作，可见力度之大。其在水保工作中的突出成就也受到了全国的关注。早在1956年召开的全省农村工作会议上，离山县就已被评为了水土保持先进单位。1957年，由青海省水土保持委员会所组成的参观团，专程前往离山王家沟、贾家垣等地参观学习。1958年8月，离山县又承办了全国水土保持试验会议，除县委介绍了自己的水保治理经验外，来自22个省的60多位代表还亲赴各水保站参观。8月17日，《山西日报》更是用“一步登天”概括了离山县的水土保持工作。（见表3）

表3　　离山县水土保持措施完成表

项目 年度	梯田（亩）	地埂（亩）	打坝		旱井（个）	谷坊（个）
			座数（个）	淤地（亩）		
1954	—	—	795	4077	2490	—
1955	—	—	822	4100	2590	1000
1956	—	—	1620	7100	3420	19465
1957	5646	15009	2222	9155	4950	22119
1958	19183	267744	2850	10800	6070	48320

资料来源：《离石农业建设资料（1949—1963年）》，第25页。

① 陈保华主编：《柳林县水利志》，山西人民出版社2006年版，第519页。

一篇文章，让离山县在当时的中华大地声名鹊起，成为集体合作、治山保水的模范典型。1954—1958 年，离山县经历了水土保持治理的黄金时期。在这一过程中，随着中国农业合作化运动的加速和深入，集体力量不断壮大，合作思想得以彰显，为需要耗费大量人力物力的水土保持工作提供了得天独厚的条件。离山县地处黄土高原，境内山陡沟深，水土流失严重。尽管当地社会有着丰富的蓄水保土经验，但却长期受限于分散的个体力量，无法有效推广。合作化运动将当地的劳动者纳入各种不同形式、规模不等的集体生产单位之中，便于基层政府的领导和控制，使集中动员、组织与发挥群众力量成为可能。许多单个家庭无法完成的规模较大、用工较多的工程（如淤地坝、梯田等），现在依靠集体完全可以修筑。离山县在这段时期之所以能够在水土保持方面取得巨大成就，其关键就在于地方政府有能力领导合作社组织大规模的劳动力投入其中。尽管农业合作化运动有着急躁、冒进的问题与失误，但其对水土保持的积极推动作用却是不可抹杀的。

三 人民公社时期三川河流域水保历程

1958 年 8 月，中共中央政治局召开了北戴河会议，在会上通过的《中共中央关于在农村建立人民公社问题的决议》最终成为指导全国公社化的纲领性文件。在中央的鼓动下，公社化运动席卷全国。就水土保持工作而言，人民公社意味着集体经济力量的壮大，使其能够将更多的劳动力和土地资源进行统一调配和安排，为水土流失的治理创造更加有利的条件。大规模的农田水利建设中，不可避免地要考虑如何筹划与设计、资源的开发利用以及劳动力和资金的投入与使用等一系列复杂的问题。这些问题的解决，又将涉及各个农业社，以及相关地区和组织间的经济利益。而把分散的高级社合并为一个大社，并将辖区内的各类生产资料实行统一领导和规划，自然成为解决上述问题最为简单可行的方法。[①] 但是让人始料未及的是，过多的政治运动，盲目的多快好省，偏离了经济建设的主客观

① 辛逸：《制度“创新”与农村人民公社的缘起》，《山东师范大学学报》（人文社会科学版）2003 年第 6 期。

条件，使整个流域在60年代初的水土保持工作陷入一种徘徊停滞的状态中。

1. “跃进”与徘徊（1959—1962年）

由于受到“共产风”“浮夸风”的影响，有关三川河流域水保工作的一系列政策、文件提出了许多明显不切合实际的指标与口号。1958年离石县召开的农业生产总结会议上，县委就提出了要“发展水利、保持水土，三年治好三川河，五年征服东西山”。① 1959年年底，又提出要在第二年作物入种前把全县11624条干支毛沟全部堵住，以使所有山坡地的基本农田全部实现水平梯田化。② 至1960年，则表示“一年就可完成基本控制水土流失的任务”③，与之相辅，这一时期的治山保水也被迅速提升到所谓整梁、整沟、整流域的全面根治阶段，为了保证高速度、高标准，就必须大搞群众运动，组织大规模的兵团作战。④ 而以“组织军事化、行动战斗化、生活集体化”为机制的人民公社，则为这种大规模的集体生产提供了坚实保障。如在1959年10月下旬，县委就要求抽调3万劳力投入水土保持运动中。而秋收一结束，再抽调5万劳力投入水保治理中，进行几次全民性的突击运动。⑤ 可以说，这些自上而下的方针、政策与号召，激发了片面追求高速度的不健康心理。

“大跃进”“人民公社”的冒进浮夸，非但没有取得应有的效果，反而在自然环境的作用下，导致了严重的饥荒。仅就离石一地，粮食总产量已由1959年的5500万公斤骤降至1960年的2200万公斤，直至1962年时才缓慢增至3600万公斤，⑥ 而人均口粮也从1958年的192公斤，跌至1960年的104.5公斤。⑦（见表4）

---

① 《中共离石县委关于召开1958年农业生产跃进大会的总结》，1958年12月19日，柳林县档案馆，SJ1—10—45—51。

② 《把全县的干支毛沟堵住》，《离石小报》1959年12月18日，第1版。

③ 《离石县水土保持工作情况介绍》，1960年6月20日，柳林县档案馆，SJ1-9-83-85。

④ 《刘开基副省长在全省水土保持会议上的讲话》，1960年1月19日，柳林县档案馆，SJ1—4-67-71。

⑤ 《我县向水土保持大进军》，《离石小报》1959年10月16日，第1版。

⑥ 《离石农业建设资料（1949—1963年）》，第56—57页。

⑦ 李文凡：《离石县志》，山西人民出版社1996年版，第148页。

表4　　离石县部分公社粮食统计表

（单位：粮食总量：万斤，人均粮食：斤）

公社＼年度	1959		1960		1961		1962	
	总量	人均	总量	人均	总量	人均	总量	人均
城关	595	505	382	301	448	348	436	335
田家会	496	706	296	412	351	464	346	431
红眼川	151	568	94	340	147	516	115	394
吴城	229	530	133	306	243	506	253	386
王家沟	170	485	106	417	133	363	150	384

资料来源：《离石县历年粮食统计表》，1975年，山西省离石市档案馆藏，全宗号：35，目录号：1，案卷号：17。

严重的危机使中央意识到了粮食短缺问题，故在1960年发出了《关于全党动手，大办农业，大办粮食的指示》文件中指出："农业是国民经济的基础，粮食是基础的基础，加强农业是全党的长期的首要任务。各行各业都必须把支援农业的任务放在头等重要的地位，绝不能做任何妨碍农业生产和粮食生产的事情。"① 与之相应，离石县委也发出了"把一切可能利用的土地都种上庄稼"的号召，要求"把大小河渠、地棱、地边、道路和宅基旁的空地都利用起来种上庄稼，在山坡和停耕土地上全部种上高粱等高产作物"。② 由于鼓励垦荒，许多地狭、坡大、产量低的土地被加以利用，许多地区被迫退林退草种粮食，耕地面积的扩大换来的是水土保持工程的功亏一篑，以及水土流失的加重。

总体而言，"大跃进"带给了水土保持双重的影响：一方面，以追求速度和规模为特征的"大跃进"刺激了当时三川河流域的水土保持工作，特别是由于"一次水平"的成功，使梯田成为了与淤坝并驾齐驱的水保措施，并且在这一时期被推广和大量修建；但另一方面，粮食的短缺又使

① 中共中央文献研究室编：《建国以来重要文献选编（第13册）》，中央文献出版社1996年版，第516页。

② 《把一切可能利用的土地都种上庄稼》，《离石小报》1960年5月13日，第1版。

许多本不适合开垦的土地和区域遭到了破坏，进一步加重了水土流失，在当时浮躁的社会风气和强大的政治压力下，三川河在送走离山县时代的辉煌后，遗憾地丧失了再接再厉的良机，而陷入了停滞与徘徊中（见表5）。

表5　　　　离石县水土保持措施统计表

项目＼年度	梯田（亩）	地埂（亩）	打坝		旱井（个）	谷坊（个）
			座数（个）	淤地（亩）		
1959	29183	267744	3000	11000	6677	50240
1960	29593	283483	3046	11700	6895	56700
1961	32093	305483	3046	11700	6980	56700
1962	37500	327560	3046	11700	7000	56700

资料来源：《离石农业建设资料（1949—1963年）》，第26页。

2. 恢复与转折（1963—1979年）

为了改变水土保持工作停滞不前的局面，早在1963年1月，国务院就召开了黄河中游水土流失重点区的第一次会议，会上要求“水土保持工作必须依靠群众因地制宜地进行治理，水土流失治理规划必须列入农业长期规划内，从全局上结束水土保持运动两年来的停滞状态”，[①] 由此，水土保持工作再次被政府提上了议程。随后在当年的4月份，山西省水利厅就要求包括三川河流域在内的中游二十五县尽快做出治理规划，以更好地配合当时重新展开的黄河中游水保工作。[②] 卫恒省长也在该月举行的全省农业生产先进单位代表会议中指出，要将“水土保持列为改变山区面貌的重点工作”[③]。与此同时，中共晋中地委决定在离石成立西山工作委员会，为地委的派出机构，其主要任务就是负责指导离石、中阳、临县三

① 《中共中央、国务院批转廖鲁言同志在黄河中游水土流失重点区第一次会议上的总结发言》，《人民黄河》1963年第1期。

② 《山西省水利厅关于黄河中游水土流失重点区规划几点建议的通知》，1963年4月25日，柳林县档案馆

③ 《山西水土保持志》编纂委员会编：《山西水土保持志》，黄河水利出版社1998年版，第472页。

个县委的工作。工委成立后的第一重心就落在了狠抓西山地区的水土保持工作上，确立了“以水保促增产”的方针。以离石马茂庄大队为例，从1963年起，在劳动模范、支部书记崔来泉的领导下，离石县城关镇马茂庄大队因地制宜地修梯田、兴水利，将200多亩坡地全部深翻、平整为梯田，其方法可以说是50年代“一次水平梯田”的一种继承和深化，主要经验可以分为以下几步：(1)中间开沟，生土培埂，熟土填坑，不打乱土层，特别是切土部分深翻7—8寸；(2)施黑矾，每亩20—30斤；(3)增施肥，同时根据梯田生土“阴湿”的特点，以施热性羊肥为主，配合一部分人的排泄物。[①] 此外还改良盐碱滩地50亩，凿井两孔。经过一年的治理，其梯田平均亩产320斤，比坡地增产近3倍，粮食总产第一次突破了30万斤[②]，实现了治山保水和粮食增产的双丰收。

1965年，伴随着“四泵一机”技术的推广，三川河流域的水土保持工作与兴修水利越发紧密地相结合，实现了山区水利化、机械化的技术革新。“四泵一机”即水输泵、水锤泵、三联泵、水轮泵和锅驼机。其基本原理即在有地面水和地下水资源的区域，截堵地面水，挖掘地下水，提水灌溉梯田，从而形成以水促修梯田，以梯田兴水利的局面。由于其非常适应三川河流域的水土保持工作，因此受到了热烈地追捧和推广。当时，离石县委提出了“三年突击，二年扫尾，五年实现‘四泵一机化’”的战争口号，并根据全县水源和地理条件，分别进行了规划。在三川河下游，根据地下水源充足、河水四季不断、地高河低的特点，以发展水轮泵、水锤泵为主，进行高灌；在中游区域，根据地上水源没有保证，干旱严重时河流干涸，但有较充足电的特点，以发展机井为主，进行电灌；在北川河上游和大小东川地区，根据水堤、河床较高的特点，以水库开渠自流灌溉为主，同时安水输泵、水锤泵。[③] 离石县委最初在柳林公社穆村大队进行水轮泵试点，在城关公社嘉家庄大队进行水锤泵试点，之后由点到面，至

---

① 采访对象：张富勇（化名），离石马茂庄村村民，68岁，2009年4月13日。采访者：翟军。

② 《新修水平梯田，获大面积增产》，1964年11月4日，柳林县档案馆藏，SJ1－4－106－110。

③ 《离石人民大搞“四泵一机”治水，全面进行山区农田建设》，《离石小报》1966年7月25日，第2版。

1966年年底，已经由两社两队，发展到17个公社、82个大队，分别占全县总社数的50%和总大队数的11.3%。[①] 然而让人始料未及的是，1966年秋，“文化大革命”爆发，一场史无前例的动乱和内耗在全国铺天盖地而来，之后伴随着造反派夺权，文斗与武斗，政府瘫痪、生产停滞，刚刚复苏起来的水土保持工作同样也再次遭到压制，“四泵一机”无人管理，水保专业队不宣而散，各种水保工程也全部停滞，三川河流域的水土保持陷入最低谷。

从1963—1966年，是三川河流域水土保持工作在整个60年代发展最为健康的一段时期，由于国民经济的调整以及自上而下对于水土保持工作的重视，水保治理逐渐摆脱了“大跃进”时代的阴影，呈现出了复苏的态势，其中尤以水利工程的建设最为突出。三川河流域的水土保持开始进入从“模范典型”到“向外求经”的历史过程，并且将在之后一直陪伴其走过整个集体化历程，成为70年代治山保水的主旋律。但由于“左”倾错误并未从根本上加以遏制，最终引发了“文化大革命”的爆发，全国的大动乱同样也波及了三川河流域，使得这里刚刚复苏不过三年的水土保持工作戛然而止，仿若昙花一现，令人抱憾。

在这种特殊的背景之下，轰轰烈烈的“农业学大寨”运动也起到了推波助澜的作用。纵观整个70年代三川河流域的水土保持工作，在“农业学大寨”中以改土治水为核心的农田基本建设推动下，呈现出以下几大特点：在治坡方面，改造旧梯田，将过去的窄条梯田改为宽幅梯田。在部分人多地少的区域，甚至出现了搬山填沟造小平原的壮观场面；在治沟方面，则由治理支毛沟、土沟筑土坝发展到治理大干沟，修筑土石坝的阶段；与此同时，在全面治理上则由仅治山沟坝拓展为山、沟、川兼治，特别是沿三川河西岸全面修筑拦水坝（亦称“顺水坝”），并采用引洪漫地和水冲填造良田的办法，使石滩变为良田，从而大大增加了耕地面积。而在这治山保水的过程中，集体化的组织方式与农田基本建设也可谓相辅相成。另一方面，我们也需要对此进行辩证的思考。早在1970年的全国北方会议上，中央就已将“农业学大寨”运动上升到“举什么旗、走什么路”的政治方向和阶级斗争的大层面上，而到1975年的全国大寨会议时

---

① 《我县大搞“四泵一机”，发展水利事业》，《离石小报》1966年11月5日，第2版。

更是进一步强化。这不仅使“农业学大寨”被纳入“文化大革命”轨道且渐行渐远，更为重要的是，其助推了当时的极“左”思潮，使每一个农民在强大的政治压力下根本无选择可言，人身自由已被完全束缚。而在运动中出现的“以大批促大干”“联村联乡大兵团作战”“集资、集材、无偿抽调劳力”“标准工分、自报公议”等现象，则一定程度上打击了广大劳动者的积极性，削弱了农村生产力，更为后来的公社解体、家庭联产承包责任制的出现埋下了伏笔。

四　三川河水保案例分析——以柳林县梯田建设为个案的考察

梯田，是指在坡地上沿等高线修成波浪式或台阶式断面的农田。梯田可以改变地形坡度，拦蓄雨水，增加土壤养分，防治水土流失，达到保水、保土、保肥的效果，再加培肥土壤，精耕细作，发展机耕和灌溉，以及其他农业措施，从而为丘陵区、山区农、林、牧、副业全面发展创造条件。①梯田有两个重要的作用——保持水土和发展农业生产。但是在中国，梯田主要分布在江南山岭地区。而黄土丘陵区的梯田建设则是直至20世纪50年代才大面积推广，但对于降水量少、土地贫瘠的晋陕地区而言，梯田更是能进一步缓解和治理坡耕地上的水土流失。据研究，梯田在同属黄土高原丘陵沟壑地带的山西离石，以及陕西延安和绥德三地的平均蓄水效益达83.2%，保土效益达83.9%，② 是治理坡耕地非常有效的措施。

正因为修筑梯田在水土保持上有诸多的优势，柳林县的梯田修筑工作随着梯田的普及而发展迅速。但在此期间，其建设和推广却非一帆风顺。较之于丰富的治沟打坝经验，中华人民共和国成立后的柳林县在梯田建设上可谓一片空白。1954年8月，山西省第一届人民代表大会通过的《关于在全省范围内有计划地开展水土保持工作的决议》中提出：“做好水土

① 《中国农业百科全书》总编辑委员会农业工程卷编纂委员会：《中国农业百科全书·农业工程卷》，农业出版社1994年版，第430页。

② 吴发启、张玉斌：《黄土高原水平梯田的蓄水保土效益分析》，《中国水土保持科学》2004年第1期。

保持工作的一个重要措施就是要改变土地利用不合理的习惯，提倡在山坡地耕地上广泛修建梯田，改变‘广种薄收’的粗放耕种方式。”① 随后的全省水土保持十五年远景规划中，针对水土流失最为严重的黄土丘陵沟壑区，其进一步强调：“要开展广泛的水土保持工程措施，即在坡耕地上每隔一定距离自上而下等高培地埂，埂下取土，埂前蓄水淤泥，通过逐年加高培厚地埂和耕地时向下翻土，使之渐成梯田。”② 当时所属离山县的柳林地区亦开始了最早的梯田探索。其中王家沟水保站根据地势和坡度的不同，将修筑梯田分成了两种方式。6°以下的坡地，由于高差较少且费工不大，在当时合作社的条件下，可以一次性地修成。而针对 6°—25° 的耕地，则需采用耕作措施和工程措施相结合的方式，按等高线分段挖水平沟，培地埂，平整田面，再结合耕地和自然冲淤，逐年地加高培埂，以逐步修成 3°—5° 的坡式梯田。（见图 3）

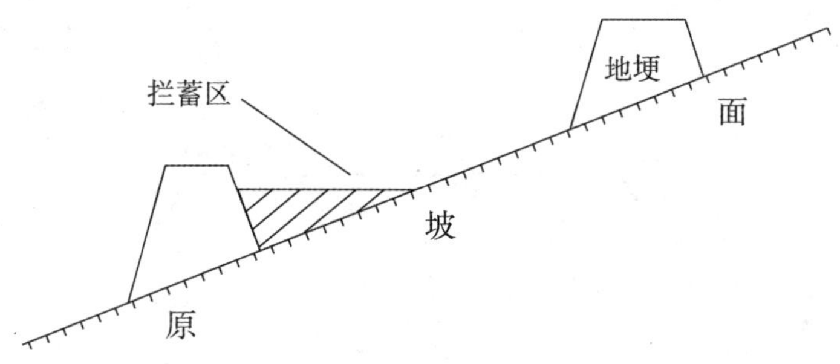

图 3　坡式梯田示意图

从图 3 不难看出，这种坡式梯田的构成要素比较简单，其原理就是“在山坡地上沿等高线在适应位置垒石筑埂，形成拦水拦泥的地埂，埂内地表不加平整，仍保留原有坡度（故亦称顺坡梯田），利用地埂蓄水保土。同时，借助于雨水冲刷和逐年耕翻，使埂间坡面渐渐变平，并最终形

① 《关于在全省范围有计划地开展水土保持工作的决议》，《山西日报》1954 年 8 月 12 日第 2 版。

② 《山西水土保持志》编纂委员会编：《山西水土保持志》，黄河水利出版社 1998 年版，第 93 页。

成水平梯田"[①]。因此，梯田并未在当时得到推广。笔者在当地调查时了解到："在20世纪50年代初期，由于缺乏经验，坡地上的耕作土大多被埋于地下，而新修成的梯田表层却多为生土。这种生土不仅不够松软，更缺乏农业生产所必需的有机质，这样的修筑方法带来的后果就是粮食的不增反减。老百姓由此也把修梯田的行为称作'三年穷'。"[②]

而全国农业战线上掀起的"大跃进"运动，却成为梯田建设改良的契机。为了加快水土保持的速度，离石县开始了"一次修成水平梯田"的尝试。所谓水平梯田，是指"在坡面上沿等高线修筑的台阶式或波浪式断面的农田。梯田可改变地面坡度，稳定土壤，拦滞径流，具有保土、保水、保肥的作用，为黄土高原重要的基本农田形式之一，是治理坡耕地水土流失的根本措施"[③]（见图4）。

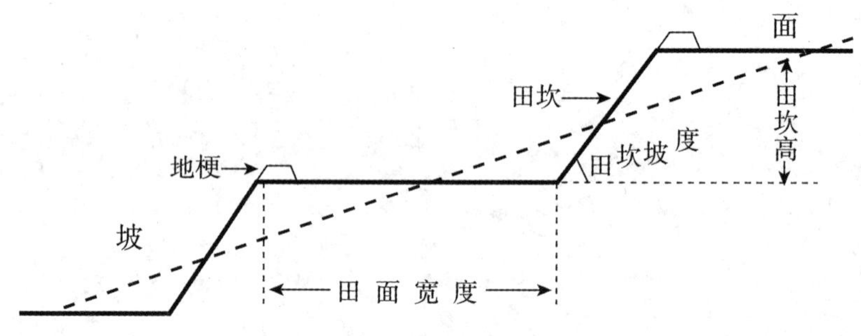

图4 水平梯田示意图

不难看出，水平梯田构成有三大要素：梯田自身宽度、田坎（也称"地坎"）坡度和高度。在修建时，要沿原地面线的某一地方挖土到田坎的修建处。同时，为了更好地发挥保持水土的功效，需在田坎上面加筑高于梯田面的田埂。较之于坡式梯田，水平梯田耗工量要大许多，但其以"梯度"取代"坡度"，以加厚土壤、提高土壤层吸附能力的方式来克服

① 唐克丽：《中国水土保持》，科学出版社2007年版，第430页。

② 采访对象：董××，78岁，原柳林县水保水利局干部，2010年4月20日。采访者：翟军。

③ 孟庆枚：《黄土高原水土保持》，黄河水利出版社1996年版，第382页。

重力下滑、稳定水体的作用使之不论是在蓄水保土，还是粮食增产上效果都更为显著。

“一次水平梯田”的最早实践者是柳林乡的贺昌农业社。该社在田家沟流域三郎堡230亩耕地的基础上一次性修筑水平梯田，并将熟化生土，将沤土、炉灰、骡马粪、烟煤、玉茭等肥料施入坑内，并与土搅拌再深翻，克服了过去梯田建设中的种种不足，达到了既不破坏活土层，又能使梯田亩产显著提高的效果。仅1958年一年，当地的梯田亩产就达到了363斤，较坡地增产83%。[①] 熟化生土的方法有一个最大的优点，就是使得梯田在“一次水平”时能够保持表土层的成分不被破坏，这一优点下，原有的土地肥力得以保持，也得以保持产量进而为百姓所接受。至1959年年底时，柳林县境内梯田数已达5799亩。[②] 与此同时，梯田的技术也在进步。在整个60年代和70年代，随着基本农田制的建立，柳林在充分借鉴大寨“三保田”的基础上，采用了“蛇蜕皮法”“表土集中中间法”和“倒阶法”等诸多方法，形成了一套自上而下的坡面治理理论，为当地大规模修造梯田提供了方针和动力，其中以龙花垣韩家峪为代表的宽幅梯田的推广更是奠定了其在农业生产中“高产农田”的地位，数量更是成倍增长。1970年已发展到54638亩，而1980年则达到了114338亩。[③] “三年穷”的说法早已与实际不相符合，群众将梯田的高产稳产称为“当年富”，可见梯田在柳林从遭受排斥到广受欢迎的转变过程。

五　结语

特殊的时代，造就特殊的制度。从合作化到人民公社，作为新中国一个承前启后的历史阶段，集体化时代以其高度集权的社会特征贯彻于从国家到地方的各个层面，特别是由中央政府出台的制度、政策，以及推行的各项运动，更因其覆盖面广而对中国社会产生了深远的影响，并留下了难以磨灭的历史记忆。在对以山西三川河流域为个案的梳理中，我们通过这

① 李文凡：《离石县志》，山西人民出版社1996年版，第202页。

② 陈保华：《柳林县水利志》，山西人民出版社2006年版，第93页。

③ 同上。

一侧面进一步总结了中华人民共和国成立后该流域30年的水土保持工作实践历程，并得以从水土保持工作方面给予合理的评价。

集体化时代，以淤地坝和梯田为主要方式的水土保持措施，使粮食生产和水土保持工作之间实现了互相协调和促进，而“组织起来”的集体作业则为这种大规模实践提供了条件和可能。在水土流失治理的过程中，农业集体化经历了互助组、合作社和人民公社三大阶段，从而也导致了劳动力的组织、生产资料的管理以及劳动成果的分配等多种要素发生改变，这一切都直接关联到农村的生产力，也对水土保持工作产生了巨大的影响。在当时“左”的错误影响下，许多地区只追求速度和质量，却忽视了水土保持工作的效益和质量。而更为重要的是，与新中国的建设和探索一样，水保治理尚处于“摸着石头过河”的阶段，在这种边实践边研究的状态下，并没有多少经验可以借鉴，加之当时技术的不完善，造成了某些实践未获成功。

一方面，在高级社和人民公社时期的劳动力组织形式过分强调“平均主义”，从而忽视了劳动差别，一定程度上损害了广大劳动者的生产积极性，给水土保持工作带来了消极影响。但更为重要的是，高级社和人民公社的劳动力组织形式大大加强了基层政权对于劳动者的控制，这一形式实际更便于其组织参与大规模的水土保持工作。通过这种集体化的组织形式，政府一定程度上掌握了众多的劳动力，地方政府短时间内就可将其进行统一的筹划和安排，使采用群众运动修建大规模的水土保持工程成为可能。更为重要的是，在这种特殊时代的特殊情况下，长期的群众运动模式在取得水土保持成果的同时也将水土保持的观念深入群众之中。当地由于长期的水土流失，基层百姓对于水土保持本身就有一种强烈的诉求和渴望，而组织起来的集体作业方式使这种渴望和治山保水的经验转变为了现实，这正是基于过去长期水土治理使水保观念深入人心的一种反映与表现。可以说，集体化时代连续不断的水土保持工作不仅得到了群众的认可，更为以后水土保持工作的开展奠定了扎实的群众基础。尽管“冒进”“浮夸”风气之下有诸多失败的案例，但我们不能否认水保尤其是梯田的修筑使三川河的生态环境得到了显著改善。每一次进步，都伴随着相关理论的创新和发展。群众经验与实践的结合，使这里的水土保持工作形成了相对完善成熟的理论与技术成果，这其中既有修梯田的技术标准，也有建淤地坝的规划和建设理论。正是这些实践者在探索之路上，不断失败、不断尝试，才推动三川河流域水保工作的不断前进。这其中的成与败都成了今后开展水土保持工作的宝贵财富。

充分动员群众，依靠群众力量取得共和国政权的中国共产党，早已习惯于这种“群众运动”的思维模式，并将之作为一项宝贵的经验应用于新中国的各项建设中。黄土高原的水土保持治理正是这一方针的具体实践。在国家力量有限、个人实力亦不足的条件下，要想迅速提高基础设施水平，改变落后现状，运用集体化的组织方式无疑是一个不可跨越的阶段，特别是对于这种耗工颇大的水保工作来说更是如此。尽管集体化因其诸多负面效应而饱受诟病，但综观三川河流域的水土保持工作不难看出，在集体合作生产的组织形式下，能够最大程度地聚合劳动者的集体力量，使得在劳动工具极为简陋的条件下，依旧可以建设大量的水土保持工程，使水保工作收到了积极、显著的效果，为当地摆脱贫困、农业发展和改善环境打下了坚实基础。当然，必须指出的是，新时期以来随着国家综合实力的稳步提升，整个三川河流域的农田水利建设迎来了新的高潮。依靠着先进的科技手段和雄厚的资金支持，这里的水土治理取得了超越以往任何一个时期、前所未有的成就。但在生产力不甚发达的时代，“组织起来”的生产方式不仅极大地弥补了资金不足和生产技术落后的缺陷，且有利地克服了那种传统时代拘泥于个体、家庭式的治山保水作业状态，并将这种民间经验加以集合和升华，充分展现了集体化在那个特殊时代下所具有的进步意义和独特优势。而更为可贵的是，集体化 30 年的不懈探索，使水土保持与治理不论从理论到实践均为今天的成就奠定了扎实的基础，其中对粮食增产和环境改善的追求更是在这一以贯之的水保运动中深入人心。如今，当农田水利被提升至“三农”问题的重中之重时，这些都将会成为集体化时代所积淀的丰富资源，在社会主义建设与实践中，凸显出那段峥嵘岁月的宝贵价值。

20世纪50年代山西农村读报小组研究

王　霞[①]

一　引言

报纸作为一种传播信息的媒介，按戈公振先生对报纸的研究，最早可以追溯到汉唐时期的邸报，作为政治统治阶级的附庸和工具，正如方汉奇先生所言“唐代的报状，作为一种新闻传播媒介，从一开始就为封建统治阶级所控制，是后者协调封建中央和地方关系、维护封建王朝统治秩序的重要工具”[②]。尤其到了清朝，士绅阶层宣讲康熙皇帝的圣谕，把古代宣讲乡约的传统一直延续到今天。因而报纸从产生之初起，就被统治阶级所利用，只在有文化的士绅阶层中进行流传，是上层精英进行信息交流与互动的工具，也是中央对地方民众用以宣传上谕及意识形态的一个工具，从而达到控制民众的目的，因而是当时封建国家政权网络的重要一环。

到了近代，随着外国报刊的介入以及西方办报思潮的影响，各种报纸在中国兴起。报纸渐渐成为知识分子用以传播其理念的平台，尤其在新文化运动时期表现最为明显。民众在识字乡绅对报纸大力的宣传下，也渐渐

---

① 王霞：山西大学中国社会史研究中心2012届硕士研究生，现任教于山西省晋城市晋城二中。

② 方汉奇：《中国新闻事业通史》（第一卷），中国人民大学出版社1996年版，第63页。

开始关注并了解报纸，开始接受知识分子救国救民的理念。

在革命时期，中国共产党在苏联的影响下，更加重视报纸的发行，并在抗日根据地组织当地人读报，注重利用报纸进行宣传。

进入社会主义建设时期尤其是中华人民共和国成立初期，中国共产党延续了革命时期的读报传统，在各地开始建立读报小组，报纸真正成为信息的载体。20 世纪 50 年代，我国受到生产力及科技水平的制约，广大农村地区很大程度上依靠报纸来获取有关外界的信息。国家的路线、方针、政策，中外时局，地方要闻等都是靠报纸传达给基层社会。所以本文旨在以 20 世纪 50 年代的《山西日报》《山西农民》《山西青年》为中心，分析民众在接收和获取信息过程中所展现出的基层与上层之间的互动；在技术条件和民众素质受限制的情况下，分析党和国家是如何利用报纸来传播信息以达到落实国家在农村中各项政策的目的，来研究 50 年代的社会生活与社会变迁。

论文以 20 世纪 50 年代为研究时段，是因为在中华人民共和国成立初期的宣传网建设中，50 年代是建网的高潮时期，全国各地都纷纷建立了读报小组，不同程度上建立起了宣传网。到了 50 年代末期，随着建网过程中一些问题的出现，尤其是形式主义问题，而且各地党政机构设施渐趋完善，宣传网建设渐渐变弱；虽然在 70 年代有过一度的恢复，但是读报小组渐渐被新兴的媒介所取代，到 90 年代退出了历史舞台。①

以山西省为研究区域，是因为在 50 年代山西省的读报小组在全国具有典型意义，《人民日报》曾对山西的读报小组经验予以重点介绍。通过对山西读报小组的研究，可以窥见 50 年代全国宣传网建设的情况，从而对新时期的农村文化建设提供一定的借鉴。

在现有的研究中，学者主要以报纸为媒介，从宣传动员、政治传播学、经验总结、宣传方式等角度，研究报纸与具体运动、宣传动员的关系或宣传网实践，或从社会心理学、政治史、历史学的角度研究战争时期的宣传工作。相关研究成果虽然涉及宣传员、读报员，但囿于讨论主题，未能深入展开，为本文提供了较大启示和继续研究的空间。本文的研究从社会史的角度，以报纸为切入点，借鉴新闻传播学、社会学的相关理论，利

① 王炎：《新中国历史上的宣传网制度》，《中共党史资料》2007 年第 3 期。

用报纸及其他文献资料，通过20世纪50年代山西农村读报小组的研究，再现当时的社会生活。

本文通过读报活动，试图了解那个时代的地方社会；通过读报组在农村的实践活动，了解那个时代的社会变迁，了解那个时代农村社会中下层与上层之间的一种互动，这些也正是社会史研究的重要内容。本文的学术意义在于从信息的传播与接收方面来探讨有关基层与上层之间的互动，这是一个新的视角，故而该研究对于区域社会史而言，具有较为明显的创新价值。

该研究的现实意义在改革开放深入发展的今天也非常明显。过去以报纸作为农村接收外界信息的媒介，在新的历史条件下，如何利用报纸这个旧有的媒介，并与现今的新媒介电视、网络等进行有效的结合，从而丰富农村的生活，尤其是在习近平总书记大力推行农村改革、建设社会主义新农村的背景下具有重要的现实意义。山西大学中国社会史研究中心近年来致力于集体化时期的乡村社会研究，并且在环境史、水利社会史、土地契约等方面取得了丰硕成果。笔者希望本文的研究不仅可以对山西农村生活的新发展与变迁提供有意义的借鉴，同时，也希望通过本文从媒介的角度对50年代的社会生活和社会变迁的研究，能为山西大学中国社会史研究中心有关集体化时期的研究添砖增瓦，略尽绵薄之力。

二　读报组的组织与运行

1. 读报小组的组织

1950年年初，全国仅有49座广播台和89部广播机、110余万部收音机，信息传播的渠道十分有限，急需建立适宜的、通畅的信息传输网络。而中华人民共和国成立初期，全国文盲众多，城乡交通不便，信息传输渠道不畅通，敌特组织未完全肃清，许多错误信息和反动谣言常在群众中流传，而民众分辨真假信息的能力又有限，对党的政策与主张不能进行及时充分的接受与理解，从而引起了民众的恐慌，影响了社会的安定。①

① 孙丹：《论抗美援朝战争的国内宣传工作》，《当代中国史研究》2009年第4期。

而苏联无论在列宁还是斯大林领导时期，都重视报纸的宣传鼓动作用，他们都认为报纸是党和国家政策的积极宣传者。在反对外国干涉和国内战争时期，一直到和平建设时期，宣传员都利用报纸进行了宣传鼓动，在民众的支持下取得了各种胜利。①

鉴于此，中央决定学习苏联读报宣传经验，在全国开始建设宣传网。1951 年 1 月 1 日在《人民日报》头版刊出《关于在全国建立对人民群众的宣传网的决定》，宣传网建设活动随之在全国轰轰烈烈开展。然而在中华人民共和国成立初期，受生产力及科技水平限制，全国大多数的农民文化水平偏低，属于文盲，而农村中的知识分子所占比例极小。如何对农村进行宣传就成为一个亟待解决的问题。

读报小组在抗日根据地时期就已出现，它是"党教育群众和联系群众的有效工具，也是群众性宣传队伍的基本组织形式的一种"。② 在读报小组中，由读报员向群众读报、讲报，并讨论所读过的内容。读报小组适合农村这种特殊的地情，可以解决农民文化水平低的问题。因而在建设宣传网过程中，读报小组在农村得到了普遍的推广，成为党的宣传网建设在农村中的一种具体实践形式，开始在农村的政治舞台发挥其作用。那么在读报小组出现后，读报小组怎样开展工作？读报小组又如何运作？

中共中央非常重视报纸，1950 年的《人民日报》中就曾指出，"读报组应该是报纸内容的经常的和有组织的学习者和宣传者。读报组同时应当向报纸报告地方情况和群众意见"③。党中央的重视也证实了列宁对报纸的评价：他把报纸比作一个脚手架，说"这个脚手架搭在要修建的建筑物的周围，它可以规定出建筑工程的轮廓，可以使某些建筑工人之间的联络简便起来，可以帮助工人分配工作和查看有组织的劳动取得的共同成绩"④。

随着各地读报小组的出现，党组织面临着一个重要的问题：怎样才能把读报组有效地组织起来？

---

① 苏托茨基：《宣传员的读报工作》，柳絮编译，工人出版社 1953 年版，第 1—3 页。

② 张家口市文化馆编：《读报员手册》，察哈尔人民出版社 1952 年版，第 1 页。

③ 《新闻总署关于改进报纸工作的决定》，《人民日报》1950 年 4 月 23 日第 1 版。

④ 列宁：《列宁全集》第 6 卷，人民出版社 1986 年版，第 156 页。

沁水南沟农业生产合作社在组织读报组方面取得了成功经验。在互助组时期该社就成立了读报组，但未发挥作用，社员们听报的劲头不大。到了农业社后，党支部先在第一生产大队试办读报组。通过一段时间的读报后，党支部对全社的成员进行政策知识测验，结果发现，全体社员中只有第一生产队回答得最好。当时其他队的同志就说："人家回答的好，是读报起了作用，咱们以后也得经常读报。"这样，党支部在全社推行了第一生产队的经验，帮助各个生产队建立起了读报组。①

沁水南沟读报组的建立经验表明，建立读报组首先要有党组织的重视，在各地党支部下设立读报指导组，其次组织读报组时，党组织要先进行试点，摸索经验，培养典型，然后再全面推广。

读报小组的建立是在国家要对基层进行政策宣传与管理并要建立全国性宣传网的时期，也是延续古代宣传形式及抗战时期读报传统的需求，要使两者有机结合，使读报工作不至于流于形式或者流产，就必须由基层党组织领导，选派合适的人来完成这项任务。因而在读报小组成立后，就面临着由谁来负责读报工作即读报员的选择与管理的问题。

在 20 世纪 50 年代的山西农村，当地农民受知识、年龄、性别的限制，因而在各个读报组里，读报员的选择也有所不同。沁源二区洪林村 41 岁的张苟保②和汾阳县南马庄村五六十岁的张老汉③，都是普通的村民，但他们能把报纸上的内容用说书的形式进行宣传；左权中学的一个学生，利用课外或假期的时间给群众读报④；黎城五区杏树滩村小学教员杨有林⑤和稷山一区杨村的义务教员刘子英⑥，把报纸上的内容结合本村的活人活事宣传给农民和民校的学生；左权芹泉村政府书记李万春，通过树立典型示范读报来带动读报组的建立⑦。

在这些读报员中，既有年龄大、不识字但又热心于宣传的农民充当读

---

① 刘祖佑：《怎样组织读报组》，人民邮电出版社 1956 年版，第 7 页。

② 《走到哪里也不忘了宣传的张苟保》，《山西农民》1951 年 10 月 4 日第 3 版。

③ 《报纸迷》，《山西农民》1959 年 7 月 29 日第 4 版。

④ 《我是怎样给群众读报的?》，《山西农民》1952 年 3 月 30 日第 3 版。

⑤ 《黎城五区干部自己组织读报组，推动了全区各村的读报工作》，《山西农民》1951 年 10 月 21 日第 5 版。

⑥ 《刘子英怎样用快板进行宣传?》，《山西农民》1953 年 6 月 28 日第 1 版。

⑦ 《一个完整的典型——左权芹泉的读报组》，《山西农民》1951 年 11 月 7 日第 3 版。

报员，也有一些党团员或党团支部书记担任读报员，还有一些有文化的知识分子，诸如小学教员、初高小毕业生等负责当地的读报工作。所以，在中华人民共和国成立初期，读报员的选择是具有一定条件的：读报员大都是政治比较可靠，具有一定的文化程度或者热心于宣传工作，同时还有一定的群众基础。此外，党组织在挑选读报员时，广泛使用的也是那些初中、高小毕业生和民校学员，并没有把读报工作集中到少数乡社干部身上，这样可以防止担任读报员工作的乡社干部因为工作忙，不能长期坚持读报活动，从而使读报工作出现自流现象。①

选好读报员后，山西各地的读报工作开始有序进行。大仁县落阵营村的 18 个读报小组里都配有党员或团员负责领导生产与读报②；沁县道兴村的晓光农业社则是选了 11 个高小毕业生担任读报员，劳动组副组长担任读报组长负责该社的读报工作③；离山县良泉社高小毕业的团支部书记薛建亮，常给社员们读《山西青年报》④；黎城松树坪村的读报组依靠党员、团员、宣传员、工会会员、中苏友好协会会员及其他积极分子为读报组骨干，他们在其中起核心作用，通过读报员密切联系党支部和群众⑤；中共武乡县委宣传部则要求发动联合校长、小学教员、义务教员和所有在乡的知识分子担任读报员⑥。

所以，在农村读报组里形成了以当地的知识分子、小学教员为主，并利用团组织中的团员与各种运动中涌现出的积极分子来充当读报员，形成党或党支部—团员、知识分子、教员、积极分子—读报员的这种层次结构，从上到下，一级一级地传达或宣传国家的政策。

山西各地相继成立了读报小组，各读报员也相继走上工作岗位。但是在一些被选派为读报员的人群当中，有一部分人不愿意当读报员，他们有的担心自己文化水平低⑦，有的怕影响自己的日常生产、生活，还有一些

① 刘祖佑：《怎样组织读报组》，人民邮电出版社 1956 年版，第 9 页。

② 《落阵营村读报组越办越好》，《山西农民》1956 年 4 月 14 日第 3 版。

③ 《晓光社结合生产整顿好读报组》，《山西农民》1956 年 4 月 14 日第 3 版。

④ 《坚持读报整五年》，《山西青年》1958 年 4 月 10 日第 4 版。

⑤ 《松树坪村党支部总结和评比读报组》，《山西农民》1952 年 8 月 30 日第 2 版。

⑥ 《中共武乡县委宣传部订出今年普遍发展读报组的办法》，《山西农民》1952 年 2 月 29 日第 1 版。

⑦ 《读报订报：组织高小毕业学生参加读报》，《山西农民》1954 年 10 月 5 日第 3 版。

高小毕业生想外出工作或学习。[①] 在读报小组得到发展后，面临的困难仍是读报员自身的问题：不能正确认识读报工作的重要性，在读报宣传当中没有实事求是、讲真话，不能用实际行动来带动群众参与各项运动。祁县河湾村的王大喜就是一个只会宣传不会行动的“宣传家”。王大喜利用报纸给群众宣传社会主义道路与前途美景，并动员大家踊跃参社。但他却没有参社。[②] 而下面这个农民的谈话：“我没参加过互助组，也没进过初级社，去年一下就进入了高级社。当时，我听干部们说，高级社好比天堂，耕地不用牛，点灯不用油，一个劳动日四块五，过的是社会主义社会生活。我听了这话，好像腾云驾雾一般，觉得既入了高级社，就要过天堂的日月了。不想在社里劳动了一年，秋后每个劳动日分了一元零五分，生活没有多大改善。当时我很气愤，干部们为什么要骗我呢？气得我半个多月没上地……”[③] 这说明读报员在宣传过程中如果不实事求是，不讲真话，就会引起群众的不信任，危害国家的事业。

此外，读报小组虽然一定程度上满足了一些群众要求了解外界信息的需要，但还有一部分群众认为读报与自己没有关系，一增不了粮，二饱不了肚，尽浪费时间，不愿加入读报组，因而在读报小组成立之初还面临着群众对读报的反感，甚至抵触的困难。[④]

上述这些问题的存在，都严重影响了读报组的发展。党的相关领导知道后，组织读报员开会，分析问题所在，并征求大家的意见，找到了解决的办法：

（1）思想观念。先做读报员的思想工作，让他们消除顾虑，抛掉思想包袱，认识到当读报员是项重要而光荣的任务：读报能提高农民的思想觉悟，教会农民各种知识与技能，是教育引导农民走社会主义道路的最有力的武器。[⑤] 思想观念转变后，晋城张岭村的高小毕业生决定留下来把本村的读报工作搞好；原先担心自己文化水平低不能担任读报工作的读报员也积极主动要求读报，并把工作中遇到的问题及时与党组织联

---

① 《读报订报：组织高小毕业学生参加读报》，《山西农民》1954 年 10 月 5 日第 3 版。

② 《王大嘴》，《山西青年》1954 年 11 月 15 日第 3 版。

③ 《宣传必须说真话》，《山西青年报》1957 年 4 月 27 日第 4 版。

④ 《优秀读报员——乔贵棠》，《山西农民》1959 年 11 月 15 日第 4 版。

⑤ 刘祖佑：《怎样组织读报组》，人民邮电出版社 1956 年版，第 16 页。

系、沟通，及时解决；原来担心读报耽误工作的读报员也积极地投入读报工作。

（2）知识学习。读报员要着力解决群众的抵触问题，调查清楚群众抵触的根源，然后对症下药。交城县广兴大队十二生产队的读报员在政治指导员的帮助下先学习了《为人民服务》《纪念白求恩》，提高了自身的觉悟，然后征求群众意见，改进了“死”读报法：读前消灭拦路虎，消化后再读给群众。[①] 自身文化水平低的半文盲读报员，则是通过上民校来提高文化水平，读报时有轻重、有声有色地进行讲解，使群众听得满意并感兴趣了。[②]

（3）读报员在读报时讲真话，以身作则，这样才能收到预期的效果。沁源燕家坪初小毕业的团支部宣传委员李林花，在读报实践中报不离身，田间工地随时读。在 1959 年的车子化运动中，她积极参加，一天就造出了第一辆车了，打响了第一炮，有力地推动了运动的开展。[③]

随着读报组的成立，读报员开始成为一种新的社会角色，出现在乡村社会生活中。在镇压反革命的宣传中，农民赵光兴说了句“镇压反革命与咱无关，这是人家干部的事情”，读报员将之反映到县里，但县领导没有加以重视，没能及时解释清楚，使得农民赵光兴知道后对读报员有了戒心，说“有啥话，万不敢跟读报宣传员说，要是叫人家知道了，就报到上面啦”，从而影响了双方的积极性[④]；晋中五寨县的领导、平遥县的领导等不重视通讯读报工作，神池县的领导直接放弃对读报通讯工作的领导，这些都被群众通过读报员反映出来，登载到报纸上[⑤]。因此，读报员不仅承担着读报的工作，而且作为与报社联系的中介人，作为传达信息与沟通群众的桥梁，在乡村形成了一个新的社会角色，发挥着其独特的作用。但是在当时农民的文化水平普遍不高，识字率低，农村中既会读报又

---

① 《干一辈子革命，读一辈子报》，《山西农民》1966 年 3 月 31 日第 3 版。

② 《坚持了九年的东谷村读报组》，《山西农民》1957 年 6 月 30 日第 4 版。

③ 《李林花学习宣传当尖兵》，《山西青年》1960 年 11 月 4 日第 3 版。

④ 《镇压反革命的宣传》，《山西日报》1951 年 9 月 12 日第 3 版。

⑤ 《我县领导上不重视通讯读报工作》，五寨通讯干事；《平遥县领导上要重视领导通讯读报工作》《神池放弃通讯读报工作领导》《短论：五寨、平遥等县应认真加强通讯读报工作的领导》《山西日报》1951 年 10 月 21 日第 3 版。

会写稿的读报员并不多见，或在读报小组建立初期这种人员的数量非常有限，他们的政治素质、文化素质、群众基础等关系到读报工作能否顺利开展，因此，对读报员的培训和管理就显得尤为重要。

读报员政治素养的培养主要是通过学习国家相应的制度与政策，提高他们的政策思想水平①，或党支部组织当地的读报员，每月在固定地点进行，集中学习每月30日《山西农民报》上的读报讨论经验提升其政治素养②。读报员通过思想政治教育，不仅提高了政治觉悟，坚定了为社会主义和为人民服务的理想信念，而且积极参与读报宣传工作。

政治素养有了进一步提高后，山西各地就开始加强提高读报员的文化素质，因为在读报过程中，读报员不识字、念错字的现象较为常见。因此，识字是对读报员进行培训时最为重要的内容。昔阳县下思乐乡民校速成识字班的妇女延金莲自从当了读报员，学习情绪高涨，在一次读报中，一下就读了9篇文章，认识了50多个生字。③ 在民校和速成识字班里，有意识地培养一些成绩好的学员当读报员，是培养农村读报员常用的一种方法。

除了利用民校外，武乡县北漳村还创造了新的培养读报员的方法。该村通过组织读报员10天学习一次，解决他们在读报过程中遇到的生字生词，从而坚定读报员的信心，提高他们的读报水平。该村的读报员李保元，经过学习，由原先识字1400多个到3200多个字，并学会了查字典和拼注音符号。他说："我要不是当了读报员，学习也不会这么专心，进步也不会这么快。"④ 所以，武乡县北漳村的新方法——经常组织读报员学习，是提高读报员工作能力的根本办法。

除此之外，党组织也注重培养读报员的群众观念。因为群众会对读报员的读报工作进行监督与反映。在太原市开化寺西街读报组的听众就反映，他们的读报员不了解群众需求，没有为人民服务的观念，不应该让他

① 《璩寨党支部怎样提高宣传员的质量》，《山西农民》1954年2月28日第1版。

② 《口则乡党支部重视培养读报员》，《山西农民》1955年3月30日第1版。

③ 余群：《怎样搞好农村读报组》，山西人民出版社1954年版，第56页。

④ 同上书，第55页。

当读报员。[1] 1952 年 4 月发生了麦蚜虫害，群众非常着急，找不到解决的办法。永济县张志村的读报员却不给群众读治麦蚜的办法，而是读朝鲜谈判、反细菌战，群众说“眼看蚜虫都把麦子吃光啦，咱们还闲扯哩！”[2] 这些都说明，在具体的读报工作当中，没有好的群众观念和群众关系，读报工作就会受阻。因而在对读报员进行培训管理的时候，党支部就向读报员说明，读报员要有群众观念，要把群众放在心里，在读报工作中联系群众生产生活的实际，了解群众的思想变化，这样才能得到群众的支持，读报组才能得到巩固和发展。

因此，山西各地读报组的读报员都由党组织负责领导，他们从群众中来又走向群众，在读报组建立初期并没有脱离群众，仍是群众的一分子。读报员的工作在初期具有义务性质，只是在随后的发展过程中渐渐偏离了方向，他们当中有些人也渐渐远离了群众，这些都为宣传网的淡出埋下了隐患。

2. 读报组的运行

读报是中国共产党在农村的一项政策，同时也是群众要求了解党和国家的各种政策、国内外大事[3]的需求。“党报是宣传与贯彻党的路线、方针、政策和指导实际工作，联系和教育广大人民群众的有力工具，开展党报的发行工作与组织群众读报应成为各级党组织特别是党的宣传部门的日常工作之一。”[4] 所以农村各生产队、各个互助组都订了报纸，组织了读报组，那读报员们该怎样进行读报实践？他们如何能够把握好读报的时间与地点，在适合的时间与地点里把报纸上的书面语言转变成群众易于接受的语言，使群众能够及时了解国家的政策，而不至于产生误解呢？

山西平顺西沟村在读报时间和地点的选择方面给各地树立了榜样。该

---

① 《吴秉元不给我们好好读报，街领导上不该强叫他当读报员》，《山西日报》1952 年 8 月 28 日第 3 版。

② 《读报组没骨干，村干部不领导：张志村读报组大部垮台了》，《山西日报》1952 年 6 月 9 日第 1 版。

③ 《武乡窑上沟读报组的经验》，《山西日报》1951 年 7 月 29 日第 3 版。

④ 《社论：加强党报在农村中的发行与读报工作》，《山西日报》1955 年 3 月 22 日第 1 版。

村有块果木园，是春夏休息乘凉的好地方。每天中午，有三十多个人来这里吃饭、乘凉。大家都赞同副社长申纪兰在此读报的建议。[①] 所以，农闲时读报场地要选择人们常去的休息场所，这样便于人们的集中。冬天则可以选择一家屋子较大的社员家或社里的文娱室进行读报。

农忙时要坚持读报制度，就要学习左权县马厩村读报组采用的“地头读报”，把报纸带到地头。这样“报纸随身带，营生巧安排，休息时念一念，生产劲头来”[②]。因而在农忙时选择地头读报，不仅可以解决读报与农活之间的矛盾，还可以坚持读报制度，巩固读报的成果。

此外，河津通化南巷读报组则是利用吃饭和休息的时间，在巷里读报[③]；昔阳冀家庄的读报组里有五男三女，分为两个小组，到各饭场去念报[④]，这样就可以利用学校、食堂等人群聚集的地方，抓住一切空闲时间，随时随地开展读报，做到报不离身、身不离报、饭前饭后、会前会后、课前课后，只要有空，就能读报。此外，读报员要注意读报的时间与地点，应该固定下来。读报的时间，不宜安排得太疏密，通常以一星期两次、每次一个小时为宜。

综观这些读报的地点与时间的选择，还是以各个村庄中的饭场、食堂、民校、街道等乡村公共空间为主，不仅便于人群集中，而且便于人们自由地交流，相互传播各种消息，传达和扩散国家政策，同时也推动了各种读报活动的有序开展。但是乡村的公共空间并不单是一个拥有固定边界的实体空间，它具有变动性，随着农忙季节的到来，又会发生一些微小的变化，人员的流动性也就相对会变大。总之，乡村公共文化空间成了乡村人际交往的主要空间，也是传播国家路线、方针、政策的主要载体与场所。

在实际的读报工作中，读报员结合当时当地的情况，创造出多种多样的宣传形式。

（1）加“开场白”。临猗县北景乡西张白村的读报员们在介绍苏联集

---

① 刘祖佑：《怎样组织读报组》，人民邮电出版社 1956 年版，第 11—12 页。

② 余群：《怎样搞好农村读报组》，山西人民出版社 1954 年版，第 24 页。

③ 《我是怎样组织和领导读报组?》，《山西农民》1952 年 5 月 30 日第 1 版。

④ 《昔阳冀家庄读报组有领导有检查》，《山西农民》1951 年 8 月 10 日第 4 版。

体农庄的文章时，一开头就说“各位老乡！今天晚上，咱们一同去苏联逛逛，看一看农庄上的大生产，看一看苏联老大哥的生活情况”。说完后，大家觉得这种宣传方式很新鲜，就围着他让他继续读下去。①

（2）顺口溜。在抗旱点种时，读报员根据报纸内容改编成了顺口溜：“一秋没雨怎样办？集中力量来抗旱。墒好的，要保墒。没有墒的把水担。女劳力，去挖坑，男劳力，把地种，老汉小孩点种籽，人多力大把地种。”② 大家在听了读报员的宣传后，积极加入抗旱运动中。

（3）皮影宣传。在增产捐献运动时期，沁源四区的读报员药祥明和村里十多个爱好娱乐的青年，把报纸上登的中朝人民部队英勇作战杀敌、80 岁老太慰劳志愿军、美军在朝鲜吃败仗等故事，制作成皮影，晚饭后在窗前表演，吸引了许多群众。皮影的出现是一种创新，新奇、形象，群众更易接受。在读报员用皮影宣传后的第二天，全村就开展了增产捐献运动。③

（4）说书。沁源二区洪林村的张苟保会说书，他把报纸上登载的抗美援朝、镇压反革命、爱国丰产的材料结合本村的实例编为说唱词，中朝关系他理解为“中朝就是友好邻家，只隔一道鸭绿江，就像咱村和张壁村，只隔沁河一般同”。④ 他这种结合实例的说书形式，既形象又贴切，群众听后易于理解与接受，能更积极地投入社会运动中去。

（5）快板。洪洞县南尹壁村 76 岁的王玉竹老太太被村人称作“有才板话”。她每听完报上的内容，就编为快板。在鼓舞青年男女向买卖婚姻斗争时编了“男子二十才找亲，女长十八得结婚。自由结婚好，自己对象自己找，父亲母亲管不了。自己找的心意合，鬓发白到老，不生气”的快板。⑤ 在她宣传后，男女青年都积极加入与买卖婚姻做斗争的运动中。

（6）模仿说相声。报纸上登载的国家政策问答与时事讲话，大多是一问一答的形式，读报组就确定两名读报员，用问答的形式把报上有关初

---

① 《读报方法多样化，好听好记作用大》，《山西农民》1957 年 11 月 30 日第 4 版。

② 同上。

③ 《共产党员药祥明用皮影宣传推动了工作》，《山西农民》1951 年 10 月 4 日第 3 版。

④ 《走到哪里也不忘了宣传的张苟保》，《山西农民》1951 年 10 月 4 日第 3 版。

⑤ 《王老太太的快板》，《山西农民》1952 年 3 月 14 日第 4 版。

级社合并为高级社的知识和国家政策讲给群众，打消了群众的顾虑，群众都积极加入了高级社。①

在具体的形式之下，读报员们还结合实际的情况创造出了具体的宣传读报方法，主要有：

（1）时事测验牌。汾城三区南赵村的“时事测验牌”，每次读报员读完后就进行测试，并对答得好的群众进行表扬，将他们的名单写在牌子上。这种方法能够调动群众参与的热情与积极性，就连当时一个不爱听报的老农何全福在参与了时事测验后，对读报员说“我的心笨，麻烦你多给咱说两次，我用心听，就可以懂了”②。

（2）读报与通讯结合。岢岚县的读报员张富才把本村郝板头等模范人物在秋季生产工作的故事写成文稿寄给了《山西日报》，登载出来后，大大鼓舞了群众。被选为模范的郝板头说：“我活了五十二岁，谁知道咱呢？今天上了报，全省各地都知道了道生沟还有个郝板头哩，我觉得真是一件光荣的事情。今后不但我要积极参加听报读报，还要带头组织别人参加读报组。”他以自己为例，带动12个群众参加了读报组。③ 可见，利用报纸的影响力可以很好地促进读报宣传工作的进行，同时模范人物的榜样作用也可以带动读报组的工作。

（3）实例对比法。陵川县西闸村平时不注重宣传，群众的思想觉悟不高，村里工作无生气。而该县原庄村由于支部注意宣传工作和时事宣传，全村掀起了抗美援朝保家卫国的运动，开展了生产竞赛，工作上生机勃勃。读报员就把报纸上登载的有关两村庄的内容进行了对比，使大家体会读报宣传工作的重要性，认识中央决定的重要意义。④ 西闸村与原庄村，宣传与不宣传，效果截然不同。用发生在身边的实例去宣传，更能引起群众的关注与思考，自己得出认识，从而选择是否听报。

（4）包干制。这种形式主要出现在比较偏僻、住所比较分散的小村庄。具体是将宣传员、读报员按居住山庄划分各自的责任户/区。每次宣

---

① 《读报方法多样化，好听好记作用大》，《山西农民》1957年11月30日第4版。

② 《宣传网：介绍南赵村的“时事测验牌”》，《山西日报》1952年12月4日第4版。

③ 《读者来信：张富才是怎么利用报纸做好宣传工作的?》，《山西日报》1952年11月14日第3版。

④ 《陵川是怎样训练宣传员的?》，《山西日报》1951年3月15日第3版。

传读报时，读报员都深入基层，具体到每一户，如果恰巧该户人不在，让周围的邻居给他传达，这种“人传人”的方法使每个人都能够了解国家的政策。[①] 在抗旱防旱时长畛背村的宣传员樊仰城就随身带着报纸给群众解决问题，并讲解报上《黎城东水洋村的打井成绩大，一年辛苦百年福》，使群众感受到报纸的好处。地头、饭场的群众渐渐多了，连离村二里地的邻村农民也每天端饭来听报。读报员樊仰城说：“干部不学习报纸，工作就没法进行；群众不学习报纸，就会迷失方向。”在他的带动下，各村都建立了读报组。[②]

每个时期根据国家政策与各种运动的需要，报纸会大面积、大幅度地进行宣传，这就是所谓的报道重点。“报道的重点表现在哪里，不是靠报道策划者的表白，而是靠各类报道内容的比例关系体现出来的。这就是说，在同等质量的情况下，报道数量多的部分，就体现了报道的重点。”[③] 在报道的重点的指导下，依据群众的文化水平，采取相应的读报方式，比如开场白、顺口溜、说快板、说书等这些通俗的形式，便于群众理解与接受，而且能够吸引他们的注意力，从而收到预期的效果。

具体效果体现在以下几方面：

第一，宣传功能。

（1）人民公社方面。在春耕的时候，有些社员不了解人民公社的分配制度，劳动情绪不高。读报员就给他们读了《多劳多得，以产计酬》的文章，消除了社员的思想顾虑，鼓起了生产干劲。[④]

（2）工农联盟方面。解县西张耿村党的宣传读报员在宣传总路线中，就地取材，用当地的活人活事，给群众算了笔生产生活账，向群众进行了工农联盟的教育，农业支援工业建设，工业又反过来促进农具的改进，可以增加粮食，让农民过上与苏联农民一样的生活。通过读报宣传，农民对工农联盟的认识更加深刻了。[⑤]

---

① 《平顺西沟宣传员是怎样向群众进行宣传的?》，《山西日报》1951 年 7 月 24 日第 3 版。

② 《黎城五区的读报工作》，《山西农民》1952 年 9 月 30 日第 2 版。

③ 郑兴东：《报纸编辑学教程》，中国人民大学出版社 2001 年版。

④ 《阳坡管理区改进了读报方法》，《山西农民》1959 年 7 月 29 日第 4 版。

⑤ 《西张耿村党的宣传员算生产帐生活帐宣传工农联盟》，《山西农民》1954 年 2 月 14 日第 1 版。

第二，教化功能。

（1）思想教育方面。平顺申家坪乡上井的村民加入农业社后，有些社员对公共财物不够爱护，不爱惜牲口。读报员就组织社员学习了农民报的《爱护小牲口》《模范饲养员》等文章，并联系实际进行了讨论，社员们听后都主动承认错误，并积极发言，表明态度，表示今后都要爱护农业社里的公共财物。①

（2）生活方面。新绛三区阎家庄的妇女张银香写信反映，婆婆总是指示丈夫打她骂她。通过乡里读报员的工作后，婆婆对她像亲闺女，变得和蔼可亲。她表示要好好生产，建立和睦民主的家庭，并把这个进步向别人宣传。② 乡邻、婆媳关系在读报活动的影响下，可以更加和谐融洽。

第三，动员功能。

（1）生产方面。南翟村在生产“大跃进”中，小麦得了锈病，村民干着急，不知道该怎么办。读报员读了《防治小麦锈病》后，组织了31个村民，用土法和洋法，共治小麦锈病1000多亩，群众反映：报纸真是个万宝全，需要什么登什么，今后多把报来读，什么问题都能解决。③

（2）社会运动方面。抗美援朝时期，71岁的赵德华老汉原以为抗美援朝就是好好生产，根本不了解抗美援朝的道理。读报员给他读了抗美援朝的相关知识后，通过联系以前日本鬼子侵华的暴行，赵德华老汉想起了被鬼子杀害的侄子，知道了美帝国主义和当年的鬼子一样，先朝鲜后中国，抗美就是抵抗侵略的敌人，援朝就是帮助邻家，保卫自己的院墙。于是他参与了爱国捐献和爱国公约活动。④

报纸具有宣传、教化和动员的功能，在具体的读报过程中，涉及这三方面的内容比较多，文中仅是简略选取了一些内容进行了读报前后效

---

① 《读报与讨论：读报顶大事》，《山西农民》1956年7月24日第3版。

② 《读者来信：经区政府教育后我的婆婆转变了》，《山西日报》1951年4月19日第3版。

③ 《四季常青，群众欢迎——南翟村读报组的经验好》，《山西农民》1959年6月5日第4版。

④ 《交城河口读报组虚心求进，创造了“每夜挨家座谈会”方式》，《山西农民》1951年9月14日第3版。

果的比较。可以看出，听报后得到好处的群众，不仅会积极投入各种运动中，而且也会积极加入读报组当中，成为忠实的听众。所以，读报可以充分发挥报纸的宣传功能，通过教化与动员初步达到国家在农村进行读报宣传的功效，促进或推动国家在农村各项运动的开展和各项政策的落实。

3. 读报组与其他组织的关系

在建立读报组的过程当中，各级党组织还巧妙地利用读报组与一些非党组织的关系，推动读报组工作的进行。

单独的读报组：类似于岢岚宋木沟、小南沟等偏远的地区，住户比较分散，读报工作则是依靠各个读报员轮回到各地建立的宣传小站进行读报，然后再让听报的人回去向没有参加的人进行宣传。[①] 单独的读报组的存在，是适应当地地形偏僻的地情，适合分散住户的一种有效宣传形式。

党团组织的关系：左权县团委协助党建立读报组，并纠正了当时对各种社会运动与政策尤其是对抗美援朝运动的认识，同时利用团组织与党组织的特殊关系，在建立读报组的过程中充分发挥团委的协助作用，使各地的读报组得到了进一步发展。[②] 因而，团组织对读报小组的建立起着辅助作用，是对党组织作用的补充与进一步发展。

跨界：黎城五区的长畛背村建立了读报组后，读报员在防旱抗旱时随身带报，在地头、饭场进行读报，连离村二里地的阎家庄农民也每天端着饭来听报。[③] 跨界行为的出现，说明读报组收到了它预期的效果，在民众中的影响得以深入，读报的范围渐渐扩大。

互助组：潞城四区的安乐村读报员申贵保向村民读了《怎样巩固互助组》后，全组帮4户无劳力参加了互助组，给4个老年人安排了轻活，青年人干重活。互助组通过读报组更加巩固了。全组123亩秋地，都按计划提前完成了下种。[④] 所以读报组与互助组结合，可以提高效率，实现

① 《开展山地宣传工作的方法》，《山西农民》1952年1月1日第3版。

② 《党的生活：青年团山西省委指示各级团委协助党建立宣传网纠正各种错误认识》，《山西日报》1951年7月6日第3版。

③ 《黎城五区的读报工作》，《山西农民》1952年9月30日第2版。

④ 《读报推动互助实行自愿两利》，《山西农民》1952年7月7日第3版。

互利。

合作社：左权县城关黎明农业社合并成671户大社后，读报组散了伙。社员反映订报白花钱，不如歇着睡大觉。党支部了解后决定在支部领导下，建立读报指导组，全体党团员必须积极参加，成为读报组的领导核心，选32个团员固定到劳动小组，把读报工作包下来。方法改进后，读报组在该社又活跃起来了，社员的生产劲头更足了。[①] 因此，互助组合并为合作社后，党组织对读报员的工作仍要重视，不能因为合并而弱化了对读报组的领导，反而更应该加强领导，针对读报组织的变化，采取分工的方法，加强对读报组的指导工作。

与民校、识字班的关系：50年代，随着农村扫盲工作的大力开展，识字班、民校一个个成立起来。沁水十里乡的读报组就是在这个背景下出现的，它是根据民校的班级来划分读报组。该乡有5个民校，15个班级，成立了15个读报组。学员们上完课，就听报。识字多的同志听完报觉得不满足，就自己订报，抽空看。遇到难懂的生字词或意思，就随时记下，向老师请教。[②] 这样，既读了报，提高了思想，又识了字和词，提高了文化，把读报工作与学文化工作紧密地结合起来。因而读报与当地的冬学运动、扫盲运动、民校等结合起来，两者互相促进，互为补充。

通过以上分析发现，读报组与其他组织既有重合、交叉也有脱离与包含的关系，通过这些关系把更多的组织团结到党组织周围，形成以党组织为中心、各组织为补充的读报宣传网核心，发挥它们各自的宣传功能，从而推动读报组在各地的建立与发展。

读报小组把报纸与农村中各项运动、各种组织紧密地联系起来，发挥了报纸是“党的喉舌”作用，验证了报纸是党“进行群众性的宣传鼓动的重要的工具”。[③] 正如马克思所言，“报纸的最大好处，就是它每日都能干预运动，能够成为运动的喉舌，能够反映出当前的整个局势，能够使人民和人民的日刊发生不断的、生动活泼的联系”[④]。所以在中国共产党的

---

① 《组织领导好，读报变了样》，《山西农民》1956年5月24日第3版。

② 刘祖佑：《怎样组织读报组》，人民邮电出版社1956年版，第8页。

③ 李炎巨、陈开国：《宣传工作概论》，湖南人民出版社1986年版，第317页。

④ 刘平斋、陈德言编：《马克思恩格斯列宁斯大林毛泽东论宣传》，四川省社会科学出版社1988年版，第32页。

宣传中，报纸居于首要的地位。

但报纸有自身的局限，它只是一种文字资料，需具备一定文化水平的人，才能获取相应的信息，而 20 世纪 50 年代的农村文盲偏多，农民很难从中获取信息。正是在此形势下，中共提倡的读报小组才有了广泛的发展空间。尽管读报小组建立了，但仍面临困难，因为读报员要想办法吸引群众的关注，所以他们采取了群众喜闻乐见的形式，打开了这个通道。读报员通过重点阅读与国家政策相关的内容、具体运动中涌现出与农民切身利益相关的事迹，引起群众的关注，通过了解他们“想什么”，从而影响他们的行为，指导农民的生产生活。

50 年代的农村受交通、生产力、科技及教育水平的限制，农民生活比较单一，接收外界的信息比较困难，易受到当时当地言论的影响。国家通过报纸与读报小组，了解农民的想法与现状，制定出相应的方针政策来帮助农民了解国家情况与社会形势，鼓舞群众建设社会主义的热情。故农村读报小组是农民了解外界的一扇窗户，是他们取得与外界联系、了解国家方针政策的一个桥梁。报纸借助读报小组把中央与地方、国家与百姓紧密地结合起来，通过读报，把群众紧密地团结到国家的政权周围。

不过，在农村读报小组的建立及发展过程中，也应注意到党组织即农村的党支部要发挥其领导作用，充分调动和利用村里的知识分子和各种社会运动中的积极分子，组织好读报员学习、读报与讨论，真正发挥读报组织的宣传动员作用，从而丰富农民的社会生活。

三　山西省农村读报小组典型研究

山西省各地在党中央的号召下，都纷纷开展了读报活动。但是各地读报组的开展情况并不相同：有个别地方的读报组在发展过程中流于形式或流产，如河津五区的南阳村 24 个互助组中，有十几个互助组里没有一个识字的人，订的报无人过问，而平原村的 25 个互助组都是干部假编的，订了 20 多份报根本没人看，东陈庄的互助组则是把订的报纸给分了，至于是否进行了阅读则不得而知①；有一些地区如晋中的左权、昔阳，长治的武乡、平顺、壶关，晋城的陵川，运城的闻喜、新绛等地的读报组办得就比较成功（见表1），并且被登载到报纸上进行了广泛的宣传。这些地方的读报经验还被登载到《人民日报》，在第三版专门详细介绍了这些地区成功组织读报的经验。② 为什么各个地方的读报组发展情况会有差别？为什么有些地方的读报组会办得如此成功，并引起中央和山西省委的关注与重视呢？

1. 读报组成功的类型分析

表1　　成功开展读报活动地区的统计表

<table>
<tr><th>地区</th><th>县　区</th><th>村庄/农业社/大队/读报组</th></tr>
<tr><td rowspan="10">晋中专区</td><td>离石县（今离石市）</td><td>张家坡村</td></tr>
<tr><td>交城县</td><td>五区花果头村，五区河口村，广兴大队（交通便利）</td></tr>
<tr><td>汾阳县（今汾阳市）</td><td>南马庄村</td></tr>
<tr><td>离山县（今离石市）</td><td>良泉社读报组</td></tr>
<tr><td>灵石县</td><td>六区两渡村（交通便利）</td></tr>
<tr><td>昔阳县</td><td>四区北易村，六区猛彪村，下思乐村，葱窝村，赵北公社赵北管理区，冀家庄</td></tr>
<tr><td>左权县</td><td>后庄村，口则乡（靠近铁路），三区十里店，水坡村，芹泉村（交通便利），城关黎明农业社，西关，二区七里店（靠近铁路），高家井村，梁峪村（靠近铁路）</td></tr>
<tr><td>寿阳县</td><td>郭村（靠近铁路、河流）</td></tr>
<tr><td>和顺县</td><td>马纺乡星耀农业社（交通便利）</td></tr>
<tr><td>榆社县</td><td>北枣林村，台曲村，西荣村</td></tr>
</table>

① 《读报与讨论：河津五区认真检查读报工作》，《山西农民》1952年11月30日第1版。

② 柴钟仁：《山西省农村党组织领导读报工作的经验》，《人民日报》1955年1月20日第3版。

续表

地区	县　区	村庄/农业社/大队/读报组
晋东南专区	陵川县	南马村，小平乡（交通便利），六区古郊乡（交通便利），潞城公社东谷生产队（交通便利），原庄村
	沁水县	东峪乡南沟村（交通便利），十里乡（交通便利），王必村（交通便利）
	晋城县（今市区）	张岭村，王教村
	阳城县	芹池乡阳陵农业社（交通便利）
	长治市（今长治县）	五区楼底村（交通便利），长治璩寨村
	壶关县	河西村，川底村卫国农业生产合作社（靠近铁路），虹梯公社虹梯管理区（今平顺县，交通便利），东长井村（交通便利）
	平顺县	西沟村金星农林牧生产合作社（交通便利），刘家庄，西赛村，王曲村，赵城乡星光农业社（交通便利），申家坪乡上井农业社
	襄垣县	六区松坡村，羊窑村，冀家岭，垛堖村
	潞安县（今潞安市）	河头乡，潞城四区安乐村
	沁县	中陈村，道兴村晓光高级农业社
	黎城县	五区王家庄，平头乡林锋农业社（交通便利）
	沁源县	二区洪林村，四区东村
	武乡县	下北漳村，禄村，上广志村，东村蟠龙公社韩家堖村，洪水公社（交通便利），东村，武乡二区窑申角村，窑上沟村，下合乡
太原	太原市	北张村，城西村
晋南专区	万荣（泉）县	中共乌苏乡王必村（交通便利），胡村王必村（交通便利），一区南群村
	安邑县（今盐湖区）	界村
	绛县	盖家沟村
	闻喜县	东杜村，东山底，郝庄公社上吕管理区（交通便利），栗村曙光农业社
	河津县	城关西自然村（靠近政治中心）
	夏县	团结农业生产合作社
	稷山县	一区杨村（黄河滩地）
	临猗县	北景乡西张白村王必村，积善乡团支部
	猗氏县（今临猗县）	城关，一区三管村（今为临猗县镇），猗氏公社南翟村
	新绛县	一区东柳泉村，新绛县联光一社俱乐部
	襄陵县（今襄汾）	东邓村
	洪洞县	二区南尹壁村，宜尔泉村

续表

地区	县　区	村庄/农业社/大队/读报组
忻县专区	岢岚县	四区道生沟村（交通便利）
	忻定县（今定襄）	闪电公社高家庄村
	兴县	白家沟村
	繁峙县	城关公社下茹村（交通便利）
	崞县（今原平）	五五农业生产合作社
雁北专区	山阴县	王家涧村

说明：以上的表格依据各类报纸和读报组指导资料绘制而成。

通过对表1的分析，这些办得比较成功的读报组大致可以分为以下几类：

一是诸如晋中的马纺乡、晋城的小平乡等地方，分布在党政机关周围，靠近政治中心，信息流通通畅，便于及时接收与学习并实践上级的文件，更好地贯彻上级的指示与精神，读报工作自然也就做得比较顺利，成效大，对周边的影响较深。

二是交通便利的村庄，如灵石六区的两渡村、陵川南马村、沁水南沟村、壶关的河西村、山阴的王家涧村等，都是依据交通及时收发报纸，并组织村民读报，利用报纸指导了农村的各项工作。

三是如离石县张家坡村、武乡二区窑申角村、洪洞县的宜尔泉村等这些比较偏僻的村庄，交通不便，又远离政治中心，与外界的信息交流不通畅，只能通过读报来学习当时国家在农村的各项政策，了解国内外的形势，并及时借鉴登载在报纸上的先进生产经验，指导当地的农业生产活动，这样就把报纸与偏僻农村紧密地结合在一起，从而促使偏远农村的读报工作在50年代能够一直持续下去。

四是在左权县与武乡县境内的一些村庄，它们散落在革命时期的革命中心周边，受到当时革命根据地读报传统的影响，中华人民共和国成立后这些地方的读报工作也得到了很好的继续与开展。

此外，还有一类既是政治中心，也是革命中心，如武乡县境内的东村，靠近县城这个政治与革命中心，受到双重的影响，县委宣传部比较重视读报，所以读报工作能够顺利进行，并被登载到报纸上作为先进的经验进行推广。

同时，先进人物的带动作用与重视也对读报工作的开展提供了便利条件，如平顺西沟的劳模李顺达、申纪兰，由他们在西沟组织的读报组就是受其个人因素的影响；陵川县原庄村的劳动模范连全保领导的读报小组，成为推动生产的“火车头”。[①] 所以，先进人物对推动读报组工作的有序开展有着重要的意义。

读报组分布的这些地方主要集中在晋东南、晋南专区的大部分县内，而雁北、忻县专区等地就比较少，主要是因为报纸在农村中的分布不平衡，在晋东南、晋南等地的报纸已经基本满足了当时农村的需要，基本做到农业社社社有报纸，但在雁北、忻县，报纸的发行还不够深入。[②] 除去报纸的分布，北部地区的地形特点以及居住环境也影响了读报小组的建立。北部的地形整体偏高多山，而南部相对比较平缓，居住较为集中，便于组织读报小组开展读报活动。

其次，读报小组的活动还与历史传统有关。在抗日根据地时期，太行区、晋冀鲁豫地区是主要的根据地，受到了党组织的重视，在根据地进行了读报，而晋北受阎锡山和日军的影响，没有开展大规模的读报活动。

国家大力度发行报纸，推行读报小组，就是要利用读报小组来加强对农民的控制，把他们紧紧地围绕在国家政权的周围，为巩固新生的国家政权而做出努力。南北部党组织受各种因素影响，对报纸的发行和读报小组的态度，影响了读报小组在该区的整体分布，一定程度上影响了中华人民共和国成立初期国家在农村各项政策和运动的推行。

2. 典型地区与代表人物

在成功组织读报以后，在读报工作方面具有代表性的地区及其读报活动如下：

（1）在党的领导下，读报与中心工作相结合。陵川县潞城公社东谷生产队的读报工作可概括为“一靠二化三灵活，抓好四环五结合”，具体

① 《领导模范连全保的读报组，成了推动生产的“火车头”》，《山西日报》1952 年 6 月 16 日第 1 版。

② 《社论：加强党报在农村的发行与读报工作》，《山西日报》1955 年 3 月 22 日第 1 版。

指依靠党的领导，使读报活动经常化并形成制度化，在实际的读报过程中方法灵活、形式多样且生动活泼，在读报内容方面抓住当前的中心工作、抓住群众的思想、抓住各地的先进经验、抓住国内外的形势，并在此过程中结合生产、结合当时的红专学校、结合当地召开的各种会议、结合当地的报纸发行与通讯报道。① 通过这些经验，东谷大队读报组成为中共陵川县委号召各地学习的榜样与模范读报组。

（2）坚持党支部的领导为中心。坚持了13年读报工作的武乡县蟠龙公社韩家垴读报组与忻定县闪电公社高家庄管理区的读报组里，党支部始终如一地坚持了对读报工作的指导，并成立了由支部书记、宣传委员、小学教员、义务教员等7人组成的读报指导组（武乡）或中心读报组（忻定）来指导具体的读报工作。②

（3）读报工作与生产生活相结合。离石县张家坡村的读报组利用农民报上登载的巩固互助组的办法，指导农民具体的生产生活。在农业生产合作社主任高大荣的带领下，不仅搞好了读报工作，也推动了农业生产，他们利用报纸办社的经验被中共离石县委会在全县进行推广，并且被授予“模范读报组”称号。③

除了典型的地区外，在读报工作中还涌现出许多代表性的人物：

（1）男读报宣传员：首先，读报员利用报纸来指导农民生产生活：离石县张家坡村的高万荣，就是克服了山区偏僻落后、信息闭塞的困难，利用农民报来指导该地的生产生活。④ 其次，利用报纸为群众解决实际生活问题与争端：左权县水坡村高小毕业的范玉林，在记工分时读了报纸上记工分的经验，并宣传集体主义思想的重要性，解决了社员争分的现象。⑤ 最后，读报员深入了解群众思想，对症下药，加强了与群众的联系：潞安县河头乡的郭保昌通过读报总结经验，对群众的思想对

---

① 《中共陵川县委召开读报现场会，推广东谷生产队读报工作经验》，《山西农民》1959年12月17日第4版。

② 《读报搞得好，党要多指导——介绍蟠龙公社韩家垴的读报指导组》，《山西农民》1959年7月7日第4版；《坚持读报十三年》，《山西农民》1959年11月15日第4版。

③ 余群：《怎样搞好农村读报组》，山西人民出版社1954年第1版，第1—3页。

④ 刘祖佑：《怎样组织读报组》，人民邮电出版社1956年版，第1—3页。

⑤ 同上书，第17—18页。

症下药，并结合本村的实例，在不同时期为群众解决不同的思想顾虑，用自己的行动起到带头作用，不仅加强了与农民群众的联系，同时也树立了威信。①

（2）女读报宣传员：其一，读报员努力克服家庭的阻力，通过自己的行动取得家人支持：猗氏县一区三管村的青年团员常俊秀的婆婆不同意她当读报员，但是在担任读报员工作后，既没耽误农活，也没耽误读报，工作渐渐得到了婆婆的认可与支持。② 其二，读报后积极参与具体的运动，成为群众读报员的榜样。安邑县界村的王淑珍，在爱国卫生运动、防旱抗旱运动及动员妇女帮军属做针线活的运动中积极表现，总是说在人前，也做在人前。③ 其三，读报员通过改进读报方法来引起群众听报兴趣：昔阳县赵北公社赵北管理区第三队的优秀读报员乔贵棠，克服文化低、群众不感兴趣的困难，改进读报方法，利用好饭前饭后的时间给大家读报，赢得了群众的喜爱。④ 其四，读报员利用读报来指导自己实际工作：壶关县虹梯公社虹梯管理区女副主任，利用报纸解决了自己工作中遇到的一些问题，并且总结出经验，促进了工作的完成。⑤

这些读报员的事迹说明，读报员必须要有坚定的决心和好的群众基础，深入联系群众，才能真正为群众服务，才可以顺利完成党交给他（她）们的任务，赢得群众的信任与支持，从而更好地为党和群众服务。

3. 一个反面的典型

在山西各地的读报工作进行得如火如荼的过程中，在中央和省委大力推广山西各地读报组成功经验的同时，在晋南专区却出现了一个不和谐的声音。1953 年的《山西日报》上刊登了《梁登仓为什么能长期假报宣传成绩?》的文章。

---

① 刘祖佑：《怎样组织读报组》，人民邮电出版社 1956 年版，第 18 页。

② 《常俊秀是怎样宣传婚姻法的?》，《山西日报》1953 年 3 月 19 日第 4 版。

③ 《说在人前，做在人前——介绍一个出色的女宣传员王淑珍》，《山西农民》1953 年 7 月 12 日第 1 版。

④ 《优秀读报员——乔贵棠》，《山西农民》1959 年 11 月 15 日第 4 版。

⑤ 《读报也要“红勤巧”》，《山西农民》1959 年 7 月 29 日第 4 版。

20世纪50年代，国家对参加读报组的成员，诸如地主、富农等有一定政策：读报组是人民群众学习时事政治、吸取各地先进生产经验等的一个学习组织，地主、富农如果愿意参加，在其没有改变成分的前提下，可以旁听，但不能担任读报组的领导如担当读报组的组长；地主、富农改变成分后，就可以正式参加。若大多数群众愿意选他为组长或读报员也可以。①

在该篇文章里提到襄陵二区上北戍村的梁登仓，是该村党支部宣传委员。据了解，他曾参加过阎锡山组织的同志会，担任过上北戍村伪编村主任特派员，当过县政法参议员，中华人民共和国成立后加入了中国共产党。② 他在担任了该村的宣传委员后，通过与上级的联系，为该村争取到了全国甲等模范村的模范称号。

依照国家对读报员的要求和梁登仓自身的情况来考察：首先，梁登仓是一个政治背景复杂的人，他根本不符合当读报宣传员的条件；其次，他没有很好的群众基础。但事实上他不仅担任了上北戍村的读报宣传员，而且还是村党支部的一员。这充分说明在党建立宣传网的过程中，在选取读报宣传员时，有些环节还存在缺漏，梁登仓就是利用这些缺漏进入了党的宣传网络机构中。同时也从侧面反映出当时农村中知识分子的严重短缺，农民的文化水平相当低，而梁登仓有文化，不仅识字，而且从某种程度上说，他具有一定的办事能力，能够在大的政治环境下为自己、为该村谋取一定的利益。在国家对农村进行政治宣传和加强对农民控制和管理的时期，他被推到了时代的前台，充当了这个中介。但到了后期，国家各项制度与设施渐趋完善，加上梁登仓本人脱离群众的表现与行为越来越明显，越发引起了群众的不满，国家为了继续推行在农村的政策等多方面因素的作用下，他再次被推到了时代的前面，充当了一个反面的教材，以此来警醒所有不为人民服务的人员。

上北戍村的形式主义问题也很严重。该村宣传网从1951年2月建立到1953年，并没有任何真正的成绩，而且党支部书记的形式主义也十分严重。主要表现在：

---

① 《地主富农能参加读报组吗?》,《山西日报》1952年8月14日第3版。

② 《梁登仓为什么能长期假报宣传成绩?》,《山西日报》1953年4月23日第4版。

第一，订报只求数量，不求内容。读报宣传员阎长有（支部书记）为向上级汇报该村订报的数量，强制要求所有村民订报，订报后却无人负责读报。

第二，读报组并没有发挥其应有的作用。在建立读报组时，村支部强制性规定 50 人一组，并按亩摊派报费。但读报组在大半年时间只读过 3 次报，黑板报不常换，广播筒不常说话，无人知晓村里有哪几个宣传员。

第三，名义上的互助组。在全国各地成立互助组的高潮中，村支部认为该村是宣传网的模范村，不能没有互助组，于是在群众大会将三五户合并在一起组成互助组，然后将互助组名单向上级作了汇报，而事实上群众并没有被组织起来。

第四，简单应付上级的指示。在专区召开爱国卫生模范会议时，村支部派长年不劳动、穿着干净的刘江富参加。群众得知后反映，谁都能当得了刘江富这样的模范。

该村的宣传网形式主义如此严重，群众却没有站出来反对其强制性的行为，更没有向上级反映，这说明当时在广大的农村，下级与上级的沟通过程中还存在问题，农民并没有充分利用读报小组来维护自己的权益。从这种程度上说，读报小组是不成功的。

除了上北戌村村支部领导存在形式主义问题，襄陵区委也存在同样的问题：（1）区委不重视履行国家的政策。该村向上级汇报了建立互助组的情况后，区委并没有派人前来调查考核，反而向县委汇报，“梁登仓自己带头组织起来一个互助组……全村在去年没一个互助组的基础上，今年组织起 32 个互助组”①。

（2）襄陵区委只顾追求“旗帜”，而不解决实际问题。区委宣传员高宗文 1952 年 5 月至年底在上北戌村工作，发现该村的读报小组、黑板报、广播筒只是流于形式，而且没有人知道村里究竟有几个宣传员。这么严重的形式主义问题，不但没有引起上级的重视，反而还帮助梁登仓解决“家庭困难”问题。襄陵区委书记李庚生说：“梁登仓家庭有困难，要设法给解决，上北戌村宣传网离了梁登仓可不行，不能让咱区的旗帜垮

① 《梁登仓为什么能长期假报宣传成绩?》，《山西日报》1953 年 4 月 23 日第 4 版。

了台。”①

这些说明襄陵区党支部内部存在形式主义、官僚主义、锦标主义等思想问题。襄陵区县领导的工作不够深入，宣传委员在发现问题的情况下，上级不但不予以解决，反而还要维护梁登仓的利益，还想极力保住制造出的模范，保住本区县的旗帜，因而层层做假报告，从梁登仓到上北戌村整个党支部起，村骗区，区哄县，县里瞒地委，一级一级哄上去，骗来了全省甲等模范村的称号。该区县领导本来可以及早发现问题，迅速解决，但在官僚主义、锦标主义思想的影响下，没有及时采取措施制止和纠正，反而在客观上纵容了其发展，从而一错再错。而梁登仓本人也只是利用了自己读报宣传员的身份，利用了上级急求模范的心理，趁机为自己谋取利益，并没有关注群众的真正需求。

梁登仓的事例说明，在具体落实国家政策的过程中，国家政策与村庄实践存在一定的差距。首先从领导层面分析，在当时大的政治运动背景下，各地纷纷涌现出各种模范与先进。襄陵二区的领导要追求模范与先进，本身并没有错，这不仅符合当时的潮流与趋势，也是推动读报组发展的一个动力。但是错就错在没有认真对待，没有真正去落实该村的实际情况，没有认真调查梁登仓的政治背景，急于求成，才会让这个假模范有了出现的可能。

其次，党支部不纯。这说明在中华人民共和国成立以后，有些领导也如梁登仓一般，政治背景比较复杂，没来得及被改造就混进了党的队伍里，这就给各地的工作一定程度上造成了影响。区县领导的形式主义严重，锦标主义思想浓厚，在当时广泛追求成绩的大背景下，只顾一味地追求所谓的模范，即使区委宣传委员发现问题，为了保住所谓的旗帜，不仅给梁登仓解决生活困难，还要提拔他参加区委决议，欺上瞒下，层层作假，一起维护这个虚假的荣誉。这些人的利益密切相关，一荣俱荣，他们只顾追求所谓的荣誉，却置国家的政策于不顾，才导致了这个反面典型的出现。

此外，该村的支部书记本身也有问题。他只要成绩，或只图形式，认为只要村民出了报费，看不看报都无所谓，更不用说组织村民读报

---

① 《梁登仓为什么能长期假报宣传成绩?》，《山西日报》1953 年 4 月 23 日第 4 版。

了。该村的宣传委员也好，支部书记也罢，他们只是利用了上级要求出成绩的急切心理来成就他们自己的事业，而对国家的政策与村民的利益不管不顾。这也反映出当时国家的一些机制并不完善，还存在很多的漏洞。

这个反面的典型，正好说明了在宣传网建设过程中，读报小组等在宣传形式上存在虚假与形式主义问题，宣传员还深受封建思想影响，存在强烈的官僚主义思想。正是这些问题的存在，影响了读报小组在农村的健康发展，从而影响了宣传网制度在农村的建立。

上面的反例也正好说明了，读报宣传员在读报宣传中充当着特殊的角色：他们已经具有了一定的权力，稍有不当，就可以堂而皇之地利用国家的政策为自己谋取一定的利益。国家的政策再好，若得不到很好的落实，农民还是难以从中得到切实的利益，自然不会理解国家在农村的各项政策，各种运动也就会受到限制，不可能获得预期的效果。

在国家与乡村之间，由读报宣传员在两者的沟通与互动中架起了一座桥梁，国家对乡村政权的介入与渗透，必须借助读报宣传员作用的发挥，而乡村对国家政策或运动的反馈，也要借助读报员反映回去。因而，读报宣传员在国家与乡村之间充当了一个关键的因素，影响着国家与乡村的沟通，以及基层与上层之间的互动。

在实际的读报活动中，诸如河津五区的读报形式主义问题其他各地也都不同程度地存在，究其原因还是在于当地领导的不重视，没能理解中央的政策，没把读报工作当作一项任务，而是敷衍塞责，导致群众从报纸中得不到好处，自然不会积极参与读报工作。即使一些农民想从报纸上获得一定的信息，但又苦于没有文化，不识字，所以只能停留在读报组之外了。

从襄陵二区上北戌村的假模范，以小见大，推广到山西各地，再到全国，不免会有类似的情况发生或更严重的形式主义存在，受到当时特殊国情的限制，党政机构不能深入乡村政权的各个角落，不可能掌握所有的情况。也正因为如此，宣传网建设活动才会在20世纪50年代后期慢慢地变弱并渐渐退出历史舞台。而随着宣传网建设活动的减弱，读报组的发展也慢慢地进入了低潮。

4. 读报小组评价

综观上述分析，山西省各个地方读报组不论是取得成功还是走向形式，都与党支部的领导与重视相关：有了党的重视与领导，读报组就会健康发展；党若没有抓紧读报工作，没有引起足够的重视，读报组工作就会慢慢地由形式走向流产。

在国家权力网络的构建当中，尤其是中华人民共和国成立后宣传网在农村的建立过程中，作为上传下达的一个中介，读报员类似于古代的乡绅士绅，承担着一种特殊的角色。如果他们自身素质高，就能很好地领悟上级的政策，在具体的读报活动中就会结合当前的形势，给群众读相关的文章，并且组织群众参与讨论。相反，如果读报员的素质不高，就会造成严重的后果，不仅会影响读报的效果，也会影响农民对国家政策的态度。所以，读报员的角色是非常微妙的。尤其是在这个特殊的政治时期，在各种运动中把自己的作用慢慢地发挥出来，对农民的生活产生了潜移默化的影响，对国家政权而言，他们的存在，也为中华人民共和国成立初期政权逐渐深入农村、渗入农村提供了可能。

读报小组虽然存在时间并不长，但从其出现到后来的大规模发展，都说明读报小组的出现有其历史的必然性，在一定程度上弥补了国家政权初建时期一些设施与机构的缺失，一定程度上向农民宣传了国家的路线、方针、政策，促进了当时各种政治运动的开展，同时客观上也向农民传播了科学文化知识，了解了国内外的一些形势。但是，任何事物的存在都具有两面性。读报小组本身也有缺陷，由于有些地方党组织的不重视、读报员自身的政治问题与素质以及当时各地普遍存在的一些形式主义问题，读报小组没有能够继续发展下去。

四 结语

20 世纪 50 年代，在大众宣传媒介有限的情况下，报纸是政治宣传的有力武器，也是党联系群众、教育和组织干部群众去完成国家建设任务的工具。读报小组作为宣传网在各地建立的一种实践形式，是报纸内容的经常的和有组织的学习者和宣传者，是贯彻党和国家各种政策、推动各项工作、联系人民群众的基本组织形式。在山西广大的农村地区，随着国家互助合作化运动的发展，集体劳动为统一生产和学习提供了便利条件，读报组由此迅速发展起来。到了社会主义改造时期，报纸已经俨然变成了"不见面的指挥员"，当时国家就号召"应十分重视与普遍加强农村读报组工作。读报组是党的宣传网的组成部分，农村的党支部应把领导和组织读报作为宣传工作的重要方式之一。充分利用党的机关报开展经常的政治思想工作。读报组不仅可以提高参与农民的政治觉悟，而且可以通过这些农民个别的深入的宣传，使更多农民也觉悟起来，从而积极参加互助合作，交流丰产增收经验，提高农业技术，努力增加生产，支援社会主义工业化"①。因此，读报小组也就成了领导农民实现社会主义改造事业的一种有力武器。

读报小组的建立与发展，适应了农村特殊的地情，丰富了当地农民的社会生活，并促进了当时各种社会运动在农村的开展。党组织通过对读报小组与读报员的领导，通过对农村公共空间的选择，采用适应农村读报的各种方法来推动读报工作的开展，以此推动了国家宣传网的建设。

在国家宣传网建设的具体实践中，农民对读报组的态度从消极抵触到积极参与，读报员由羞涩、害怕到成熟，党的领导有过重视也有过短时的忽视，但是这些都没能最终阻挡读报小组的发展，它还是在艰难中一步步发展壮大起来。无论是成功的典型，还是反面的教材，都说明在中华人民共和国成立初期，读报小组在宣传网建设中，既是为保证报纸在宣传动员中发挥其有效作用的一种补充，同时它本身也是作为一种动员形式而存在的，是50年代农村宣传网的有效实践形式。

读报员这个特殊角色的出现，表明在新的政权建立与巩固过程当中，出现了新的权力阶层。他们从群众中来，又走向群众，与群众紧密联系在一起，是国家政权向村庄渗透的中介与桥梁。他们依附于国家政权，出现在基层与上层的互动中，既帮助国家加强了对农民的控制，同时也借此提高了自己的身份与地位，成为乡村基层干部的得力帮手。

读报小组的存在，是中华人民共和国成立初期改善国民意识、提高国民素质的一种延续。通过组织农民读报，利用报纸来接收外界信息，满足了农民了解外面世界的需求，也充实了农村的社会生活。但是在这个过程

---

① 《社论：加强党报在农村的发行与读报工作》，《山西日报》1955年3月22日第1版。

中，读报工作具有一定的挑战性，存在许多困难，最明显的就是由于一些读报员的疏忽，或读报员自身的素质，他们没有很强的群众观念，内容选择上不够贴近群众的生活，从而导致群众对读报的抵触，影响了读报工作的正常进行。在这种情况下，党组织帮助读报员分析原因，寻找问题的根源和解决的办法。一部分读报员结合当地的实情，改进了读报方法，采取群众喜闻乐见的方式，取得了预期的效果。尽管党组织和读报员都进行了努力，但是在读报过程中，在整个宣传网建设过程中，由于读报宣传具有一定的局限性，并不可能深入生活的每个角落，所以在后期不可避免地出现了一些形式主义问题，影响了宣传网的发展。50 年代末期随着全国对苏联模式的反思，宣传网建设也渐渐淡出历史的舞台。但其在有限的时间内，对国家建设、农村建设与发展发挥了一定的作用。在某种程度上，读报小组将一种集体行为慢慢演化为个人行为，通过对农民进行意识形态的教育，不仅加强了国家对农民的管理与控制，而且还促进了国家政权的建设与完善。今天，通过对读报小组的研究，对于反思百姓是否乐于接受过去某种程度上强制性灌输给农民信息的方式、如何调动群众参与文化建设、如何协调党组织与群众的关系、如何有效利用农村公共空间等具有借鉴意义。

集体化时代农民婚姻行为研究

——以平遥县道备村为中心的考察

李保燕①

婚姻作为一种社会制度，或是一种社会关系，是与特定的社会背景、社会条件相联系的，它会随着时代变迁淘汰旧的内容，认可和接受新的做法。20世纪四五十年代，中国社会推行了轰轰烈烈的土地改革运动和大规模的集体化运动，在这种政治力量的作用下，生产关系发生了巨大的变化。与此同时，农村社会和生产管理方式也与以往大不相同，人们的观念、意识也随之发生重要变化。农民的婚姻和家庭行为表现出与传统时代的许多差异。

纵观学界对婚姻家庭的研究可谓已经硕果累累，尤其是近年来随着跨学科研究的日益兴盛，越来越多的学者已经倾力于从社会学、人类学、历史学等多维视角来探究中国的婚姻、家庭行为以及社会变革下的婚姻、家庭变迁。就目前学界对婚姻家庭的研究主流而言，可以归结为三类：历史学界对婚姻家庭纵向发展史的动态研究；社会学对婚姻家庭形态的横剖面研究；人类学学者从个体生命史角度对乡村婚姻家庭变迁的阐述。

从学界对婚姻家庭的研究来看，最早关注的是长时段、纵向发展史的

① 李保燕：山西大学中国社会史研究中心2012届硕士研究生。

研究。[①] 这在一定程度上厘清了中国婚姻家庭发展的基本脉络，为以后的研究者打下了坚实的基础，但叙述比较宏观，因而意义有限。

值得注意的是，一大批国内外学者对社会变革下的婚姻、家庭变迁做了大量实证性的研究。在这些研究中，部分学者肯定了社会变革环境下新制度的建立对婚姻家庭的变动起到推动作用。[②] 当然，也有学者认为社会变革对婚姻和家庭的作用具有双重性，既有对传统影响削弱的一面，也有加强传统影响的另一面。[③] 与此同时还有学者认为中国近50年社会变革对婚姻家庭等人口行为的影响是有限的，否认或低估土改以来社会变革对传统家庭的冲击作用。[④]

值得庆幸的是，近些年来，一部分学者致力于村落婚姻家庭研究新视角的探索，结果使人们的日常生活体验和个人私密空间更多地进入学者的视野。这部分著作主要采取人类学民族志的写法，从个体生命史的角度给我们展现了一幅婚姻家庭生活的变迁史。[⑤]

基于以上思考，本文在查阅山西省平遥县道备村保存完好的基层档案的基础上，深入家庭内部，通过对个体生命心理和行为体验的叙述，来探讨集体化时代社会变革背景下一个村庄里婚姻家庭所发生的变化，试图真正将农民的主体性体现出来，向读者展示一幅由农民自己涂抹的流动画卷。道备村是一个人口相对众多，有大的家族存在，又有宗教信仰的村庄。这也在一定程度上方便了研究对象的横向比较。因此，在资料的整理过程中，我确立了选题，即从个体的“人”出发，通过对个人的生命体验的叙述，在时间上，注意集体化时代的特征，并对这一时段内部各个时段里年轻人的择偶、订婚、结婚、分家、生育等差异做一纵向动态研究；

---

① 祝瑞开主编：《中国婚姻家庭史》，学林出版社1999年版；汪玢玲：《中国婚姻史》，上海人民出版社2001年版。

② 王跃生：《社会变革与婚姻家庭变动：20世纪30—90年代的冀南农村》，生活·读书·新知三联书店2006年版。

③ 达比斯和郝瑞认为1949年后的十年中，与中国家庭有关的新的制度和道德环境被国家创造出来。

④ ［美］吉尔伯特·罗兹曼主编：《中国的现代化》，江苏人民出版社2010年版，第472—473页。

⑤ ［美］阎云翔：《私人生活的变革：一个中国村庄里的爱情、家庭与亲密关系》，龚小夏译，上海书店出版社2009年版。

在空间上，也从不同人群、不同等级、不同职业、不同信仰年轻人的婚姻行为中进行横向比较；并结合社会变革与地方文化对婚俗流变进行剖析，最后指向村庄与国家。以自下而上的研究视角改变以往将农民群体作为单一整体的研究。

一　合法：村庄里的婚姻实践

关于“择偶”，阎云翔在下岬村的访谈中，依据当地习惯定义为三种说法：对于男人是“说媳妇”，对于女人是“找婆家”，还有就是“找对象”，据说第三种说法是土改时期由共产党干部从外面输入的。[①] 生活在情理社会中的农民，坚持在当地用适当字眼来描述择偶这一现象，与当地的社会文化背景是分不开的，但又跳不出当地长久以来形成的固定思维与行为习惯，因此也就有了村庄自身的一套婚姻实践。

道备村与中国农村的其他地方一样，“找对象”有其本土的定义，不管是父母包办婚姻还是青年自由恋爱，当地都有一套婚礼的必要程序：说亲、订婚、领取结婚证、结婚、回门。当然，这些婚俗在一定程度上反映了当地的一些社会文化，这些婚俗文化随着土改及集体化时代的到来被深深地打上了时代的烙印。

土改后，尤其是在集体化时代，集体经济人为地将大量民众束缚在土地之上，集体劳作的新制度更是将男女彼此之间活动范围的藩篱彻底打破了，从而使未婚男女之间了解的机会更多了。此外，五六十年代达到成婚年龄的青年，在当时的环境中大部分急于摆脱家庭的束缚和阴影，因此，无论是在观念意识领域还是在生活空间领域都为青年男女在婚姻选择中日益增强的自主性提供了必要条件。这种时代特征下的婚姻革命受到特定制度环境浸润和熏陶，年轻一代的婚姻、家庭也一再被校正、重塑。这种变革显现在村民婚姻生活的各个方面，包括婚姻范围、配偶选择、婚俗变迁等，总体上则是一种立体的、全方位的作用。因此，村里青年男女在婚姻观念及婚姻行为上理所当然地成为新风尚的积极推行者。在整个五六十年

① ［美］阎云翔：《私人生活的变革：一个中国村庄里的爱情、家庭与亲密关系》，龚小夏译，上海书店出版社 2009 年版。

代，道备村民众的婚姻行为也打下了时代的烙印，主要表现在以下方面：

1. 婚姻登记制度下的早婚失去市场

王跃生谈到土地改革以后，特别是集体化时代，土改前女性普遍早婚和男性高比例早婚行为受到抑制。这种抑制很大程度上建立在有效的行政干预基础上，而不是经济水平的提高和个人发展的要求导致人们放弃早婚行为。①

在集体化时代，成年农民子弟没有就业选择，他们被禁锢于父母所属的生产队，以耕地为主，其婚前收入仍由家长掌握。家长虽无传统时代为子女主婚之权，但却握有为其完婚的财权。应该承认，如果没有婚姻政策上硬性的约束，早婚在集体化时代还有市场。但在集体化时代，尤其是1953年婚姻法颁布后，国家对结婚年龄及结婚登记有了明确规定。② 这一时期，男女不仅要到政府部门登记结婚，而且要持有生产队、大队的证明信前往，只有符合条件者才能得到证明信件。道备村五六十年代结婚的人对此深有感受：蒋时悌③在谈到他个人结婚情况时，就说当时只有两人领了结婚证，才能办喜事，无证结婚，政府坚决不允许。

可见，婚姻登记制度是抑制早婚行为的前提，集体组织被赋予监督和制止早婚的责任，是减少和防止早婚行为的制度保证。由于集体组织被赋予惩处违章者的权力，所以无论从政策还是环境上，违规早婚行为失去了存在条件。若从这一点看，集体经济组织对早婚抑制所起的作用是不可忽视的。由此形成了制度和组织的紧密结合，民众的婚姻行为受到较高程度的控制。当然，这种基层约束环境在不同地区之间是有区别的，因而对早婚的抑制效果也会有所不同。

2. 年轻一代的独立自主趋向加强

五六十年代的主要变化就是父母在婚姻上开始征询年轻一代的意见。如果子女不同意，父母也会设法说服他们。此外，结婚的具体程式也有了

---

① 王跃生：《社会变革与婚姻家庭变动——20世纪30—90年代的冀南农村》，生活·读书·新知三联书店2006年版。

② 参见平遥县档案《关于结婚年龄计算法的批复》，编号27-1-19。

③ 访谈时间：2010年10月。访谈对象：蒋时悌，现年81岁，平定师范毕业后当了几年教师，从1966年起，一直在孝义、平遥几个公社当秘书，管理司法、民政、户口和婚姻调解。访谈人：李保燕。

变化。男女双方在父母媒人在场的情况下可以见面，然后父母再问他们各自的印象。以这种方式，绝大部分父母就顺利地在儿女同意的情况下行使了权力。同时，介绍式的婚姻也悄然出现，这也是50年代婚姻法已经颁布而自由恋爱始终不多的原因。当然，这一时期村里也出现了几桩父母与子女在择偶上发生意见冲突的典型事件。而所谓的不同意，主要是女方家长想“攀高枝”，嫌贫爱富，不过，一般都会以子女的胜利而告终。马五八①就给我们讲述了村里两桩父母不同意的婚例，结果都以子女与父母断绝关系不再往来为代价圆了年青一代的择偶梦。

在婚姻独立自主趋势加强的大背景下，道备村也出现了一对自由恋爱的典型：王显成与杨宝民轰轰烈烈的自由恋爱。② 当时，两个年轻人看上对方了，但两家父母都不同意，后来他们背着父母自愿领了结婚证，也没摆酒席，婚后，他们被赶出家门，只能在外租房住。但杨宝民自己回忆说，即使不被父母承认，两人也觉得挺高兴，也不觉得委屈。

当然，自由恋爱婚姻有一个重要前提，是恋爱的双方拥有一定的共识并持续交流以不断增进了解的机会。一见钟情即确立恋爱关系并最终步入婚姻殿堂者，毕竟是少数。即使一见钟情，双方也还是需要一个舞台，以不断沟通来巩固关系。

在当地，青年人与本村同龄人自由交往的最主要途径是一块儿上学或一块儿劳动。遗憾的是，我们调查的五十余例婚姻中，很少有人能进入初中学习，大多数人甚至连高小都没毕业。这里有制度的原因：据郭玉秀③说，当时村里的干部照顾子女，即使他们这些没后台的人成绩再优秀，也不让上高中或参军，以前实行先推荐过关再考试制度，这在很大程度上限制了一些人在学校的继续深造。很显然，让这些人在初中或小学时就与自己的同学确立恋爱关系是不现实的，当然，不否认农村中小学生有过感情萌动，早恋也可能存在，但能在各方压力下始终维持关系，最终谈婚论嫁

---

① 访谈时间：2010年10月30日。访谈对象：马五八，1944年生于侯郭村，现年66岁，普通村民。访谈人：李保燕。

② 访谈时间：2011年8月20日。访谈对象：杨宝民，现年57岁，普通村民，当时，她与丈夫是三队自由恋爱的典型。访谈人：马维强、李保燕。

③ 访谈时间：2011年8月19日。访谈对象：郭玉秀，1953年生于道备村，1969年以优异成绩从高小毕业，1972年与同班同学自由恋爱结婚。访谈人：马维强、李保燕。

的毕竟少之又少。而且，在农村，同学一旦毕业就各奔东西，几乎不再联系了。这样，他们在学校建立的交流圈将随着学生生活的结束而不复存在，也就很难在到了适婚年龄时再在这个不复存在的圈子里恋爱结婚。虽然，这一时段自由恋爱并最终走向结婚在同学之间很难完成，但值得庆幸的是，在道备村调查的这50余例婚姻案例中还是有3例同学间自由恋爱的，不过最终走到一起的只有一对。在对郭玉秀的访谈中，她提到，自己的同学郝佩琪与低一届的学妹贾香兰在学校时谈的恋爱，但后来郝的父亲利用贫协主任的职务把郝佩琪推荐到山西大学读书，于是，男方给女方寄了分手信，郭玉秀说当时贾香兰气得都不能上课了。另一对是梁光荣与付之琳，两人也是上、下届同学关系，郭玉秀说当时他们最看好这一对，男的一表人才，能力又好。女的特别有才，尤其是板报出得相当好，人又有能力，各方面表现都出色，真正的是男才女貌，很是般配。不过，后来梁光荣当兵走了，在部队和首长的女儿好了，这一段感情也就夭折了。最后，走到一起的就剩下郭玉秀本人和丈夫。

轰动的师生恋：张熹说，当时，自己家里一直给自己介绍对象，但他不想找，都没去相亲，也不让家里管。后来，家里实在逼得紧，在1962年，张熹与小自己5岁的秀娥结婚。张说，他们两人是师生关系，妻子是自己的首届学生。

在上述的几则材料中，我们可以看出：这一时期年轻人的择偶理想也相对发生转变，新的婚姻关系、新的道德观念正在日益成长和壮大，许多青年妇女懂得了爱情只有建筑在共同劳动的基础上，才是真正的爱情，也才是巩固的爱情，所以他们找对象的条件是：劳动好、学习好、思想进步。群众对这样的青年很满意。因而歌颂爱情的词句是：糠面圪垯调酸菜，感情好了不嫌赖，猪肉、大米、包饺子，感情不好不想吃。通过分析道备村五六十年代青年结婚的择偶标准，我们不难看出，在这一代人眼中，理想的对象是人老实，脾气好，干活勤快，听老人和领导的话，无论男女，都最好是身强力壮，对挣工分非常重要。当然，家庭出身也很要紧，不过对男女的重要程度有所不同。从女方的角度看，男方家庭的经济状况是第一位的考虑，而从男方的角度看，对女方家庭的名声要考虑得更多，因为那决定了姑娘的品德。集体化时期，道备村的姑娘择偶也体现出一定的现实色彩。王润莲[1]回忆说，她之所以嫁给丈夫，是因为丈夫在本村醋坊专职做醋，虽然不下地劳动，一天也挣 10 个工分，一个月还补贴 15 块钱。她觉得虽然他家穷，但人最起码有个手艺，比一般人强，所以当时就图了这个，什么也没想就嫁了。

3. 村内婚比例的上升

在土改到集体化时期的社会变迁中，我们还可以看到一个现象的悄然发生，那就是农村婚姻圈呈不断缩小之势。在婚姻的缔结中，婚姻行为常有十分明显的工具性色彩，无论对当事人还是家庭来讲都是如此。在这种新的婚姻观念的支配下，中国农村的婚姻行为正在发生重要变化，其中的一个突出的现象是就近结婚趋势的加强，一些地区的调查结果说明了这种现象。[2]

道备村的村民告诉我们，在整个集体化时代，他们一般都在方圆 10 里之内进行通婚，首先，交通不便，人们外出机会少，可接触人群范围自然缩小；主要是那个时期流行介绍婚姻，而在正常情况下，能够充当媒介者多为亲戚、朋友和熟人，他们多居于三乡五里之内，决定了婚姻圈基本上在这样的空间范围内；此外，在“从夫居”为主的婚姻习惯下，对女方来讲，无论家长，还是女性本人，都希望婚嫁后，相互间能经常往来，在交通工具落后的时代，要保持这种亲密关系，只有嫁到近处才能方便走动。王琥的妻子雷兰英印证了当时的情形：雷家只有一儿一女。当时，王琥是大队副书记，在嫂子的介绍下，两人见面认识。因当时王琥家贫，雷母怕女儿嫁过去生活受制，不同意这门亲事。但雷兰英说，母亲是个病人，她当时就想嫁到本村，可以每天照顾妈妈，雷母就很高兴，最终同意嫁给王琥。

值得注意的是，在 50 年代末 60 年代初这一时期，道备村还出现了一个有趣的现象，当时不仅是村内结婚多，而且一个队内结婚的也很多。在对马五八的访谈中我们得知：当时，家里没劳力就会被队里欺负，有小伙

---

① 访谈时间：2010 年 10 月 7 日。访谈对象：王润莲，现年 62 岁，普通群众。访谈人：李保燕。

② 这方面的有关调查见王思斌《经济体制改革对农村社会关系的影响》，《北京大学学报》（社会科学版）1987 年第 3 期。李延龄、高顺增《村内联姻问题值得重视》，《人口研究》1989 年第 3 期。

子的家庭就不存在被欺负的现象，而且有劳力到生产队也好办事。所以，女孩都为家里考虑，怕队里给小鞋穿，再说，队里发粮的时候女孩子也拿不回去，又不能经常用人，因此，看着本队有不错的小伙子就结婚了。还有一个有利条件就是当时每个小队都有民兵班，很多女孩子就与民兵自由结婚了。而且据田银川[①]说，三队自由恋爱的很多。王力君的3个女儿都嫁到本队，王步贵娶的媳妇也是本队的。

其实，道备村的村内婚并不是个案，在集体化时代，平遥地区村内婚比例显示出逐年上升的趋势。这里阐述几点原因：首先，在集体化时代，每个家庭的成员都是生产队的普通社员，没有地位高低之别，家庭之间的财富差距缩小，相对容易在村内找到经济条件匹配的结婚对象，村内婚增加与这种环境有很大关系。这一时期，家长也很务实，为了壮大家庭势力，为了在困难时期或遇到不公正待遇时得到帮助，都会滋生村内联姻的强烈愿望，成为村内婚缔结的推动力。此外，对父母来讲，将子女留在身边比嫁往村外更有实际价值。通过村内婚既可达到相互关照的目的，又扩大了村内亲缘网络。最主要的是，在集体化时代这一社会变革环境中，青年男女离开学校后都在一个生产队劳动，有了相互接触的机会，这种劳动的集体性质为男女之间自由恋爱创造了条件。因此，这一时期所出现的村内婚与男女之间交往的方便有密切联系。

基于以上原因，我们可以看出，在集体化时代，婚姻更多的是两个家庭之间的事，甚至以两个男女的交往为基础所建立。家长有了更多不受限制地为子女选择对象的条件。这样，同村结婚才能逐渐增加。

4. “四清”后阶级观念的重提与婚姻的“门当户对”

婚姻始终意味着具有同样社会地位和经济地位男女的结合。在家长高度包办婚姻时代尤其如此。尽管集体化时代，男女自由结合受到鼓励，但主流婚姻仍在当事男女家庭的社会和经济地位一致或相近框架内进行。

土改前，“门当户对”作为一条古训，不断被人们强调，其本质是对家庭经济状况的强调，即要求双方经济条件一致和相近。这其实是对当事

---

① 访谈时间：2011年8月20日；访谈对象：田银川，72岁，龙属相，曾任A村九队政治队长、民兵连长、林业主任、八队生产队长等职。访谈人：马维强、李保燕。

男女情感不足婚姻的重要弥补。土改后，建立于土地、房屋等财产基础上的家庭贫富差异已降到最低程度，但社会地位的差异却并未消除。与土改相伴随的是每个人、每个家庭被标注的阶级成分。尤其在集体化时期，随着政治运动的开展和不断深入，成分标记越来越突出。这一政治环境下，阶级符号成为识别人们现实社会地位的明显而重要的标志，同时与个人前途联系在一起。因而阶级成分是结婚男女必须要考虑的因素。具体表现就是五六十年代的农村贫下中农出身者一般不会与地富等高成分出身者结婚。这就在一定程度上造成了地富子女婚配的困难。据王成俊和蒋树镰讲：当时，地主王益善的两个儿子结婚都受到了影响。长子娶了地主家的女儿，后来离婚，妻子改嫁，现在还是光棍一条。次子王怀柏，年纪很大了才娶得二婚但精神错乱的妻子，岳父当时正是看准他成分低、年纪大，觉得能担待、没脾气，女儿不会受气，才让两人结婚。总的来说，地、富家子难娶、女难嫁，他们中大多互相通婚。

可见，当时地富子弟婚配困难既不是婚姻资源短缺所造成，也非家庭经济水平低下所限制，而是政治因素将一部分男性排挤出正常的婚姻市场。土改以后的婚姻缔结同土改前建立在财产基础之上的阶级婚姻有所不同。不过，新的婚姻又同阶级意识联系在一起，是“门当户对”观念的新的表现。

伴随着50年代国家颁布的新婚姻法的实施，以及政治身份的划定，独立自主、自由恋爱、男女平等这些新观念通过政治教育、宣传机器、娱乐活动等方式被引进村庄，也给整个五六十年代道备村的民众婚姻行为增添了更多的外部硬性约束。但道备村当地民众在日常生活实践中，又在结构制度的框架中做出选择、制定策略，保留了大量的村庄特色。从土改推行下民众择偶的“既成分又不成分”到婚姻法贯彻后离婚自由的上升；从集体劳动时期村内婚、队内婚比例的上升到干部角色转变下乱搞男女关系特权的凸显；尤其是村内一些不正常婚姻的存在，无一不体现出道备村民众在集体化时代婚姻行为的特色。可以说，集体化时代，道备村民众的婚姻行为既打下了深深的时代烙印，又实践了自己的行为逻辑。

1. 土改推行下择偶的“既成分又不成分”

在政治话语色彩浓重的那个年代，虽然家庭成分在一定程度上影响了男女青年的婚配，但正如道备村村民所说，农村毕竟不像城市和厂矿管理那么严格。在道备村的具体表现就是：成分只在一定程度上对男女婚配产生影响，并不是结婚考虑的关键因素。据蒋树镰[①]说，“当时道备村是既成分又不成分”。成分一词只在政策上有区别，而在劳动中并不区别对待，村里人不想惹人，一样看待。本村划分阶级成分虽然很大程度上限制了地、富分子本人及子女的升学、参军和婚嫁，但也有成分不好结了婚而成分虽好却打光棍的人。也就是说，道备村当时的婚嫁还是比较实际的。成分不好，有能力的较好嫁，这类型的主要是嫁给城里的工人。而不务正业的那些人，虽然成分好，打光棍的也大有人在，目前，该村还有十余个仍未成家的光棍。

对于那些想要谋求仕途的人来说，他们找对象时的政治标准就要更高。60 年代初，王秀瑞[②]与出身不好的妻子结婚后就受到了影响。两人经正常程序办理了结婚登记并领取结婚证，在举行婚礼的前两天，突然被告知因成分不合法，不能办喜宴并没收结婚证，但因通知了亲友，准备了酒席，村里的包队干部冀文华就让他们只拜天地，不入洞房。本来，村里要提拔王秀瑞当干部的，但因为他跟地主家女儿结了婚，不仅没提拔，连会计也不让当了，这事当时在全乡都闹得沸沸扬扬。

不过，不同成分的两人结婚，对成分不好的那一方的社会地位和处境还是有所影响的。在上述王秀瑞的事件中，妻子家本是地主成分，但妻子嫁过来后，在四清“地改”中改成中农成分，全家只有她一个人改了成分。

2. 婚姻法的宣传与离婚自由的上升

王守勤和王业兴老人回忆了 1950 年贯彻婚姻法的情况：当时区上的人在道备驻扎，写标语，宣传婚姻法，内容有“十八岁才能结婚”等。他们还说当时村里的政策导向是“无条件离婚”，只要女方提出离婚要求，男方必须无条件答应。这一政策的出台使一些童养媳出走了，一些原

---

① 访谈时间：2010 年 7 月。访谈对象：蒋树镰，74 岁，牛属相，1957 年担任 A 村团支书兼突击队队长管科研队，1960 年当副支书管政工，1967 年担任革委会主任，1969 年出任村长。

② 访谈时间：2010 年 10 月 29 日。访谈对象：王秀瑞，现年 69 岁，党员，退休教师。访谈人：李保燕。

来不正当的去领离婚证了。村里有个叫改英的女孩，由父母包办婚姻嫁给哑巴，婚姻法贯彻后女方提出离婚，便离了。大家也共同提起了一个例子：村里有两个女孩都叫水玲，因为父母吸大烟便把她们卖作童养媳，嫁到川五兄弟家。川五兄弟大概 30 多岁，其中一个脑子还有点毛病。在婚姻法颁布后，两个水玲提出离婚，后来分别改嫁同村的郭振亮和田宝玉。

蒋树镰也提到，村里当时的离婚案例较少，主要是买卖、包办婚姻的闹腾。离婚原因主要是成分不好、生活困难和买卖婚姻等，也有男打女的情况，如果恶劣不改，则把男方捆起扣押。遇到闹离婚的，村里主要是进行调解，一般不支持离婚。常言道：人不得全瓜不得圆，走一次不如守一次，不能一错就离婚。调解分为两种，一种是村委直接给当事人和家人做工作，根据政策条例，解释清其中的利害关系，并让两家人发发牢骚、发发脾气，讲讲自身的困难，本人承认错误决定改正即可。如果碰上强硬离婚的，那就采取第二种方法，即召集群众评论是否离婚。问清事实，谁错谁做检查，并且要本人承认错误，回去劳动，大队帮助改正，在限定时间内（一般为一两个月）不改，则开介绍信同意离婚。蒋常说一句话：一片好心肠，方法不对是枉然。他说当时村委一直实事求是，跟当事人讲清利害关系，调解很有成效，一般在两三天内事情就平息了。

根据当时国家的政策：提高妇女地位、男女平等。此外婚姻法也规定：买卖婚姻无条件离婚。经国家同意、群众同意、双方同意的立即离婚。若有一方不同意，则要群众代表评论。不过，王琥[①]说如果觉得两人实在过不下去，也会同意离婚。说到此，他谈到村里田林茂两兄弟的情况：俩兄弟都离了婚至今未娶，原因是他们的母亲。他们的母亲从不与村里人打交道，而俩兄弟又是出了名的大孝子，太听母亲的话。当时，田林茂娶了两个媳妇都离婚了，其中一个当时已经怀孕了，母亲又让离婚，王琥觉得实在维持不住了，让女方走了也好，但当时女方已经快生产了，王琥便让田家给女方二百块钱，才开具了介绍信，到了乡上办理的时候，乡

① 访谈时间：2010 年 10 月。访谈对象：王琥，83 岁，兔属相，曾担任 A 村团支部书记、副村长，农业社副支部书记，1954 年入党，58 年出任营长带领群众大炼钢铁，同年受处分，开除党籍。1978 年平反，恢复党籍。“四清”后，担任村里十几年的调解员。在 1988—1992 年当了四年书记。

秘书觉得这家人过分，又让加了二百块钱，这样两人正式离婚，女方改嫁了。

当时，贯彻《婚姻法》的指示中这样写道：对于大量的既成的包办买卖婚姻及因婚姻不自由而造成的家庭不和睦现象，基本上应采取批评教育、提高觉悟、改善与巩固夫妇关系的办法；对极少数严重违反婚姻法，夫妇关系十分恶劣，确实无法继续维持的，应该准许离婚，但必须经过认真的调解说服工作，以取得广大群众的同情；对于一般干涉婚姻自由和违反婚姻法行为但未造成严重恶果的干部或群众，经过深刻地揭发、批判和教育，只要他决心改正错误，不再予以处分。

3. 干部角色转变下乱搞男女关系特权的凸显

王孝仁以前没结婚，“四清”当政后，与有夫之妇乱来，进行挑拨离间。女方是宁固人，当时已经嫁给道备村的王孝，还生了两个女儿。据王琥说，当时女方还没离婚，就已经和王孝仁乱来，他们两人的儿子还是生在王孝家。当时王孝仁职权大，虽然群众不满他的行为，但人们都惹不起，也管不住，加上王孝仁任书记，和乡法庭有关系，所以，女方和前夫离婚时，就没经过村里，直接到洪善人民法庭办理的手续，顺便就在那里登记结婚了。嫁给王孝仁后，又生了几个儿女。不过，女方与前夫生的两个女儿，虽然都跟了爸爸，但都受到王孝仁的照顾，最后，大女儿被安排在中诚县缝纫社当临时工，二女儿因为王的关系，先是在村里当民办教师，后转正成正式教员。

集体组织被赋予监督和检查婚姻法执行的权力，尤其是调解员这一角色在村庄婚姻纠纷中所起的至关重要的作用被凸显出来。这样就形成了制度和组织的紧密结合，民众的婚姻行为受到较高程度的控制。当然，这种基层约束环境在不同地区之间是有区别的，因而效果也会有所不同。不过，在村庄实践中，这也体现出一种特权。

伴随着50年代的新婚姻法的实施，道备村村民的婚姻行为追随了全国的大趋势：法定年龄的婚姻登记制度取代了村庄里的童养媳等早婚现象；年轻人在择偶中的独立自主代替了传统时代的父母之命、媒妁之言；而集体化时期家庭之间财富差距缩小这一特殊环境又在很大程度上促成村内婚比例的上升；随着政治运动的开展和不断深入，成分标记得越来越突出，道备村的“门当户对”在非经济基础层面上再一次凸显出来。这一系列变化无一不体现着社会变革这一大背景在村庄日常生活的影响，从这一层面讲，道备村在集体化时代与国家大政策是上行下放。

二 出轨：村庄里的非婚关系

如果说在城市和干部那里主要是通过正面树立楷模来为人们示范的话，那么，在普通农民那里就更多是通过惩罚机制来规制约束。因为绝大多数普通农民尽管并不奢望上升，但他们至少不愿意坠落到更糟糕的生活中去。就此，1949 年后在村落展现出来的惩罚机制，所发挥的绝不仅仅是社会控制的功用，还有规训和再造新人的作用。

如果说对新人的塑造在城市和干部那里主要是通过周期化的政治运动和常规化的单位制度来推进的话，那么，在农村，这种塑造之力更多是发散在日常生活中，在饮食男女、婚姻生育这些基本的本能缠绕在一起的。

如果说在城市和干部那里对新人的塑造主要是通过“灵魂深处闹革命”“狠斗私字一闪念”来完成的话，那么，在农村及普通村民那里，就更多是通过身体的遭遇来触动灵魂。

村民的身体绝不是被动地顺应国家的要求，它可以某种抗拒或扭曲来回应国家的要求。因此，与其说关心的是国家对村民进行塑造的要求，不如说关心的是这种要求在村民日常生活中激起的种种波澜。国家政治生活的逻辑与村庄日常生活的逻辑交汇的历史，展示了社会主义新人的塑造史与生活史。因此本文采用的是所谓的“延伸个案分析方法”。这一方法从一开始就是强调对社会过程和社会情景的研究，也就是说，分析的重点并不在案件本身，而在于分析案件所产生的社会脉络或情景，案件产生和平息的整个社会过程及多种可能性，案件平息的社会后果以及这些案件的相互关联。

尽管中国不存在西方近代社会那样的宗教审判档案，但每当村庄有重大案件发生时，总会有专门的工作组进驻村庄，因此会留下详细的审讯笔录或调查材料。这些材料是为最后的审判或惩罚而准备的，因此，它们本身带着浓厚的权力色彩。调查者从当事人或旁证者那里所获知的材料的真实性在某种程度上是要受到权力关系的影响的。然而，只要调查有相当的范围、深度和时间跨度，这类性质的材料仍可以作为学术研究的对象。因为，这种材料固然不可能完全与“事实”相合，但也不可能被编织成一个逻辑圆满的“谎言”，[①] 而是在展开一些基本事实时充满了种种缝隙、空白或矛盾。我们的叙事和研究正是在这些缝隙、空白或矛盾之处展开的，也正是在这些地方，村庄日常生活的帷幔在某种程度上被掀开了，权力关系开始展现出来，我们也因此可以尝试去触摸那些“无名者的生活”。[②]

1. 村庄里的“不轨”行为

在乡村，婚外恋的产生很多是源于封建礼教的束缚。封建婚姻的不自由，易致夫妇感情不和，特别是“小女婿”“老少配”，双方年龄相差很多，男女各自找相好的也就屡见不鲜了。不过，有婚外性关系者多为已婚妇女或寡妇，姑娘较少，偶尔有之，社会舆论谴责甚严，往往影响其以后嫁娶。

在2011年8月的田野访谈[③]中，我们得知：道备村当时的男女关系也比较乱，全村出了名好“乱串门子”[④] 的就有好几个。田银川列举了几个较典型的例子：

改花，家住头道街，是二队的普通社员，贫农成分，长相一般，表面看上去文文弱弱，在50年代已经成家，丈夫忠厚老实，没本事，身体不好，两人没有孩子，后领养了一个儿子。田银川说自己记事以来改花作风就不好，一直在村里乱搞，相好的人也不止三五个。村里人大都看不顺眼她，觉得她影响不好。但又没有犯法，村里人也都默认了，她丈夫没本事，也可以理解。这些相好的人中有结了婚的也有单身汉。

在访谈中，田银川还谈到村里有个邓启，是外迁入道备村的人，人送绰号“生铁”。集体化时代，因偷别人坟上的柳树，被人打断了腿，成了残废。但他的妻子特别厉害，人送绰号“铁推车”，在邓启残废以前就跟

---

① 这里研究的案例都是事出有因、查有实据的案例，并且都是发生在村庄层面的小人物的案例，因此，可以排除材料全系编造的可能。

② ［法］福柯：《无名者的生活》，李猛译，《国外社会学》2001年第4期，第56—65页。

③ 访谈时间：2011年8月20日；访谈对象：田银川，72岁，龙属相，曾任A村九队政治队长、民兵连长、林业主任、八队生产队长等职。

④ 在2011年8月的口述访谈中，田银川说道，在村里，人们称乱搞男女关系为“串门子”。为了保护当事人隐私，本节所涉人名均为化名。

村里20多个人乱搞男女关系。

其实，在清代的司法中，所谓“犯奸”包括三层含义：(1)男女之间的性关系；(2)合法婚姻关系范畴之外的性关系；(3)外来男性对另一个男性家族关系的威胁——由此可以引申为对整个家族关系为基石的社会秩序的威胁。[①] 前两层含义比较好理解；第三层含义是最为重要的一条。这里法律没有将妇女视为具有独立行为能力和独立社会地位的主体，而是将她们置于男性社会框架下、从妇女对男性社会的义务和责任的角度理解涉及妇女的各种刑事案件。在这种法律原则下，强奸或诱拐一个作为妻子的女人，受损害的并不是妇女自身的人身权利，而是丈夫对妻子的性的专有；同样如果强奸或诱拐一个尚未出嫁的女子，受损害的是父亲家庭的完整，所以在清代的法律中，诱拐是放在“贼盗律”下进行审理的。

而在田银川的叙述中，我们注意到村里人对改花的婚外情作风用了一个词——“理解”。事实上，乡村中的婚外情一般属于道德范畴上的不正当。一般来说，在传统思想观念中，这种乱搞男女关系的现象发生以后，侵犯了丈夫对妻子的专有权，会在很大程度上伤害丈夫的自尊。但在村里这些妇女都没有挥霍奢侈的条件，她们的生活和一般农村妇女一样是勤俭、质朴和贫穷的，专以享乐而性乱的妇女是极个别的，这大概就是村民原谅她们的理由。在一般农民的观念中，认为只要不公开来往，这是合理的事，若事情被公开揭发，则多责备女方。

在农村，绝大多数男女交际都起源于最简单的邻里往来，也就是邻里之间的串门。串门不需要提前预约，邻居可以随时来到，闲坐时间或长或短，聊天的话题可大可小，甚至有时候在一处串门可以遇见朋友的朋友、亲戚的亲戚，有的人时常通过串门排解心中愁闷，对于众多生活在封闭庭院中没有职业的家庭妇女，串门更是最简单的娱乐活动。当然，这种串门也给人们的结识提供了许多便利。

当然，这种婚外恋情不仅影响家庭和睦和社会秩序安定，而且妨碍经

① *Sommer*, *Sex*, *Law*, *and Society in Late Imperial China*, p. 35.

济生产与斗争意志。上文提到的改花先是与刘佩生相好（刘佩生[1]，普通社员，在村务农，性格活络，不过在村里人缘一般），期间又与单身汉活生日来往，致使两人因改花大打出手，这件事很快便在村里传得沸沸扬扬。此外，改花还和九队的范家友相好，范家友在村里是出了名的爱串门子，范的妻子也清楚，但经过三番五次的忍耐后，终究还是气不过，去侯郭村村口跳了井，后被人发现救上来了。二队的王建国，30 多岁，已经有四五个孩子，也与改花有染，因为这件事，妻子与王建国经常吵架，吵得厉害了，调解员就给调解一下，大队一般不干预。和改花相好的这些人，一般都在女方家待着，改花的丈夫也管不住，时间长了干脆就不管了。

鉴于婚外关系造成的诸多问题，“反淫风”就成为改革婚姻陋俗的重点，在村里“反淫风”主要采取思想教育和动员她们参加生产的方法，改造生活不严肃的人。“反淫风要从积极的教育方面入手，好妇女应参加生产不干不光荣的事情。愿意讨小便宜的，也动员她们参加生产，方式上尽量少开斗争会，可以用典型突破的方式，逐渐影响其他人。”例如，档案中宋洁[2]被定性为乱搞男女关系，经过大队教育，其进行了深刻的自我批评。她这样写道：

> 我的行为害了我们现在新生青年，给我们的后来人带来了不良传统，影响了我们的抓革命、促生产，把村里刮起了一阵不正之风……如果以后，我再做这种没趣的事情，我连一天都不活，连人都不见，我怎能对得起我们大队的社员，怎能对得起我们一家大小。我这是向大队的广大群众作出的保证，以实际行动来开辟一条新路。

这种方式既纠正了不良社会风气，又解决了问题，收到一举两得

---

① 山西大学中国社会史研究中心藏：《山西省平遥县 A 村档案——刘佩生个人档案》284－64，资料收集：郝平；资料整理：张永平、李保燕、郝丽娟、高维娜。

② 山西大学中国社会史研究中心藏：《山西省平遥县 A 村档案——宋洁个人档案》260－40，资料收集：郝平；资料整理：张永平、李保燕、郝丽娟、高维娜。

之效。

其实，在道备村一系列的个人档案中，出现频率最高的词是自我检查、自我交代、证明材料。通过对这些档案不同历史时期、不同类型的身体案件的勾勒，我们可以看到一部权力与身体的纠缠史，一部权力对日常生活的“入侵”史，一部两性关系如何与德治政体、与大众动员结合在一起的历史，一部在国家与乡村社会复杂的互动中，如何不断在确认并惩罚“坏分子”的同时，努力去塑造“新人”的历史。

当然，我们也可以看到国家在向下渗透权力时所贯穿的特定的政治原则——德治原则。其中，我们既可以看到将德治原则和常规治理技术统合在一起的国家权力的运转逻辑，又可以看到村民的生活方式、斗争策略与这种逻辑既分又合的复杂关系。

2. 个人与乡村人际网：私怨斗争下的牺牲品

在20世纪50年代初期，国家颁布婚姻法初期，道备村有两个人因为通奸或是乱搞男女关系而被劳改，一个是王继茂①——1955年2月到1956年8月因通奸被捕；另一个是贾学典控诉李马日一案。下面是当时贾学典写的控诉书和贾学典所在单位阳泉三矿致道备管理区要求协助办理贾学典一案的材料：

控诉书

上告李马日挑拨离婚一案……李马日一贯流氓腐化，不务正业，无所不作，挑拨离间，屡教不改，做事非常恶劣，希领导加重处理并详细调查李马日罪恶事实……我的要求现将李马日、田香梅一律处理，因为手段恶劣，罪恶严重，屡教不改，害得一家分散，感情破裂。希我公安机关对这些人应当加重处理，并保障我的经济、物资、人身安全，我的假期已到，希领导赶快处理，以免影响我的工作。

特此控诉

控诉人：贾学典

1960年11月10日

---

① 山西大学中国社会史研究中心藏：《山西省平遥县A村档案——王继茂个人档案》302—82，资料收集：郝平；资料整理：张永平、李保燕、郝丽娟、高维娜。

平遥洪善公社道备管理区负责同志：

兹有我坑工人贾学典同志之爱人，因夫妇感情不和，将学典同志全部衣物盗走，希帮助该同志解决一下，以防该同志思想不安，影响工作。

希协助处理事情

阳泉三矿四坑

对贾学典来说，一直想狠狠地教训一下李马日，挽回他在村里丢掉的尊严和面子，以及自己的财物。对村委会来说，刚开始并不一定非要对李马日治罪，然而，当贾学典所在单位也一再要求村里协助解决贾氏夫妇感情问题，村委会才予以重视，情况调查属实后，李马日被送到劳教所待了3年左右。

从这里，我们可以看出一点，在集体化时期，国家对犯罪分子的惩罚具有高度的弥散性和不确定性，对直接侵害民众利益的行为的“基础性惩罚”与直接针对统治阶级的政治意志或统治利益的犯罪的“专断性惩罚”总是混同在一起，一切刑事犯罪往往要从反革命思想和非无产阶级思想里寻找根源、罪行与错误、行为与思想常常一并成为法律惩罚的对象。①

因此，当国家的查证权力在村庄有人“犯事”的时候以工作组的形式进入村庄后，它并不会仅仅就事论事，寻找刑法意义上的证据，而是要变成对村庄日常生活的一次审查，对被查者平日的思想、行为和言论的全面审查，尤其是对反革命言行的搜寻和治理。在村民看来，这种全面审查就叫作“整”。既然上面决定了要“整”一个人，那么，所有的邻居都有见证的义务，都得揭发足以暴露此人反动思想的所有言论，而犯罪分子本人在工作组的政策攻心下也不得不做全面的思想交代。方慧容总结了“权力式的调查研究”的四个基本特点，即被调查者的“真诚”总处于被

---

① 《刑法》在1979年前一直未予立法，而与之构成鲜明对照的是，国家惩罚反革命分子的法规不仅出台甚早，而且异常发达。国家在1951年就颁布了《中华人民共和国惩治反革命条例》，以后又不断对之进行补充，在“文化大革命”时期更颁布了著名的“公安六条”（中共中央、国务院1967年1月13日下发的《关于在无产阶级“文化大革命”中加强公安工作的若干规定》的简称）。

考证中；调查行为对被调查者的生活有决定性的影响；调查研究的好坏同对调查者的思想鉴定与改造联系在一起；被调查者之间有利益和见证关系。[①] 这种权力式的调查研究是国家在土地改革中发明的向乡村渗透权力的方式，以后就成为国家进入乡村的制度化方式，成为国家对整个村庄进行一场思想教育的机会。通过调查和揭发，可以分清“是非”与“曲直”，发挥团结教育、追根溯源、警示他人的作用，从而实现把“坏事变好事”、重塑村庄道德的目的。结果，村里在“整”李马日的时候，就有了如下收获。[②]

控诉书

盗窃流氓分子李马日，年31岁，男，成分中农，该在村一贯不务正业，搞男女关系，挑拨有夫之妻，使夫妇不睦，经常大闹离婚……深深地引起群众的愤怒。在这样浪费腐化下，就已引起保卫人员怀疑，在一再的调查后，我保卫人员即发现该家放的新玉茭穗两麻袋……

1960年10月30日

证明材料

李马日，男，年30岁，成分中农出身，务农……至58年秋收后，在队里领了麻袋5只，用完未有交社，至59年秋收后跑到太原当了泥水工，又40余天就回来，至60年夏收中在西场内乘机偷了小麦7次……

在群众的揭发中，已经探到了李马日犯罪的思想根源。当时，李马日的个人档案中被简单定为偷盗、第三者，但在当时婚姻法颁布一夫一妻制和人民公社废除私有，一切归公的前提下，李马日案件的性质就全变了，转变为破坏婚姻法，走资本主义道路，挖社会主义墙脚的恶劣地步，甚至追溯到他曾当过阎匪士兵，一贯流氓成性。

我们首先感兴趣的是，社员之间的那种“凝视”到底是从哪里来的？对传统村庄而言，由于流动性极低，个人的生产与日常生活完全被束缚在

① 方慧容：《“无事件境”与生活世界中的“真实”》，第529—530页。

② 山西大学中国社会史研究中心藏：《山西省平遥县A村档案——李马日个人档案》243—23，资料收集：郝平；资料整理：张永平、李保燕、郝丽娟、高维娜。

一个没有陌生人的世界里。同一个村庄的农民彼此关系如果不亲密，至少也是紧密的。村落世界是一个很少有私生活的地方，彼此的熟悉度很高，相互的攀比也就很普遍。不过，人民公社制度给乡土传统的这种彼此凝视增添了新的东西。公社不仅把农民之间的这种彼此凝视从自发状态变成了自觉状态，把这种凝视与德治标准的贯通紧连在一起，而且使那种以往常常是无声的凝视变成了发声的凝视。在农民私下给干部的揭发材料中，在人民公社举行的诉苦会和批斗会中，农民或者用手和笔，或者用眼睛和嘴巴，把以往默默在心中念叨着的每个村民对他的恩怨簿，变成了向干部展示或在公社公开的、符合德治标准的清算单。

那么，到底为什么有那么多与这起婚姻纠纷无关的人热心于揭李马日的短呢？是乡间传统道德对乱搞男女关系的不容使然吗？其实，在中国乡村传统中，婚姻的高度稳定与通奸时有发生是乡间日常生活中相互补充的两个方面。一方面，人们的婚姻基础是物质化、包办性的，是以传宗接代为中心的；另一方面，人们又在婚外追求性或感情等方面的满足。中国文化的大传统对两性关系非常刻板的清规戒律在村落的小传统中实际上变得相当具有弹性。① 王跃生的研究也表明，至少在清代中期社会中下层民众中，男女交往并未按道德传统的要求并禁锢在一个固定的模式中；相反，在一定程度上表现出交往的随意、松弛，甚至自由的特征。男女交往约束的松弛为婚外性行为的发生创造了条件，也带来了诸多的冲突。② 在清代汇编的《刑案汇览》中，传统中国人最常见的犯罪是“杀死奸夫”，这也从一个侧面表明了通奸行为在乡土中国的普遍性。

这一说法，在2011年8月的田野访谈中，道备村村民田银川也做了佐证。③ 田银川谈到，村里水塔西面的东庄上，集体时候有四五十户人家，大家每天一块劳动，乱搞的很多，到90年代，这里号称“小香港”。他还谈到，平时他们在地里劳动闲聊时，也要开玩笑说这些事，当时人们

---

① 参见秦晖、苏文《田园诗与狂想曲》，中央编译出版社1998年版。

② 参见王跃生《清代中期婚姻冲突透析》，社会科学文献出版社2003年版。

③ 访谈时间：2011年8月20日；访谈对象：田银川，72岁，龙属相，曾任A村九队政治队长、民兵连长、林业主任、八队生产队长等职。

都不隐瞒，村里觉得很正常。“文化大革命”时，也不批斗“破鞋”。

虽然作风不好这种事人们都觉得不对，但又不犯法，大队也不管，人们就没法评论对错。村里因为乱搞闹离婚的也不多，一般都是口头上吵架闹离婚，调解一下不久就没事了。

那么，既然不是乡间传统道德的不容，剩下的就是日常生活中结下的私怨，或者说更主要的是自土改以来村庄反反复复政治斗争形成的关系网络。我们知道，人民公社制度下存在一定的庇护主义关系网络，这种网络基于社员与领导的不同关系，在社员之间造成积极分子与非积极分子的分裂。在一个德治性的再分配体制中，政治觉悟是资源分配的标准。但由于政治觉悟标准的模糊性，势必使群众对党的忠诚度和政治觉悟度要体现在与领导的个人关系上。在对李马日的检举材料中，第一份是当时的村级领导王孝仁和蒋树镰写的，之后是当时村里各个活跃分子写的，内容如出一辙，高度一致。如果说人民公社的日常治理枯燥乏味，那么，关系网络政治就成了这种日常治理的润滑剂和调节剂。李马日也可以说是当时政治的牺牲品——判刑劳教三年。

事情到这里似乎也就结束了，但李马日以后的生活却因祸得福。据田银川的口述资料，李马日刑满后留在劳教厂成为正式工人，回来后又和有夫之妇水玲相好，水玲为了套住他的财产还过继给他一个儿子。不仅如此，因为深知李马日好“串门子”，当年，每当李马日休假回村小住，水玲就跟在他身后，怕他乱搞。这些事，水玲的丈夫也清楚，但她丈夫是个老实人，管不住，后来也就不管了。年纪大了以后，水玲也管不住李马日了，李马日又重新找上别人，人们说李马日“一人串了三辈辈”，先是和一家的婆婆相好，婆婆过世后，又和这家的媳妇和孙媳妇相好，关系比较复杂。虽然爱“串门子”，但李马日退休回村后，省吃俭用，一直没结婚，过世后，他的五间房子都归了水玲过继给他的儿子。可见，村里人对此还是习以为常了，李马日也并未经过劳教就一改以前的陋习，反而愈演愈烈。

显然，这种新德治的抓典型并未起到非常理想的效果，但这不失为国家治理村庄秩序的一种有效手段，至少在一段时间内、一定程度上给予这些所谓“不法分子”一定的打击。

3. 个人与国家："一打三反"时期的"流氓"分子

与李马日乱搞男女关系事件的处理方式不同，在"一打三反"的大背景下，村里又一个乱搞男女关系的典型出现了，他就是王在全。

王在全，男，贫农出身，在村聚众赌博，是个刑满释放分子。在1970年的"一打三反"档案中被定性为赌博、盗窃、乱搞男女关系。① 在他的档案中，除了自己在毛泽东思想学习班中学习后的自我交代外，就是一大堆的控诉书，内容大致相仿，都是关于调戏已婚、未婚妇女的。与李马日婚外情属于自愿、通奸、盗走女方家东西不同，在对王在全的控诉书中，大部分是检举其欺压、威吓女方，甚至拿钱引诱，检举材料一律给他定性为流氓成性。其中，田氏五姊妹的控诉书最为典型：

控诉书

愤怒控诉王在全对我们姊妹五个以及对我们家的迫害。我们家是在1961年从太原压缩回来的……自从狗东西王在全经常到我家逼我母亲搞不正当关系后，我们家经常出事。……除此外，还偷我家东西，破坏我家名誉，混淆是非黑白。害得我父亲多次劝我母亲离婚……害得我们家妻离子散，狗东西对我们家的迫害一言难尽，给我们全家带来了极大的痛苦。我们五姊妹要控诉、要申冤、要斗争，要化悲痛为力量，要与这屡教不改的狗东西王在全斗争到底。要与他违法乱纪，破坏社会秩序，破坏婚姻法，与党和政府一贯对抗，一贯反毛主席的革命路线的狡猾的死不要脸的王在全斗争到底……我们相信党和政府是关心我们的，我们再次向平遥县公检法军管组提出要求，要求将一贯与党的政策对抗的王在全依法惩办，以至给予判处死刑，除人民之恨。

田文玲、田彩玲、田霞玲、田宏伟、田春伟

1969 年 9 月 16 日

从这则检举材料中可以看到：首先，与村里人一直默认的"串门子"不同，田氏姊妹的父亲并不在家，不是管不住自己的妻子，而妻子也非出

① 山西大学中国社会史研究中心藏：《山西省平遥县 A 村档案——王在全个人档案》393—5，资料收集：郝平；资料整理：张永平、李保燕、郝丽娟、高维娜。

于自愿，反而经常被威逼恐吓，这并不属于正常范围的婚外情；其次，虽然妻子和家人都是受害人，但丈夫仍然接受不了这种丢脸的事，三番五次跟妻子提出离婚，过年过节也不回家，村民虽然对其家庭遭遇表示同情，但也不会强出头，至多给拉一下架。材料中值得注意的是邻居恐吓王在全快走，要不就告到大队，王才假惺惺道歉逃走，可见当时的村庄政治还是给个人造成一定压力；最后，就是田氏五姊妹对王在全一系列的控诉，对其行为扣下的高帽——与党和政府一贯对抗，反党反政府这应该是当时最恶劣的罪行了。虽然王在全的种种作为并未达到判死刑的地步，但田氏五姊妹要求将“一贯与党的政策对抗”的王在全依法惩办，判处死刑，在她们的心中似乎又有很大的合理性。此时，正是国家轰轰烈烈执行“一打三反”的阶段，也正是毛泽东宣传队和毛泽东思想学习班在村里搞得最火热的时候，那么，国家对王在全进行法律制裁也算是上有政策依据，下有群众呼声。

除这则典型检举材料外，在王在全的档案中还有梁晋梅等几个妇女对王在全的控诉，都是被其调戏、骚扰过的。也就是说，揭发王在全的是一帮特定的人群——受害妇女。1950 年颁布的《婚姻法》赋予了妇女史无前例的平等地位，其影响堪与《土改法》使贫雇农翻身得到解放的意义相当。当然，两性平等的原则并不是绝对的。但《婚姻法》在总体上所贯穿的平等精神、权利意识和斗争观念已经渗透进乡村的日常生活中，深入妇女的思想。

20 世纪 50 年代在新中国婚姻制度上经历过两次激烈的政策转变。第一次转变是 20 世纪 50 年代初，国家通过第一部《婚姻法》极大程度上解放了妇女，史无前例地贯彻了结婚自由和离婚自由的原则。第二次转变是 20 世纪 50 年代中后期，由于废除封建婚姻的历史任务基本完成，更基于国家对社会秩序安定的考虑，离婚自由在现实中受到了极大的限制，国家重新开始强调家庭的稳定。在整个集体化时期，国家在婚姻家庭事务的实际治理中是以稳定为中心的。由此可以看到，国家试图把婚姻和家庭纳入常规化的治理轨道中，使婚姻制度服务于社会秩序稳定的目标，而祛除当初那种激进的革命色彩。20 世纪 50 年代中后期婚姻策略的转变和乡村婚姻强大的传统影响，这两者的共同作用使通奸行为在乡村仍相当普遍存在着。然而，妇女解放作为一个政治原则依然得到了确认。既要维护家庭的稳定，又要高扬个性的解放，这两个不同方面的同时着力，又使得上述材料中的中国新女性显示出既不同于西方独立女性，也不同于中国传统驯顺女性的特点。

4. “靠山”：权力与身份影响下的婚姻选择

当然，上述两则典型案例中，我们并未直接看到阶级身份或者当权者权力阴影在男女关系上的表现，那么，以下这两则材料可能会见证阶级身份或权力对于婚外情的影响。

上面提到过关于宋洁的材料，宋洁，地主出身，成分高，嫁给贫农，男大女十几岁。宋在自我检查中写道：“我与三儿乱搞男女关系，起初，我俩爱开玩笑，三儿说我俩实在是对劲，后来就老‘串门子’，发生关系期间，我没有反对过他，也没有发表什么意见，说明自己是内奸，走资本主义小资道路。”

虽然，在他们的关系中，宋没有发表什么意见，但他们平时开的玩笑已经为其发生关系做好了铺垫。互相开玩笑，实际上也算乡村男女调情的一种基本方式。从宋的实际情况来考虑，她作为地主子女，在阶级界限十分鲜明的新时代面临着巨大的压力。她选择嫁给一个大自己十几岁的贫农，这就使她可以用自己夫家的贫农成分去稀释娘家的地主成分。不过，仅仅是婚姻还不足以使她甩掉出身这个压得人喘不过气来的十字架。乱搞男女关系，与其说是其生活作风上的问题，莫如说是她在政治上用以自保、经济上获取好处的重要策略。

再看田银川口中关于王孝仁乱搞男女关系的材料：当时，女方已经嫁给王孝（王孝这个人性格太固执，没法生活，村里人常说这人“不普通”)，并生育儿女，后来离婚改嫁王孝仁。王孝仁挺照顾妻子跟前夫生的孩子，帮着儿女结了婚，有权时和妻子的儿女来往得多，现在权少了，儿女也不经常来了。

这段材料展现了革命一旦成功，权力一旦在手，个别人就认为可以拥有在身体占有上的某种优势或特权；而遗留在家庭内部的、丈夫对妻子的特权与之相较只能是蚍蜉撼树。受害人虽然察觉妻子的情况，但却无能为力。权力尽管在对身体的占有过程中并没有显出它的青面獠牙，但普通村民仍感到它存在某种难以抵抗的对身体的特权。

王孝的妻子也在这层暧昧关系里找到了最大的靠山，为了使这个靠山能长久地发挥作用，她决定跟前夫王孝离婚再嫁，这在一定程度上也体现了普通村民对于某些当权者的人身依附。

从道备村乱搞男女关系的个案中，我们看到国家严打期间，李马日与王在全的劳教，他们也可以说是国家政策的牺牲品。那么，在这些案例中，为什么判刑的全是男性，没有女性呢？

从这里我们可以清楚地看到，乡村的惩罚机制既是在不断确认和巩固已有的权力安排和社会秩序，更是在发挥教育农民、从德性上改造农民的作用。比如：在宋洁撰的检查中，我们看到只要知错悔改，乡村社会还是愿意给予机会的。

三 结语

从村庄婚姻的常态变迁来看，伴随着20世纪50年代国家颁布的新婚姻法的实施，以及政治身份的划定，独立自主、自由恋爱、男女平等这些新观念通过政治教育、宣传机器、娱乐活动等方式被引进村庄，也给整个五六十年代民众的婚姻行为增添了更多的外部硬性约束。

从社会趋势上看，这一时期的变革，进步意义在于，婚姻和家庭行为中的平等意识和个人发展权利受到鼓励。相对来说，在社会变革之中，婚姻行为受到新制度更为直接的影响，婚姻年龄由家长约定变为政府性的外部硬性约束；而家庭类型和规模等所发生的变动则表现为制度的间接作用，即政府并未通过政策调整家庭类型，但制度变革触动了传统家庭的存在基础，引发其发生变化。

在这里，我们还可以看出，集体化时期，政府对婚姻和家庭行为的干预分为主观和客观两种：所谓主观干预为政府直接介入，如实行婚姻登记，否定家长的主婚权等。客观干预是指，集体化时代实行的一些政策措施原本并非针对婚姻和家庭行为，却在客观上对其产生了影响。如土地等财产的集体所有，共同生产目的并非要削弱家庭成员关系，旨在防止两极分化，但对家庭结构变动却产生了深远影响。此外对家庭成员平等意识观念的灌输，也是对家长权威的客观限制。

不过，当地民众在日常生活实践中，又在结构制度的框架中做出选择、制定策略，保留了大量的村庄特色，完美地诠释着“上有政策，下有对策”这一理论。在那个政治话语、阶级标签无处不在的社会文化氛围中，道备村村民在择偶中理性地选择既成分又不成分这一路径；在新婚姻法颁布之后，村里人更强调离婚自由而非婚姻自主，这些无一不体现出道备村民众在集体化时代婚姻行为的特色：理性。可以说，集体化时代，道备村民众的婚姻行为既打下了深深的时代烙印，又实践了自己的行为逻辑。从村庄恋爱与婚姻自由的例子中我们仍然可以看出，国家用对社会主义集体的忠诚来取代了对家庭的忠诚，用集体主义来取代了家庭至上，但国家并不见得有意要将农民改造成为独立的个人。农村青年新获得的力量在很大程度上是来自自上而下的影响，包括集体化、新婚姻法、国家政策、政治运动等一系列国家行为，而不是来自于各人自发的并为之作出牺牲的自下而上的努力。

如果我们从村庄婚姻的异动这一方面看，也能从身体政治这一视角展现出20世纪下半期中国乡村日常生活的权力实践。这种实践与其说是国家权力向村庄单向地渗透过程，不如说是双向的、多形态的身体政治的实践。然而，这些乡村治理术和对新人的塑造原则并不是简单地自上而下被运用到村庄中的。实际上，同样是比照国家的治理和塑造要求，什么样的案子不成其为案子，什么样的案子被“整”成了案子，什么样的案子本属刑事案，却要以政治案来处理，什么样的案子本属政治案，却要以道德案来处置，这并不全是或主要不是由国家的要求或案情本身决定的，而更多的是由围绕案子及其当事人的关系状态来决定的。在这里，绝不仅仅是国家治理术单方面的深入，也不仅仅是服从塑造新人的权力实践逻辑，同时也是基层官员和村民各种斗争策略的运用。国家的治理术与乡村的斗争策略之间既不是完全对立的关系，也不是完全一致的关系，或者说，在国家权力深入乡村社会的过程中，村民所起到的是带着自己的目的积极参与其间的“同谋”作用。

值得注意的是，就在国家的治理与村民的生存策略、政治斗争与日常生活发生交叉、碰撞、融汇的时候，我们还可以看到一些沉默无语的身体以及无法用理性意义上的策略来衡量的行动。国家想用新德治来解决民众作为道德主体的塑造问题，但我们可以看到这种新德治在实行过程中还是遭遇到了某些困境。新德治之光并没有能够从身体穿透到灵魂深处，而是仅仅烙在了身体的表层。对心灵的冶炼变成了纯粹以身体为主角的仪式化戏剧，高调的宣传、浩大的动员、严密的组织、冷峻的惩罚似乎都无法对抗求生、好色、争权、谋利这些本能。这种史无前例的“去自我”似乎也恰恰消除了个人向善的伦理实践的可能性，反而容易带来普遍的败坏。

集体化时期的农田水利建设

——以平遥县道备村为中心的考察

郝丽娟[①]

水利是农业的命脉。农业的发展取决于众多因素的共同作用，而农田水利建设无疑是其中最为重要的因素之一。山西省受地形地貌和气候环境的影响，形成了“十年九旱”“旱涝交错”的自然特征，故农田水利建设一直是山西省农业发展的头等大事。20世纪50—70年代，国家在农田水利方面投入了大量的人力、物力与财力，并以集体合作方式介入农村的生产生活中，为大规模开展农田水利建设提供了制度保障。平遥县道备村地处太原盆地西南部，是集体化时期重要的粮棉生产基地，全村以开渠凿井、挖建水渠为主要形式的农田水利建设运动处处体现了国家政策在具体村落的实践与得失。

农田水利建设历来是学界研究热点，但时间多集中于1949年前和农村实行税费改革后，而对集体化时期农田水利建设的关注却较少。鉴于此，本文试图对集体化时期平遥县道备村农田水利建设的发展历程及特征进行探讨，从微观视角自下而上地来透视农田水利工作在基层社会的实施和成败，为当今的“三农”建设提供现实指导。

农田水利一词在《辞海》中的诠释为:“为农业生产服务的水利事业。基本任务是通过各项水利技术措施，改造对农业生产不利的自然条

---

① 郝丽娟：山西大学中国社会史研究中心2012届硕士研究生，现任职于吕梁学院。

件，合理充分地利用降雨、地表水和地下水，以调节农田土壤水分状况，提高土壤肥力条件，保证作物稳产高产；调节区域水情，防治洪、涝、旱、碱等自然灾害，保证农业生产全面丰收。主要内容包括农田灌溉和排水、水土保持、盐碱地改良、沼泽地改良、围垦、草原灌溉及治理沙漠等水利措施。”农田水利的概念并不等同于农村水利。张含英指出，水利包括所有关于对水的改造和利用的各项事业，属于一个综合性名词，包含除害和兴利两个互相关联的方面。① 所以农村水利既包括农田灌溉、水产养殖和生活供水等兴利功能，也有防洪、除涝、降渍、治理盐碱等除害减灾功能，不但可以服务于花卉、养鱼、蔬菜、果园等高附加值产业，又起到为农作物排灌确保国家粮食安全的重任，具有较强的基础性和公益性；而农田水利建设通常是指为改善农业生产条件而实施蓄水、引水、输水、配水、提水、灌水、防洪、排涝、降渍等系列工程，所涵盖的内涵小于农村水利，换句话讲，农村水利包含农田水利建设。本文研究的农田水利一词，其概念限定在农田灌溉和排水除碱两方面。

一　农田灌溉

平遥县地处太原盆地西南，历来为农业大县。道备村位于该县西北南政镇，村西北约 3000 米处紧靠汾河，村南约 1000 米紧邻惠济河，东西向有沙河贯穿全村，位于三河交汇处。

集体化时期道备村是典型的粮棉生产基地，现有人口 3243 人，村庄面积 8700 亩，其中耕地面积 6013 亩，机动地 179 亩，村民收入以农业为主，耕地多为水浇地，副业以养奶牛为主导产业。地理位置的优越性决定了其农田灌溉的主要方式为引汾灌溉，但村西南因地势偏高，加之灌溉渠系配套工程的不完善，1962 年以前多引惠济河水灌溉，后来随着农田水利建设的发展，高灌设施的完善，全村农田均靠引汾灌溉为主。

① 参见张含英《中国水利史稿》，水利电力出版社 1979 年版。

1. 引汾灌溉

“悠悠汾河水，两岸地肥美；清清汾河水，两岸山青翠。”① “汾河流水哗啦啦”，这些诗歌精辟地表达了汾河在发展山西农业和保持生态环境中的重要作用及地位。光绪《山西通志》对汾河流域的灌溉做出描述：“夫汾、沁、二漳、滹沱、桑乾，皆晋之巨川也。而食其利者，顾独太原之于汾……大抵霍山以南，患在田高而川下，蓄泄难施；忻、代而北，患在水劲而沙浮，涸溢无定。而受灌溉之益者，恒舍大川而争经流之清泉，及骤涨之浊潦，其为利概可睹矣。”② 可见，汾河流域的灌溉事业历来就很发达，尤其是太原盆地属于汾河的中游地段，为受汾河灌溉最有利之地，道备村即为受益村落之一。

引汾灌溉需要配套完整的灌溉渠系。灌溉渠系由各级灌溉渠道和退水渠道组成，灌溉渠道按其使用寿命分为固定渠道和临时渠道，按控制面积大小和水量分配层次一般把固定渠道分为干渠、支渠、斗渠、农渠四级。农渠以下的小渠道一般为季节性的临时渠道，常被称为毛渠或沟渠。道备村位于汾东灌区，集体化时期全村 7246 亩耕地全部为水浇地，多引汾河水灌溉，灌溉渠系依次为：

汾河二坝→二坝东干渠（10 号闸门）→十六斗渠→道备农渠→沟渠③

汾河二坝处分为西干渠和东干渠，西干渠经文水方向，东干渠从清徐始，经祁县至平遥，10 号闸门设在平遥县西堡村内，东干渠是 50 年代挖建，底宽约 8 米，上宽约 20 米，深约 2 米；十六斗渠是 1957 年由受益的王家庄和道备村村民义务挖建且多次改修而成，灌溉两村农田面积约达 1.24 万多亩，从王家庄始到道备村结束，全长约 8000 米，设有 6 个斗闸，渠底宽约 3 米，上宽约 8 米，深约 2 米；引水入道备农渠时需借水泵提水，道备农渠于 1957—1958 年由道备村村民义务挖建，总长约 1.5 万米，全村共有 15 条，底宽约 1.5 米，深约 1 米，上宽不固定，根据灌溉面积的大小和地形的不同，宽度及深度都有不同的变化；沟渠紧靠农田，

---

① 杨健：《汾河两岸》，《黄河之声》2007 年第 24 期。

② （光绪）《山西通志》卷 66《水利略》，中华书局 1990 年版，第 4691 页。

③ 访谈对象：王贵（化名，以下均为化名，不再注明），1945 年生，道备村村民，访谈时间：2011 年 8 月 20 日。

汾河水由此直接流入农田，底宽约0.5米，深约0.5米，上宽不固定，沟渠虽是在浇灌前由各队社员临时挖修的，但大队规定“沟渠没有做好的小队，一概不给放水浇地”,① 目的是使农田能均匀受水。

而且，合理的灌溉次序也是道备村7246亩耕地均匀受益的前提。图1清晰地展示了道备村耕地以及灌溉渠道的分布，虽然每年灌溉次序都会做出一些细微的调整，但其灌溉原则基本保持不变。因道备村耕地分布呈现出南高北低，西南最高，沙河又东西向横穿的特点，使农田灌溉以沙河为界，先北后南，而沙河以南耕地又呈现出西高东低的特点，则需由西向东，由南向北浇灌，这样顺应地势高低的灌溉顺序，不但可以保证水流顺畅，节约灌溉成本，而且可以防止土壤次生盐碱化。此外农作物的种类也成为制定灌溉次序的参考标准，“民以食为天”，所以首先要保证产量较高的农作物优先灌溉，集体化时期主要以玉米、高粱和谷子为主，而棉花为国家统购产品，往往最后被浇灌甚至直接忽视，严重降低了棉花的产量。故道备村周详的灌溉次序具有一定的合理性，保证了农田灌溉的顺利进行，但也打上了集体化时代的烙印，存在一些不合理的因素。

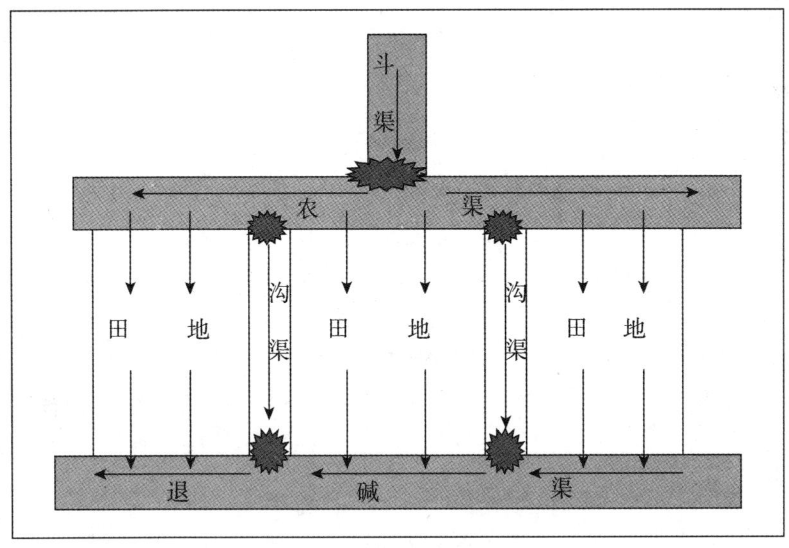

图1 村民“洗地”的示意图

① 山西大学中国社会史研究中心：《道备村档案资料》，第61号档案。

此外，因道备村农田主要分布于平川地区，所以其灌溉管理的组织机构及制度相对较为简单。道备村农田水利组织管理工作实行水利队长全权负责，水利委员分片管理制。1956 年道备村设立专职的水利队长，人民公社制度解体后改称为水利主任，由其全面负责管理村内农田水利建设工作，且下设有专业的水利队。全村共有 10 个生产小队，每小队抽调两人任大队水利委员，村民称其为“常钎”，要求是 25—30 岁之间的年轻男劳力，组成 20 人的水利专业队，简称水利队。[①] 水利队的主要工作任务是，在水利队长的领导下，研究决定每年农田灌溉的具体日期、次数以及灌溉次序，依次浇灌全村耕地，实行二十四小时灌溉制度，每位水利人员具体分片负责某部分农田，因灌溉渠道随时都有可能决口，所以灌溉期间水利员需要日夜看管并及时修补，以免破坏渠道和浪费水资源。同时，这 20 个水利员在农忙时仍需参加生产劳动，但每年农闲时尤其是秋收后至土地封冻前，需要组织全体村民集体修补渠道、清理渠道内的淤泥，检修闸门与桥梁等水利工作，有时甚至会有部分小型水利工程，例如用水泥制渠槽、修建农桥、漕渡和水利闸等。道备大队对参加 24 小时农田灌溉的水利员，特别是夜间劳作的水利员，都给予合理的报酬，使其不但可以挣得工分，而且会有额外的补助，吃饭也由大队解决。

为鼓励各大队农田水利建设的发展，王家庄公社每年都要从各大队的水利人员中选拔一名水利模范，给予一定的物质奖励。1966 年道备大队的王守茂获得水利模范的称号，他在模范材料中这样描述道备村的水利建设与组织情况：

水利模范材料[②]

我大队共 614 户，2215 口人，劳力 859 个，耕畜 60 头，总耕地 7246 亩，猪 639 头，羊 484 只，粮田 5334 亩，棉田 1085 亩，我大队属于汾河下游，属于汾河灌区。

我大队在党的领导下，高举三面红旗，抓紧政治思想工作，大学大寨

---

① 访谈对象：王贵，1945 年生，道备村村民，访谈时间：2011 年 8 月 20 日。

② 山西大学中国社会史研究中心：《道备村档案资料》，第 30 号档案。

人民自力更生、奋发图强的精神，调动广大社员的劳动积极性，坚持以政治挂帅，大搞水利基本建设。

一、坚持水利建设专业队，我大队共十个生产队，每队共抽了两个有水利经验的人，组成二十人的水利专业队，在农忙时期参加生产队劳动，平时农活不紧张的时候，整修渠道、水利灌溉。不但不影响生产队的劳力安排，又能巩固了水利专业队。要时时建立水利专业队责任明确，使地方在水利基本建设上、灌溉上、配套上都有长期标准。

二、渠道配套，减少碱地面积。我大队在很早以前土质比较好，但由于渠道大部分不配套，致使碱地逐年增加，产量逐年降低。但由于在党的正确领导下，抓紧了政治思想工作，1965 年新建退水渠两条，由 1964 年的 450 亩碱地，1965 年降低到 350 亩。

三、建筑物配套，粮棉产量逐年增加。1965 年新建高稳产田 1800 亩，农渠七条，车桥二个，斗节制闸二件，农口三件，渡槽一件等。

道备大队

1966 年 1 月 17 日

此外，由于道备村西部距汾河相对较远，且受地势较高影响，这里的 1300 亩耕地则多引惠济河和尹回水库之水进行灌溉。但自 20 世纪 50 年代以后，因惠济河和尹回水库水量减少难以满足需要，1958 年道备村民从汾河引水，在村西建成了高灌站，包括一级高灌和二级高灌，两者相距 700 米左右。一级高灌约 2.5 米高，可灌溉面积 1300 多亩；二级高灌约 4 米高，灌溉面积约 140 亩，至此道备村全部实现引汾灌溉。

从 1964 年春浇档案来看，道备村春季农田灌溉水源全部来源于汾河，且所有农田百分之百受益，为农作物生长提供了充足的水源，使这里的粮食产量逐年增加：1960 年全村粮食总产为 443757 斤；1961 年增加为 748280 斤；1962 年为 884372 斤；1963 年为 1015716 斤；1964 年增至 1330444 斤；1965 年则达到了 1388773 斤。[①] 20 世纪 60 年代前半期道备村粮食产量的增加固然与劳动力投入的增加、

① 山西大学中国社会史研究中心：《道备村档案资料》，第 145 号档案。

农业技术的改进、作物良种的改善有关，但灌溉水源的充足毫无疑问是极为重要的因素。

2. 井灌

我国凿井灌溉历史悠久，起源于商代，明清时期达到前所未有的发展水平，有“井养而不穷”的说法。《吕氏春秋》中有“伯益作井”，《诗经》中有“凿井而饮，耕田而食”的诗句，《农政全书》中特别称赞山西井灌“所见高原之处，用井灌畦，或加辘轳，或藉桔槔……闻三晋最勤，汲井灌田，旱之岁，八口之力，昼夜勤动，数亩而止”①。可见，井灌自古以来就是山西农田灌溉的主要形式之一。中华人民共和国成立后，在国家政策的大力扶持下，山西广大农民群众积极开展水井灌溉。

地处三河交汇处的道备村，基本没有凿井的历史传统。集体化时期，在国家农田水利建设运动思潮的带领下，道备村凿井灌溉开始逐步发展，经历起步、发展、高潮和转型四个阶段。

20 世纪 50 年代，道备大队在国家政策的要求下，开始在村西南农田凿 15 米左右的浅井灌溉。由于受技术和资金的限制，均为人工凿井，或用辘轳或用蓄力水车提水，出水量少，平均每眼井的灌溉面积不及 1 亩。据统计，1957 年，道备村水井建设投入劳力 2000 工日，投资 1500 元，而全村实际受益的井灌面积仅 116 亩；1959 年共有浅井 36 眼，蓄力水车 5 部，井灌面积不及 100 亩。② 50 年代是道备村凿井灌溉的起步阶段，改变了道备村单一化的农田灌溉方式。

60 年代是道备村凿井灌溉跌宕起伏的发展阶段。60 年代道备村主要在凿井方式和提水设备方面引进了新技术和新设备，促进了道备村井灌高潮的出现。1960 年，大队做出两年内水井建设规划，“全部实现水井水车化，新凿井 10 眼，其中 4 眼安装蓄力水车，6 眼安装动力水车，计划投资 3000 元，自筹 1800 元，贷款 1200 元，国家没有任何补助”。此后不断引进了新的灌溉设备，1963 年购买电动机 1 台专用于排灌，增加铁制水

---

① （明）徐光启：《农政全书》卷 19，中华书局 1985 年版，第 385 页。

② 山西大学中国社会史研究中心：《道备村档案资料》，第 23 号档案。

车4部；1965年新增电动机5台，链条泵2台，潜水泵1台；1966年用于排灌的电动机有13台，蓄力水车4部，动力水车6部，潜水泵5台。[①]但由于受自然灾害和“文化大革命”的影响，全国农田水利建设处于停滞时期，道备村也不例外。

70年代是道备村井灌的高潮阶段。主要体现在：凿井数量增多，采用大锅锥和钻机等机械凿60米中层井，提水设备以潜水泵、离心泵为主，电动机数量增多等。据资料统计，道备村1973年机电井数达45眼，已配套42眼，离心泵2台，潜水泵11台，链条泵42台，动力水车12台；1975年机电井50眼，电动机40台，水泵53台，其中离心泵19台，潜水泵21台，链条泵13台。[②]

80年代是道备村凿井灌溉的转型时期。由人力手工操作凿井全部转为机械化电力凿井，由60米深的中层井改进为150米的深层井，每眼井的灌溉面积扩大到10亩左右，全村共凿深井约30眼，集中于村西。此后凿井灌溉已成为道备村农田灌溉的一种重要形式，尤其在每年伏天之际，井水灌溉显得至关重要，是引汾灌溉的重要补充。

道备村井灌的发展是集体化的产物。尤其是五六十年代，村民凿井多半是为完成上级规定任务，70年代井灌高潮的形成无疑是受到全省打井热潮的影响。此外，道备村受地形影响，井灌多集中于村西部。

集体化时期道备村农田灌溉虽取得一定成效，但与国家整体步伐相比明显滞后。例如，1970年以前，道备村农田灌溉是只灌不排，且采用传统的大水漫灌方式；此外井灌也滞后于山西其他地区的步伐，70年代全省多以钻机凿深层井为主，提水设备以轻巧的潜水泵为主，而道备村则多用大锅锥凿中层井，用笨重的链条泵和柴油机提水。此外，道备村的农田水利建设也存在很多“跃进工程”，尤其在1958—1960年。例如凿井和整修渠道等小型水利工程，多是计工不计量，成为社员每年农忙后的“休息期”，所谓的“人海战术工程”。

---

① 山西大学中国社会史研究中心：《道备村档案资料》，第144号档案。

② 同上书，第146—148号档案。

二　沙河治理工程

沙河发源于祁县的刘家堡，是1933年洪灾引起昌源河决口以及之后周边居民不断深挖逐渐形成的一条人工河流[①]，流经祁县、平遥两县5个镇，即祁县的西六支、昭馀、城赵三镇和平遥县的洪善、南政两镇，全长28.45千米，流域面积为279.38平方千米。沙河实际是一条退水渠，是排退汾河东二支渠、东三支渠以及祁县昌源河的总退水河道，同时担负着祁县1.678万亩、平遥9.052万亩耕地控碱的任务。

沙河流域属于温带大陆性季风半干旱气候区，一般降雨集中在7—9月，并多以暴雨的形式出现，故春旱夏涝及土地盐碱化一直是影响该流域农业发展的主要问题。道备村即是深受其害的村庄之一。

1. 洪涝灾害

中华人民共和国成立后，平遥县多次发生洪涝灾害。据资料统计，1950—1996年平遥县每隔三年出现一次洪涝灾害，虽未给各村庄带来毁灭性的灾害，但足以威胁农民的生存问题：粮食受损，房屋倒塌，基本的温饱问题受到威胁，农田淹没，且地面长期积水，地下水位上升，土壤次生盐碱化加重，直接影响往后农作物的成苗率和产量。

以1977年8月的洪涝灾害为例。8月5日23时至6日8时，平遥县连续降水323毫米，接近全县正常年份全年降水量，水库坝垮，洪水四溢，南同蒲铁路、太（原）风（陵渡）公路数处被冲断，17个公社258个大队受到不同程度的影响。当时道备村隶属王家庄公社管辖，属于重灾村落。村东长泽水库和村北的护村堰相继被冲垮，洪水像猛兽一样涌入村内，供销社以北全部被淹，平均水位达一米多高。受经济条件的制约，村民多是用麻袋装土筑防线，或直接搬运修筑房屋使用的一种土砖——土吉去挡水，共修三道防线，约十天村内积水才基本退完。[②] 此次洪灾给道备村造成巨大损失，学生被迫停课，8、9、10小队的粮仓进水，粮食损失

---

① 平遥县水利水保局：《本局关于水利工程的报告》，第37号档案，平遥县档案馆。

② 访谈对象：侯建勇，1928年生，道备村村民，2011年9月28日采访。

严重，全村房屋受损比率达9.5%[①]，表1、表2、表3对道备村社员和集体的塌危房数和粮食受损情况分别做出详细统计。

表1　王家庄公社道备大队抗洪救灾有关情况登记表[②]

<table>
<tr><th colspan="2">全队</th><th colspan="3">原有房屋</th><th colspan="6">受灾情况</th><th>塌危占总房百分比</th></tr>
<tr><td rowspan="2">户数</td><td rowspan="2">人口</td><td rowspan="2">总数</td><td rowspan="2">社员</td><td rowspan="2">集体</td><td colspan="2">社员塌房</td><td>集体塌房</td><td colspan="2">社员严危</td><td>集体严危</td><td rowspan="3">9.5%</td></tr>
<tr><td>户</td><td>间</td><td>间数</td><td>户</td><td>间</td><td>间数</td></tr>
<tr><td>730</td><td>2885</td><td>2219</td><td>1810</td><td>409</td><td>5</td><td>6</td><td>24</td><td>46</td><td>113</td><td>56</td></tr>
<tr><td colspan="2">备注</td><td colspan="10">（1）原有集体房数409间，其中马场棚占198间
（2）集体塌房24间，其中马场棚占11间</td></tr>
</table>

表2　道备大队集体塌险房综合统计表[③]　单位：间

<table>
<tr><th rowspan="2">塌房总数</th><th colspan="3">其中</th><th rowspan="2">险房总数</th><th colspan="3">其中</th><th rowspan="2">急需解决临时仓库数</th><th colspan="2">急需解决其他临时房数</th><th rowspan="2">合计急需解决房数</th></tr>
<tr><th>住房</th><th>仓库</th><th>马棚</th><th>住房</th><th>仓库</th><th>马棚</th><th>住房</th><th>马棚</th></tr>
<tr><td>24</td><td>8</td><td>5</td><td>11</td><td>56</td><td>10</td><td>19</td><td>27</td><td>24</td><td>18</td><td>38</td><td>80</td></tr>
</table>

表3　道备大队洪灾损失粮食数量统计表[④]

<table>
<tr><td rowspan="3">玉茭</td><td>被洪水冲塌库房冲走8000多斤</td></tr>
<tr><td>埋在泥土水里沤了9000多斤</td></tr>
<tr><td>退水中捞出已沤了的10000多斤</td></tr>
<tr><td rowspan="2">绿豆</td><td>被洪水淹塌库房冲走6000多斤</td></tr>
<tr><td>退水中捞出但沤了4000多斤</td></tr>
<tr><td>黄豆</td><td>被洪水淹塌库房冲走450多斤</td></tr>
<tr><td>薯干粮</td><td>水淹霉烂1900多斤　折薯干1900多斤</td></tr>
<tr><td>麦皮</td><td>水淹霉烂800多斤　折麦皮1200多斤</td></tr>
</table>

① 访谈对象：田宝杰，1954年生，道备村村民，访谈时间：2011年7月24日。

② 山西大学中国社会史研究中心：《道备村档案资料》，第650号档案。

③ 同上书，第145号档案。

④ 同上。

续表

山药粮	水淹冲走 5700 多斤　　折山药 2600 多斤
粉条粮	水淹冲走 8360 多斤　　折粉条 220 多斤
马粮料	水淹冲走 5500 多斤
合计	损失粮食 59710 多斤

如果仅从塌房、危房的数量，以及占总房数的 9.5% 的比率看，道备村受损的房屋面积并不大。假设平均一户按 5 人计算，共计 255 人等待救济；集体塌危房共计 80 间，占集体房屋总数的 19.9%，意味着同样比率的牲畜、农具和机械设备等无处安置。但集体化时期，整个国家经济发展水平落后，农民经济水平低，且国家在经济上实行高度垄断政策，农民仅靠口粮和工分维持基本的生活，根本无能力修补受损的房屋，再者所需的瓦片、木材等各种建筑材料归集体所有，农民无权自由支配，所以尽管房屋塌危的数量并不算多，但对道备村民而言却是个难题。

2. 土地盐碱化严重

沙河流域土地盐碱化也是困扰当地农民的一大难题。“冬天白茫茫，夏天水汪汪”“蛤蟆叫，蚊子咬，不长庄稼尽长草”，表达了村民对盐碱地的无奈。道备村土地盐碱化的问题历来严重，使得熬制土盐仍是道备大队的一项重要副业。笔者对 1964 年道备大队各小队重碱地面积及其提苗成数做出统计，如表 4 所示。

表 4　王家庄公社道备生产大队各小队重碱地面积统计表（1964 年）①

	高粱		玉茭		谷子		棉花		合计
	重碱地亩数	提苗成数	重碱地亩数	提苗成数	重碱地亩数	提苗成数	重碱地亩数	提苗成数	重碱地亩数
合计	273		180		180.5		222.5		856
一队	26	3	17	2	3	3	21	3	67
二队	24	3	13	2	25	3	15	2	77

① 山西大学中国社会史研究中心：《道备村档案资料》，第 153 号档案。

续表

	高粱		玉茭		谷子		棉花		合计重碱地亩数
	重碱地亩数	提苗成数	重碱地亩数	提苗成数	重碱地亩数	提苗成数	重碱地亩数	提苗成数	
三队	33	3	13	3	27	2	48	3	121
四队	47	3	15	2	11	2	24	3	97
五队	22	1	23	3	17	2	15	2	77
六队	23	3	27	3	12	2	27	3	89
七队	34	2	24	3	22	2	17	2	97
八队	27	3	20	1	24	3	18	2	89
九队	11	无苗	18	2	24.5	无苗	14.5	1	68
十队	26	1	10	1	15	1	23	2	74

说明：道备村每个小队总耕地面积约600多亩，除以上记录的重碱地亩数外，其余耕地的盐碱化也很严重。

由表4可知，土地盐碱化直接影响提苗成数，降低粮食产量，不仅连稳产都无法保证，更难谈高产。虽然道备村村民每年农闲之际都要进行平整土地的生产劳动，其目的就是要改变耕地高低不平的状态，从而降低土壤盐碱化的程度，除此以外还实施大水压碱、种植抗碱作物等其他措施，但因缺少技术指导及领导组织等多方面因素的影响，道备村土地盐碱化问题一直得不到解决。根治盐碱地是一项较大的配套工程，首先要对田地渠道进行系统规划与合理布局，主要是需要挖建退水渠道，入水渠和退水渠协调布局，保证农田灌溉水有进有退。实际上道备村村民口中的“大水洗地”就是治理盐碱地的根本办法，具体操作是在每一田地南部挖2米深的退碱渠，“一地一华里（华里即半千米之意——笔者注）”，即田地每隔半千米就需要挖一条退碱渠，灌溉水由斗渠流入农渠，通过沟渠进入农田后大水洗地，水流经时将地表面盐分带走，这样既起到浇地的效果，又可以利用多余的水把地表的盐分冲洗，直接流入退碱渠，最后退碱渠内的碱水全部注入沙河，如图1所示。①

① 访谈对象：蒋永生，1938年生，道备村村民。访谈时间：2010年10月27日。

如此计算沙河流域各村庄共需挖修数以万计的退碱渠，且渠渠相通，洗地后的碱水最终要注入沙河，所以保证沙河上下游水流畅通、河道宽敞成为改良盐碱地的前提条件，故彻底治理沙河是该流域村民的迫切希望。

3. 沙河治理工程

中华人民共和国成立后，在国家大力兴修农田水利建设政策的指引下，晋中地区多次组织祁县和平遥两县人民治理沙河。祁县先后于1957年、1964年、1965年、1974年、1978年、1980年多次清淤沙河，使地下水位下降到1.5米以下，改造盐碱地9.4万亩；① 平遥县也先后在1956年、1965年和1977—1978年三次大规模地治理沙河，其中1977年和1978年规模最大，并成立“平遥县治理沙河工程指挥部”，设立在道备村。②

平遥县治理沙河工程③主要分两期：第一期于10月11日开工，为期三个月，主要是组织各大队社员和单位工人对沙河进行裁弯取直、拓宽加深河道、河两岸夹板筑堤。沙河沿岸的王家庄、洪善、南政、沿村堡、襄垣5个公社42个大队及县级各机关单位都参与治理，工程实施分段负责制，各大队采取就近原则，负责本村及附近的河段，县级各单位工人以各自工厂为单位分段治理。④

道备村位于沙河下游，属于治理的重要地段，故是参与沙河治理工程的重点村庄。1977年10月7日道备村的领导干部在党支部办公室召开沙河治理工程会议，研究决定成立沙河工程领导组，要求所有在外的水利人员和科研专业队全部回村参与工程，总负责人为李廷文，并成立施工小组、宣传小组和后勤小组，设有小组长具体负责，要求每小队挑选强男劳力20人，先分得200—300米长的工段，提出口号为“集体开灶、统一劳动、统一行动、统一时间”。⑤ 每队所需工具主要有平车、雨鞋、铁丝架、铁棍、砍斧等，都由各小队自己解决，县水利局仅提供道备村一台绞车。社员在工地开灶吃饭，大队供应粮食，每小队一个灶，即一队一灶，后勤

---

① 祁县地方志编纂委员会：《祁县志》，中华书局1999年版。

② 访谈对象：田云琪，1942年生，道备村村民，访谈时间：2009年12月27日。

③ 访谈对象：毛润兴，1927年生，道备村村民，访谈时间：2010年7月23日。

④ 访谈对象：张宝贵，1937年生，道备村村民，访谈时间：2010年8月19日。

⑤ 山西大学中国社会史研究中心：《道备村档案资料》，第30号档案。

人员、炊事员和伤员共用一个灶，并限制最多可以有22人吃饭，每人每天限定供应3斤粮食，其中包括基本口粮，此外每人每天可记16工分。[①]平遥县水利局为感谢和表彰村民，特组织剧团在道备村唱戏三天。

第二期工程主要任务是修建河道的配套工程。1978年在道备村修建一座沙河桥和两个渡槽，目的是跨沙（河）引汾（河水）以灌溉农田，多由县水利局组织的专业建筑工人完成，道备村村民几乎没有参与。

1977年彻底治理沙河工程是一次成功的农田水利建设项目，对沙河流域的发展具有重要的现实意义。道备村河段，治理前河道上宽约8米、底宽约1米、深3米左右，河道弯曲曲折，第一期工程完工后河道底宽增为10米，为治理前的10倍，河道上开口为32米，深度从堰算起到河道底部共10米多，为之前的3倍，[②]且河道裁弯取直后长14.47米，比原长缩短2.5千米，沙河排退水能力由25立方米/秒提高到67立方米/秒，能够抵御10年一遇的洪水涝灾，在连续六天降雨范围内，能够保证畅通排泄，3天之内全部排除地面积水。[③]而且，祁县和平遥县6.54万亩易涝面积免受洪灾并得到增产，4.19万亩盐碱地得到改良，其中道备村占4500亩；再者沙河沿岸修建高灌8处，使两县新增灌溉面积1.95万亩；最后9座桥梁的修建解决了城乡和社队之间的交通问题，改善了沙河流域的生态环境。

1977年沙河治理工程虽被两县领导纳入“普及大寨县”的轨道上，但在实际运行中已纠正和扭转了农田水利建设中的“左”倾思潮，不是盲目地追求高速度、高指标，而是深入实地考察与研究，结合地形条件，对沙河裁弯取直，缩短河道；以人为本，尽量减少工程占地占房面积；不再是人海战术，而是挑选年轻力壮的男劳力，尤其是第二期工程主要是由专业建筑工人完成的。所以，1977年祁、平两县沙河治理工程是集体化时期农田水利建设的一个成功案例，其成效是有目共睹的。

---

① 山西大学中国社会史研究中心：《道备村档案资料》，第30号档案。

② 访谈对象：王卫忠，1937年生，道备村村民，访谈时间：2010年10月26日。

③ 平遥县水利水保局：《关于沙河挖潜配套工程计划的报告》，第37号档案，平遥县档案馆。

三 结语

集体化时期是指从中国共产党在抗日根据地时期推行互助组到20世纪80年代人民公社体制结束的时代。[①] 从互助组、初级社、高级社到人民公社，一脉相承，集体化时代的这些不同时段具有不同特征，但这一时期的整体特征学术界一致概括为政治上高度集权，经济上高度垄断（计划），文化上高度同一。[②] 集体化时期，特别是在人民公社时期，国家在农村建立起了以政社合一和集体所有为突出特点的高度集权的组织和管理体制，国家通过对政治、经济、文化资源的控制，强制农民合作，使农民的合作实际上成为国家的一种组织形式。这样高度集权的政治体制，强制农民合作的组织方式，为集体化时期农田水利工程的建设提供了政治、经济和文化资源的保证，从而使得在短短的30年里修建了无以计数的大小水利工程，国家基本上实现了农田水利化。

第一，集体化时期在政治上高度集权的体制为农田水利建设提供了强有力的政治组织保证。黄宗智说："水利过去很大程度上归于地方和乡村上层人士的偶然的引导和协调。解放后，水利改进的关键在于系统的组织，从跨省区规划直到村内的沟渠。基于长江三角洲的地质构造，盆地中部有效的排水要求整个盆地的防洪与排水系统协调"，"很难想象这样的改进能如此低成本和如此系统地在自由放任的小农家庭经济的情况下取得。集体化，以及随之而来的深入到自然村一级的党政机器，为基层水利几乎免费的实施提供了组织前提"。[③] 尤其是人民公社体制的确立为国家的政治动员提供了更有力的制度化渠道。

第二，集体化时期在经济上高度垄断（计划）的体制为大规模开展农田水利建设提供了经济基础，保证了资源分配的宏观性和有序性。集体化时期为大规模兴修农田水利建设，国家发动群众进行农业合作化运动以及进而组建人民公社等集体性的经济组织形式，使其具有以往个体经济所

① 行龙：《山西何以失去曾经的重要地位》，山西教育出版社2010年版，第170页。

② 罗兴佐：《治水：国家介入与农民合作》，湖北人民出版社2006年版，第26页。

③ 黄宗智：《长江三角洲小农家庭与乡村发展》，中华书局2000年版，第236页。

无法相比的优势："便于举办较大的骨干工程，使大中小型水利工程结合起来；便于把过去分散的孤立的工程联结起来，形成一个比较完整的灌溉排水系统；便于结合大江大河的治理，进行中小河流全流域的规划和综合开发；便于在互助互利和等价交换的原则下，统一调配劳力，组织大协作和大兵团作战；便于统一调配水源，推行计划用水，加强灌溉管理，实现田园化等。"① 此外，集体化时期国家通过对资源的垄断与控制，不但协调了物质资源短缺背景下国家建设的宏观性，而且可以整合社会分散资源，利用一切可以利用的资源，通过"一平二调"克服区域资源短缺的困境。

第三，集体化时期高度集权的体制低成本地提供了大规模农田水利建设所需的劳动力资源。首先在中华人民共和国成立初期，国家最大的优势就是劳动力资源丰富，为农村开展大规模农田水利建设提供了充足的人力资源，且在各村庄因缺少农田水利建设所需的机械动力设备，几乎所有工程都是男女劳动力全员上阵。集体化时期，男女劳动力集体出勤，田间劳动虽辛苦但时常伴随着欢快的笑语声，时说时笑，成为当时田间劳动的一道独特风景；其次，集体化时期的政社合一制度使公社权力高度集中，而这种高度集中的权力与集体所有制相结合，为农田水利建设提供了史无前例的动员机制，国家随时可以根据自己的需要占用任何一块土地，公社可以随意甚至无偿调用某一社队的劳动力。而且集体化时期，以生产队为基本核算单位的模式有助于在生产队中形成劳动分工，而这种劳动分工又为国家进行政治动员提供了基础和便利。此期间农田水利建设任务繁重，公社一般采取的办法是，派出一部分劳力，特别是年轻男劳力去搞农田水利建设，另外一部分劳力则留在生产队搞农业生产，其各自劳动成果均以所挣得工分分配，使农田水利建设和农业生产两不耽误。

第四，集体化时期高度集权的体制为农田水利建设提供了强大的舆论氛围和精神支柱。各级领导对农田水利工程的关心和重视，为其提供了强大的精神动力。此外各地运用多种多样的舆论宣传工具，例如广播、报纸、黑板报、墙报、标语等媒体，还利用戏曲、快板、说书、诗歌、小说

① 《中共中央、国务院关于今冬明春继续开展大规模兴修水利和积肥运动的指示》，《人民日报》1959年10月24日。

等文艺形式进行农田水利建设的社会大动员，通过各种形式惩罚违规者和偷懒者，表扬和奖励先进劳动者，使得落后者和先进者在现场形成鲜明对比。这样文化和精神上的正负激励，实现了广大人民群众关于农田水利建设方面在思想上的统一，并降低了组织和管理的成本，提高了人们在行动上的一致性。

综观集体化时期道备村农田水利建设的发展历程，可知此期间农田水利建设无论是国家大型水利工程，还是社队田间工程无不具有显著的时代特征。实际上，集体化时期国家在农田水利建设中起主导作用。许多水利规划具有行政命令性，集体所有制是大规模水利工程得以开展的前提，国家发挥其强有力的动员机制从而提供了大量的劳动力，强迫农民合作且严格限制农村人口的流动，并建立自上而下的组织管理体系，使农田水利建设在全国上下成为一种运动思潮。在农村中以公社或生产队为基本单位，组织广大农民群众全民总动员，以集体的智慧和力量投身于水利建设中，所以说集体化时期农田水利建设成就是其实施特殊政治和经济体制的必然结果。

然而，集体化时期农田水利建设虽取得不少成就，却也留下了许多教训。首先，许多农田水利工程只是追求速度，急于求成，违背了自然规律和人力物力的可能条件，夸大主观意志和主观努力的作用，忽视效益，提出许多不切合实际甚至违背科学常识的口号。例如，要求“在两三年内基本消灭普通水旱灾害”；在华北平原提出“一块地对一块天”大搞平原蓄水工程；在群众性农田水利运动中，片面提倡“共产主义协作”“大兵团作战”等口号，使得瞎指挥、浮夸风和一平二调的“共产风”在水利建设中愈演愈烈，严重地挫伤了群众兴修水利的积极性，造成了人力物力上的大量浪费，并给以后的水利工作遗留下了许多难以解决的问题和大量的维修、配套、加固、保安工作。此外，具体村庄和国家的农田水利建设往往不能同步，各公社各大队由于受资金或技术等客观条件的限制，无法按要求完成国家政策规定的任务，这样村干部只能发动群众“大兵团作战”，只求数量不求质量，以完成规定任务为目标，而实际上并没有收到效益。例如中华人民共和国成立初期，全国上下要求开展抗旱打井运动，而道备村干部及村民自认为本村引汾河水灌溉就可以达到稳产高产，无须打井，但迫于完成上级规定任务，则组织村民在农田中挖一坑代表一井，结果不但起不到抗旱作用，反而使耕地高低不平，降雨后地势低洼地区长期积水，无法排泄，反而加重了土壤次生盐碱化的程度。据调查，1962年道备村能用于灌溉的水井只有两眼，直到70年代，汾河水源逐渐减少，村民才意识到井灌的重要性，开始打井抗旱。所以说，集体化时期，道备村虽然也大搞农田水利建设运动，但因技术落后和资金短缺等问题的存在，使其与国家政策要求不同步，建设速度较为缓慢，甚至出现土地长期盐碱化和产量降低的现象。

当前国家再次把农田水利建设问题提上日程。因为现在大多数水利工程设施建设年代久远，老化失修严重，缺乏配套设备，堤防、水库出现许多险情，很多渠道淤塞严重，严重制约了农业生产的发展；加之受自然和人文因素的影响，水资源逐渐减少，导致农田灌溉水源极度匮乏。因此，当我们再次回顾集体化时代农田水利建设的成败得失，特别是通过诸如像道备村这样基层村落的个案分析，无疑为解决目前农田水利建设存在的新问题提供了借鉴意义。

国计民生

——1950 年代初华北城乡物资交流会研究

王巧鹏①

中华人民共和国成立初期，中国共产党面临着一个转型问题，就是如何由革命党转变为执政党，如何完成由乡村走向城市的转变，从另一个方面来讲就是如何在建立新的国家政权后转向治理国家的经济工作。在中共进入城市之前，就有人断言“共产党马上得天下，不能马上治天下”，并怀疑说“共产党打天下容易，治天下难”，② 治理一个拥有四亿人口的国家当然不是易事。薄一波曾回忆说：“就我们自己来说，过去的 28 年，主要是从事革命战争，对于经济工作不很熟悉，这也是事实。”“这是我们党从推翻国民党政府到掌握全国政权过程中所面临的新课题，也是对我们党执政能力的一次考验。”③

华北城乡物资交流大会是中华人民共和国成立初期国家恢复经济与加强城乡关系的重要举措。在物资交流大会上，城市将工业品及生活必需品等物资输送到乡村，乡村把土特产与农产品等原料交换给城市，为工业的发展提供保障。城乡物资交流大会主要解决的问题是恢复国民经济、稳定物价与统一财经，展现了国家恢复经济和掌握国家财政权的决心。与此同

---

① 王巧鹏：山西大学中国社会史研究中心 2014 届硕士研究生。

② 薄一波：《若干重大决策与事件的回顾（上卷）》，中共中央党校出版社 1991 年版，第 67 页。

③ 同上。

时，城乡物资交流大会成为国家树立自我形象的平台，中国共产党通过物资交流大会展示中华人民共和国成立以来在工业、农业、手工业、畜牧业、渔业等方面取得的成就，以建构和塑造自己的政权形象。国家与地方在特定的场域中展现出了多样的面貌与姿态。那么，华北物资交流会在恢复国民经济中发挥了怎样的作用？国家是如何通过物资交流会塑造国家形象的？中共是如何通过经济手段建立自己的社会基础的？山西在华北物资交流会中又是怎样定位自己的角色？本文试图对这些问题进行探讨、分析。

有关 20 世纪 50 年代城乡物资交流的研究，学术界多有关注和讨论。概言之，目前关于这一课题的研究主要有两条路径，具体如下：

一是围绕城乡物资交流大会本身进行讨论，主要从原因、经过及影响三方面展开论述。许庆贺认为中华人民共和国成立初期的城乡物资交流是国家恢复和发展国民经济的积极尝试，并按物资交流的规模大小，分为各大区之间的物资交流、省级物资交流大会与地、县和农村初级市场的物资交流会三种类型，并充分肯定了中华人民共和国成立初期物资交流大会的历史作用。① 果峰主要强调了中华人民共和国成立初期国营经济的领导、国家政策的扶持与交通运输业的改善等对城乡物资交流的促进作用。② 王为衡在《“活跃中国经济的关键”——新中国成立初期城乡物资交流相关文献解读》一文中从中华人民共和国成立初期城乡物资交流的背景与发展城乡物资交流的政策入手，讨论了城乡物资交流的成效及意义。③ 安雅丽和边振辉就河北省物资交流进行的原因、具体措施、开展物资交流的情况以及物资交流在恢复和发展河北经济中的作用等方面也进行了研究。④

二是超越事件本身的研究路径，不只是就物资交流谈物资交流，而是

---

① 许庆贺：《我国国民经济恢复时期土产交流工作初探》，《甘肃农业》2006 年第 5 期，第 209 页；《建国初期我国城乡物资交流的恢复和发展——以农副土产品为考察中心》，《华北水利水电学院学报（社科版）》2009 年第 5 期，第 71—73 页；《我国国民经济恢复时期的物资交流大会》，《黑龙江史志》2009 年第 19 期，第 122—125 页。

② 果峰：《建国初期的城乡物资交流》，《历史教学》1989 年第 9 期，第 41—46 页。

③ 王为衡：《“活跃中国经济的关键”——新中国成立初期城乡物资交流相关文献解读》，《党的文献》2012 年第 6 期，第 21—25 页。

④ 安雅丽、边振辉：《试论建国初期河北省的物资交流》，《高校社科信息》2004 年第 2 期，第 22—27 页。

以物资交流作为叙事对象，集中讨论了中华人民共和国成立初期的经济管理与城乡关系问题。陈廷煊在发表的《国民经济恢复时期（1949—1952）的商品市场与物价管理》中认为20世纪50年代城乡物资交流是国家进行管理市场和稳定物价的一种必要手段，它为城乡经济的恢复做出了贡献，但也存在不少问题。[①] 陈明认为中华人民共和国成立初期的城乡物资交流不仅是恢复城乡关系的重要举措，同时构建了新型的城乡关系，其特点体现为政治上城乡关系趋于平等，城乡联系加强，经济繁荣，人民生活水平提高。[②] 赵凌云、操玲姣通过对中华人民共和国成立初期城乡物资交流中成效与经验的分析，讨论了这一历史经验对当前国内市场扩大内需的启示。[③] 在《新中国成立前后中财委恢复城乡交流的政策研究》的文章中，迟爱萍则从城乡物资交流的政策分析入手，认为中财委通过贸易系统的恢复、商业资本的注入、调整工商业与拟定收购土特产等政策实施，实现了稳定物价、统一财经与恢复城乡关系的目的，并且在政治上密切了工农关系，巩固了新生的政权。[④] 洪振强以20世纪50年代在武汉举办的展览会为个案，进一步讨论了中共掌权之后通过自上而下的行政手段营造社会基础，从而促使整个社会向社会主义过渡。展览会不仅是一个平台，更成为一种工具。作者认为武汉展览会基本被政治化了，一切工作都是以巩固和加强党的领导、进行社会主义教育为中心。反过来，高度政治化的展览会又推动了20世纪50年代武汉地方社会的变动。[⑤] 夏松涛围绕中华人民共和国成立后的展览会也进行了专题研究，不仅从整体上考察了中华人民共和国成立六十多年来会展业的发展历程，[⑥] 而且对中国共产党通过展览会

① 陈廷煊：《国民经济恢复时期（1949—1952）的商品市场与物价管理》，《中国经济史研究》1995年第2期，第69—75页。

② 陈明：《建国初期城乡关系研究（1949—1957）》，四川大学2005年硕士学位论文。

③ 赵凌云、操玲姣：《新中国成立初期城乡物资交流对当前扩大内需的启示》，《当代中国史研究》2010年第2期，第35—39页。

④ 迟爱萍：《新中国成立前后中财委恢复城乡交流的政策研究》，《当代中国史研究》2007年第3期，第69—76页。

⑤ 洪振强：《展览会与1950年代武汉地方社会变动》，载马敏主编《博览会与近代中国》，华中师范大学出版社2010年版，第681—713页。

⑥ 夏松涛：《新中国会展业的发展历程及其经验启示》，《当代中国史研究》2009年第5期，第103—110页。

途径来塑造政党形象，贯彻中共思想路线，重新构建民众文化观与价值观[①]，以及运用各种宣传策略获得民众认可，并逐步地达到政治整合的目的等内容[②]，进行了详细的讨论。

总体来看，以往的研究不论是从事件本身的原因、措施、成效等方面进行论述，还是通过物资交流大会讨论中华人民共和国成立初期的经济恢复情况和城乡关系，都为进一步研究奠定了基础。但是，现有研究主要还是停留在宏观层面上对事件进行一般性的描述，缺乏更深层的历史解读，尤其是特定区域的微观个案研究还不多见。洪振强以武汉物资交流展览会为分析个案，是一种新路径，值得借鉴。不过他的研究主要涵盖了 20 世纪 50 年代武汉地区举办的各种类型的展览会，除了关注经济性的城乡物资交流会，还深入研究了政治色彩较浓的以社会主义教育为主的展览会。夏松涛对于中华人民共和国成立后展览会的研究比较深入，涵盖了整个历史时期全国举行的各种类型的展览会，不只是城乡物资交流会，涉及面广泛，尤其着力讨论了展览会的举办与中共政党形象塑造的关系。

有鉴于此，本文试图利用区域社会史视角研究新中国成立初期广泛开展的华北城乡物资交流大会，考察分析物资交流大会中的展品、会场布置、组织宣传、参会人员及其社会影响等内容。同时，也将通过具体的史实探讨华北城乡物资交流大会生成过程的内外条件与时代背景。可以说，城乡物资交流大会是建立中央与地方关系的重要手段之一，也是国家意志表达和实践的重要途径，那么，对城乡物资交流大会背后的国家权力运作、国家形象塑造等问题进行更为深入系统的研究就显得非常必要。

一　国民经济的恢复与城乡物资交流

1. 国民经济恢复工作的启动

1949 年后，国家首要面对的问题就是重建工作，其中最重要的就是

① 夏松涛：《建国初期展览会与共产党形象的构建（1949—1957）》，《江苏社会科学》2012 年第 6 期，第 207—211 页。

② 夏松涛：《建国后展览会的宣传动员与政治整合（1949—1957）》，《湛江师范学院学报》2013 年第 4 期，第 72—76 页。

城乡经济的恢复。《共同纲领》规定了中华人民共和国成立后国家恢复经济和建设的总任务，其中规定国家经济建设的根本方针是“以公私兼顾、劳资两利、城乡互助、内外交流的政策，达到发展生产、繁荣经济之目的。国家应在经营范围、原料供给、销售市场、劳动条件、技术设备、财政政策、金融政策等方面，调剂国家经济、合作社经济、农民和手工业者的个体经济、私人资本主义经济和国家资本主义经济，使各种社会经济成分在国营经济领导之下分工合作，各得其所，以促进整个社会经济的发展”①。这就确定了在国民经济恢复时期国家实行以国营经济为领导的，各种合作社经济、个体经济、私营经济共同发展的经济体制。

中华人民共和国成立初期的中国现实状况是生产和交通破坏严重、物价上涨、财政赤字、城市物资供应不足等，开展经济工作是国家一切工作的起点。为此，在中华人民共和国成立初期国家采取了调整经济体制、统一财政、稳定物价、调整工商业、繁荣市场等措施。国家为了解决物价上涨的问题，采取了一系列行之有效的措施。首先在金融管理方面，各地党组织发动民众反对银元金钞投机，上海举行了大规模“反对银元投机，保障人民生活”的游行和宣传。② 国家在加强金融管理的同时也加强了对市场的管理。政府制定与颁布工商业登记办法，对工商业进行普遍登记，凡未经核准的不得开业；严格管理市场交易，建立交易所，主要物资集中交易；运用行政力量管理市场价格。③ 此外，政府控制了主要商品，通过抛售商品打击投机活动，平稳物价。通过国营经济掌握全国主要物资，加强国家对市场的控制能力。同时增设国营和合作社的零售网点，直接供应民众需要的日常生活用品，避免了私商的囤货涨价。国家还加强了主要工农产品的收购和调运工作。④

随着国家财经的统一和物价的稳定，国家的财政经济状况开始好转，

---

① 中共中央文献研究室编：《建国以来重要文献选编》第一册，中央文献出版社 1992 年版，第 7—8 页。

② 柳随年、吴群敢主编：《恢复时期的国民经济（1949—1952）》，黑龙江人民出版社 1984 年版，第 24 页。

③ 曾璧钧、林木西主编：《新中国经济史（1949—1989）》，经济日报出版社 1990 年版，第 14 页。

④ 孙健：《中华人民共和国经济史（1949—90 年代初）》，中国人民大学出版社 1992 年版，第 62 页。

但是新的难题又很快出现了。陈云在1950年5月8—26日全国七大城市工商局长会议上的讲话提到“工商界主要的困难，是商品滞销，由此而引起工厂关门，商店歇业，失业增加。这种现象带有普遍性，不仅发生在上海、天津等大城市，而且遍及许多中小城市”。

为此，国家对私营工商业做出了调整。其中，调整公私关系是调整的重点。国家采取了扩大加工订货和收购包销、收购农副土特产品、放松银根刺激需求、划分公私经营范围、调整价格政策和调整税收政策等措施。[①]“1950年调整工商业的工作，总的看成效是大的，特别是把收购农副产品作为主要措施，抓到点子上了。”“我们大量收购农产品，农民卖出了产品，就增加了购买力，城市的工商业也就活了。失业现象跟着也会减少，继之又会推动城市购买力的提高，工商业又会进一步繁荣起来。这不仅有利于打击投机活动，发展正当的工商业经营，促进城乡交流越来越活跃。”[②] 所以，可见收购农副土特产品的措施不仅有利于私营工商业走出困境，同时也有利于恢复城乡经济，活跃城乡物资交流。此外，私商在恢复城乡物资交流中也发挥了积极的作用。

2. 活跃城乡经济的关键

“城乡物资交流运动是我国国民经济恢复时期，在国家领导下有计划地进行的城乡间工业品和农产品的交换运动。”[③] 从国家恢复国民经济的措施来看，无论是稳定物价，还是调整工商业，都离不开城乡物资的交流。

1949年全国还未完全解放前，华北人民政府就意识到城乡物资交流的重要性。在华北人民政府1949年国民经济计划中对国民经济做出了正确的估计，认为“必须密切注意城市与乡村的联系、工业生产与农业生产的联系、工业品与农业品的交换、出口与入口的联系”[④]。根据当时华北区的贸易现状做出了分析，“大力恢复轻工业，根据必要与可能恢复重

---

① 郑谦主编，庞松著：《中华人民共和国史（1949—1956）》，人民出版社2010年版，第162—165页。

② 薄一波：《若干重大决策与事件的回顾（上）》，中共中央党校出版社1991年版，第108—109页。

③ 河北大学经济系编：《国民经济计划学》，河北大学经济系1978年版，第35页。

④ 中央档案馆编：《共和国雏形——华北人民政府》，西苑出版社2000年版，第326页。

工业，恢复农业生产，密切联系城乡，供给城乡需要”。并认为，“城市与乡村的联系需要经过市场”。[①] 可见，城乡物资交流是恢复工农业生产的必要手段，是活跃经济的关键。

国家采取了许多措施保障城乡物资交流的顺利进行。首先，恢复旧的商业网和发展新的商业网。邀请有经验的老商人、老工匠开座谈会，了解大宗土产的种类、数量、质量和季节性，研究历史上物资流转的路线，派遣有老商人和内行参加的商业访问团、土产推销组到产地和销地接洽，找回老线索，开辟新线索。[②] 恢复和发展交通运输也为恢复商业网提供了条件。其中铁路交通运输货运量1950—1951年增长了11%，1951—1952年增长了19.3%。[③] 其次，发挥供销合作社的作用沟通城乡交流。合作社的主要任务就是推销土产。供销合作社由1949年的22817个增加到1952年的35096个，社员人数达14100余万人。全国城市消费零售网点约计有7.9万余个。[④] 供销合作社普遍地建立起来，并与农民签订购销合同，及时收购土产和供应生活用品。此外，在收购农副产品方面，采取尽量鼓励私人经营的方针，调整产销地区价格，使贩运者有利可图，组织土产商人下乡收购，并建议税收机关适当减免土产税，并简化手续；铁路适当减低土产运费；银行适当举办土产贷款，以开拓土产销路，提高农民购买力。[⑤] 这样不仅有利于城乡物资交流的发展，也有利于调动私营工商业者建设国家的热情。同时，鼓励民众发展短距离的物资交流。

随着政府进一步推进城乡物资交流，1950年冬至1951年春全国掀起了推销土产的高潮。华北区首先举办了土产交流会，为土特产品成功打开了销路。华北各区都相继举办了土产展销会，使一些冷货也找到了销路。

---

① 中央档案馆编：《共和国雏形——华北人民政府》，西苑出版社2000年版，第330页。

② 中国社会科学院、中央档案馆编：《中华人民共和国经济档案资料选编（1949—1952）·工商体制卷》，中国社会科学出版社1993年版，第279页。

③ 郑谦主编，庞松著：《中华人民共和国史（1949—1956）》，人民出版社2010年版，第173页。

④ 董志凯主编：《1949—1952年中国经济分析》，中国社会科学出版社1996年版，第304页。

⑤ 中国社会科学院、中央档案馆编：《中华人民共和国经济档案资料选编（1949—1952）·工商体制卷》，中国社会科学出版社1993年版，第852页。

在1951年3月政府发出《中共中央关于召开土产会议推销土产的指示》，该指示充分肯定了华北、华中、华东地区自发组织土产会议，为土产品找到了销路，逐渐恢复了旧的商业网，并提议各大行政区、各省、各专区、各县都应积极召开土产会议，推广华北经验。① 1951年3月，中国土产总公司在天津召开了第三次经理联席会议。在中国土产公司第三次经理会议上，东北、华北、中南、华东、西南、西北六大地区与内蒙古自治区，在区与区、省与省、省与市之间互相订立了土产交换协议。②

1950年至1952年年底各大区都召开了物资交流大会。1950年11月，天津举办了华北、东北、华东三大地区合作社的大型物资交流会，这次交流会共进行了8个月，为今后各大区间的物资交流打下了基础。③ 在华北区土产交流会和天津三大区物资交流会的影响下，各大区的城乡物资交流也蓬勃发展起来。1951年6月，华东区召开了上海市土产展览交流大会，设有16个展览馆，成交合同2218件，出售了90%以上滞销的土特产品。④ 1951年6月28日，中南区土特产展览交流大会在武汉召开，共设15个展馆，交易金额达8192万元。⑤ 1951年10月5日，在天津召开了华北区城乡物资交流展览会，历时45天，大会共设展览馆17个，成交总额达到1.5亿元。⑥ 各省、市和专区都召开了不同形式的物资交流会，形成了全国城乡物资交流的高潮。1951年全国通过物资交流会销售的土产品价值总额达到10.4亿元。⑦

1952年因受到“三反”“五反”运动的影响，工商业发展步伐缓慢，

① 中国社会科学院、中央档案馆编：《中华人民共和国经济档案资料选编（1949—1952）·商业卷》，中国物资出版社1995年版，第425—426页。

② 《中国土产公司经理会议开幕，决定开展全国性土产大交流》，《人民日报》1951年3月7日。

③ 中国社会科学院、中央档案馆编：《中华人民共和国经济档案资料选编（1949—1952）·商业卷》，中国物资出版社1995年版，第467—468页。

④ 《上海市土产展览交流大会闭幕》，《人民日报》1951年6月19日。

⑤ 《中南区土特产展览交流大会闭幕》，《人民日报》1951年9月16日。本文所引用的统计数据中的人民币数额，在1955年3月以前均为旧币制。为方便读者阅读，文中按1955年3月发行新币所规定的1元新币兑换1万元旧币的兑换率，全部换算为新币，下同。

⑥ 《华北物资交流展览会闭幕》，《人民日报》1951年11月21日。

⑦ 董志凯主编：《1949—1952年中国经济分析》，中国社会科学出版社1996年版，第181页。

为了改变市场萧条的情况，中央贸易部在1952年4月下旬召开了全国土产会议，号召全国大力发展城乡物资交流，繁荣市场。华北区于1952年4月23日至5月21日在天津召开华北物资交流大会，为期30天，大会共签订合同协议2801件，组织成交共7454万元。① 1952年9月27日，华北区第二届物资交流大会于天津开幕，大会设立了14个交易所，成交总额达5.6亿元。② 除了华北区举行两次大型的城乡物资交流会外，华东区城乡物资交流大会于1952年5月举行，历时20天，成交15786笔，金额达1.7亿多元。中南区物资交流大会于7月在武汉召开，实际交易时间为半个月，交易额达4.64亿多元。西南区城乡物资交流大会于1952年7月21日至8月5日在重庆召开，成交总额为5665万元。1952年12月6日，在广州召开了华南区城乡物资交流大会，购销总额达2.95亿元。1952年，城乡物资交流的主要特点是普遍召开市、专区、县的物资交流会，并推广各大区与省级城乡物资交流的经验。1952年，全国各地方举办不同类型的物资交流会达7738次，总成交金额16.38亿元，比1951年增长62%以上。③

国民经济恢复时期城乡物资交流工作的开展离不开国家的高度重视，国家通过恢复城乡交通、建立合作社、调整工商业等措施，保障了中华人民共和国成立初期城乡物资交流的顺利进行。1951—1952年各大区每年都举办一次大型的物资交流会，其中华北区在1952年召开了两届，并且成交额很大。1951年的华北区城乡物资交流展览会是当年规模最大、举办时间最长、最具有典型性的区级物资交流会，可见这次展览会在国民经济恢复中具有不可忽视的作用和地位。在城乡物资交流大会中，有政府与普通民众的共同参与，各种要素相互交织，成为中华人民共和国成立初期城乡关系的一个侧影，呈现出了国家恢复经济时的历史场景。

---

① 《华北区物资交流大会工作报告》，山西省档案馆，档案编号C2－1－333（档案的全宗号，下同）。

② 《迎接国庆节迎接大规模经济建设，华北物资交流大会今开幕》，《天津日报》1952年9月27日。

③ 中国社会科学院、中央档案馆编：《中华人民共和国经济档案资料选编（1949—1952）·商业卷》，中国物资出版社1995年版，第471—475页。

二 1951年华北区城乡物资交流展览会

1. 华北区城乡物资交流展览会的兴起与发展

1951年7月，“为了组织华北全区今冬明春的物资交流，了解华北区工农业生产情况，改进生产规格，使工农业生产适合城乡人民的需要”①。中央人民政府华北事务部决定华北城乡物资交流展览会于10月初在天津举行，为期一个半月。

1951年10月5日，华北区城乡物资交流展览会在天津开幕，参加华北物资交流大会的地区主要有河北、山西、平原（今归河南省）、察哈尔（今张家口市桥西区）、绥远（今呼和浩特市）五省及北京、天津两市，此外，还有内蒙古自治区及其他各大区的贸易代表团参加。1951年的华北城乡物资交流展览会规模大，参加人数多，展品种类丰富。大会设有17个展览馆，分为综合、农业、土特产、工业4个部分。综合部分包括物资交流馆、工商业改进馆、区际馆；农业部分有棉花馆、粮食馆、经济作物馆、战胜灾害馆、农业生产资料馆、农业生产改进馆；土特产部分有山干鲜货馆、药物馆、畜产馆、水产馆；工业部分有棉织品馆、日用品馆、手工业馆、重工业馆。各个场馆的介绍与展览品主要是介绍中华人民共和国成立两年以来华北在农业、手工业、工业、交通运输业等方面取得的成就。全部展览品达1.2万多件。② 参加大会的农民代表有1万多人。③大会期间，天津市还举办了各种晚会欢迎参加大会的人民，同时还举办了劳动模范的座谈交流会，此外还举行了各类型的专题讨论会议，为物资交流会顺利开展提供了保证。华北城乡物资交流大会于1951年11月20日闭幕，大会成交总额达1.56多亿元。④

---

① 《关于召开城乡物资交流展览会筹备工作的指示》，1951年6月30日，山西省档案馆藏，C54-1003-30。

② 《提高人民购买力从经济上巩固工农联盟　华北区城乡物资交流展览会开幕》，《人民日报》1951年10月6日。

③ 《华北区城乡物资交流展览会介绍》，《人民日报》1951年10月6日。

④ 《华北区城乡物资交流展览会工作总结》，《人民日报》1951年11月27日。

2. 展览会的会场布置与展品的特点

展会的筹备工作是细致而烦琐的，总计有2500多名工作人员与3000多名建筑工人参加到展会的筹备过程中①，华北区城乡物资交流展览会经过80多天的积极筹备于10月正式开幕。展览会的会场布置与展出的展品都是经过细致的分类与挑选的，从这两方面可以看到鲜明的时代特色与筹备者的独具匠心。

华北区城乡物资交流展览会会场在天津市六区马场，共占地20441平方米，设有展馆17个，除此之外设有休息区、饮水区、服务区、询问区、公安站、医疗站、消防队、商店、食堂等（见图1），可以说是既方便参观，又方便管理。从会场平面图上可以看出展馆基本上分为四大区，分别为综合、农业、土特产与工业四个部分，这与大会筹备计划基本一致，将同一类展馆聚集在一起，方便民众参观。值得注意的是，从每个展馆的占地面积来看，最大的3个展馆是物资交流服务馆1914平方米、重工业馆1689平方米和工商改进馆1584平方米。② 其中，物资交流服务馆是最大的展览馆，主要展出的是新中国的合作社、交通、金融、邮政、税务、贸易等国家机关和企业部门是如何为城乡物资交流服务的。③ 重工业馆的展品大部分是矿冶、机器、电器三类④，展品体积相对较大，所以占地面积相对也大。除此之外，对重工业发展的重视也是国防建设和国家经济建设的需要，同时要应对当时西方资本主义国家对中国的敌视与经济封锁就必须发展重工业，这也可以视为提出社会主义总路线和“一五”计划的先声。陈云曾在1951年财经工作要点中说道：“去年我们做了很多工作，只有两个重点，一是统一，二是调整。统一是统一财经管理，调整是调整工商业。统一财经之后，物价稳定了，但东西卖不出去，后来就调整工商业，才使工商业好转。六月以前是统一，六月以后是调整。只此两事，天下大定。”⑤ 所以，工商业改进馆作为重点展馆展示了中华人民共和国成

---

① 《华北城乡物资交流展览会今开幕》，《天津日报》1951年10月5日。

② 《华北区城乡物资交流展览会会场总平面图》，《天津日报》1951年8月13日。

③ 《物资交流服务馆——华北区城乡物资交流展览会介绍之一》，1951年。

④ 《重工业馆——华北区城乡物资交流展览会介绍之十六》，1951年。

⑤ 中共中央书记处研究室：《陈云文稿选编（一九四九——一九五六年）》，人民出版社1982年版，第125页。

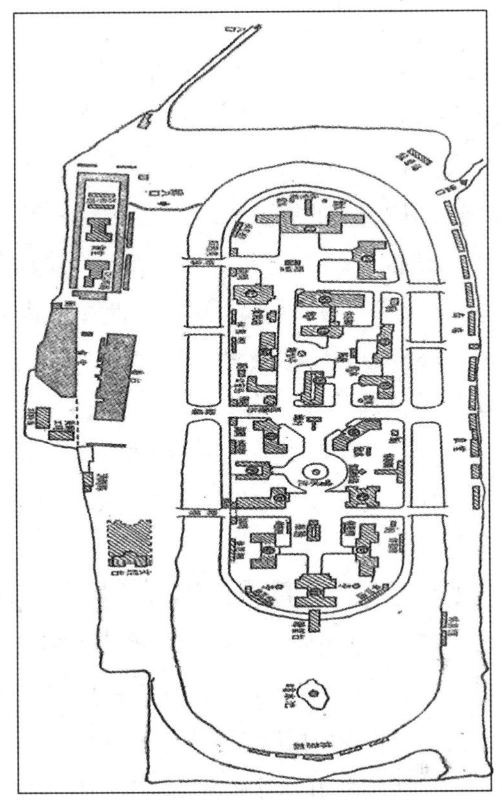

图 1 华北区城乡物资交流展览会会场总平面图

资料来源:《华北区城乡物资交流展览会会场总平面图》,《天津日报》1951 年 8 月 13 日。

注:①—⑰的展览馆分别为物资交流服务馆、农业生产资料馆、工商改进馆、区际馆、山干鲜货馆、药物馆、水产馆、畜产馆、经济作物馆、粮食馆、战胜灾害馆、棉花馆、棉织品馆、农业改进馆、日用品馆、手工业馆和重工业馆。

立初期国家合理调整工商业的成果,同时也是体现城乡物资交流与调整工商业的良性互动。此外,在展会会场平面图上可以看到在物资交流服务馆、农业生产资料馆、工商改进馆和区际馆中间有摆放雕塑的位置,耸立着高达 2.4 公尺的毛泽东像,“显示着华北区和内蒙工农业生产的迅速恢复与发展,是和毛主席和中国共产党的领导分不开的”①。粮食馆、战胜

① 《华北城乡物资交流展览会今开幕》,《天津日报》1951 年 10 月 5 日。

灾害馆、棉花馆、棉织品馆与农业改进馆中间的喷水池设有工农联盟塑像，体现了展会巩固工农联盟的精神。

展品作为华北区城乡物资交流展览会的重要载体，表达出独特的历史信息，在展会的筹备过程中征集展品成为最重要的工作。就本次展会而言，展品具有以下几个特点：

首先，华北地区产量较大的展品居多。如山干鲜货馆展出的山干货部分有花椒、葵花子、核桃仁、杏仁、乌枣、红枣、黑白瓜子、榛子、粉丝、花菜、小茴香以及各种果干。其中，河北省的花椒产量最大，仅1950年一年就产出1235700斤。花椒以河北涉县所产最驰名，居全国第一位，在“七七事变”之前价高时花椒收入占涉县农民全部收入的25%，所以为农民主要副产之一。[①] 又如，药物馆中展出的甘草、麻黄是华北地区产量最大的药材，甘草仅绥远一省年产量就达400万斤，内蒙古自治区年产麻黄达500万斤。[②]

其次，各类展馆中都展出了滞销的产品。如药物馆中展出的知母、苍术、柴胡、山大黄、黄芩，其中黄芩华北年产量达200多万斤，滞销对产地人民的生活产生了影响，所以急需销售，同时要根据市场需要生产。[③]

具有指导意义的优良品种的展出，如玉米的优良品种“金皇后”玉米，原为引进的外来品种，在山西省经过试验与驯化选种工作，春播玉米区已普遍推广，为华北玉米品种中产量最高者。[④]

实物展品与工农劳动模范创造和工商改进典型事迹相穿插。种植棉花的山西劳动模范曲耀离的事迹是棉花馆展览的重要部分，其中介绍了曲耀离种棉耕作的经验与棉花丰产的经验。曲耀离是山西解县人，首创全国棉花丰产最高纪录，每亩平均收籽棉533市斤。[⑤] 在粮食馆中也展出了全国劳动模范李顺达种植“金皇后”玉米的丰产经验。工商改进的先进事迹有天津市德和永杂货店改革臃肿机构和平原省新乡市大昌转运货栈经营土

---

① 《山干鲜货馆——华北区城乡物资交流展览会介绍之三》，1951年。

② 《药物馆——华北区城乡物资交流展览会介绍之四》，1951年。

③ 同上。

④ 《粮食馆——华北区城乡物资交流展览会介绍之十》，1951年。

⑤ 《棉花馆——华北区城乡物资交流展览会介绍之九》，1951年。

产等。①

展品细致的分类与详细的介绍也是其一大特点。总体分为八大类即农产品、土特产品、工业品、矿产品、劳动模范事迹、工商改进、防治病虫害与综合类展品。关于展品主要围绕展品的产地、产量、产期、用途、规格、价格、销路等情况进行了较为详细的介绍，让参观者能够充分地了解展品的情况，并且能获得工农业需要生产什么及如何改进生产的明确方向。

爱国主义教育与展品紧密结合，展会的工作方案中要求“将爱国主义思想渗透到大会每个展览馆里去，使参观者能体验到新中国政治制度的优越性，从而提高大家爱护祖国的热情”②。在每个展馆的展出中都突出了我国是一个物产丰富、地大物博的国家，引导人民热爱祖国。

此外，部分展品指出了国家今后社会改造的方向。在农业生产改进馆中展出了华北各地区“组织起来”发展的情况，展示了“组织起来”前后的生产对比，如山西在1950年组织起来的户数占全省总户数的55%，对其中的十个模范村（组织起来占总户数的95%以上）的统计，每亩平均产量超过战前55.7%。③ 给参观者展示了“组织起来”对于发展生产的巨大优越性，也指明了农业生产发展的方向就是要巩固和发展劳动互助组，这就与1953年以后对农业的社会主义改造相一致。

华北区城乡物资交流展览会的会场布置与展品能够直观地反映出其举办的国内外背景、办会者举办的动机与目的，同时能够从不同角度折射出展览会全景。这次展会的一大特点就是全面与重点相结合，会场的布置与展出的展品体现出系统化、大众化、目的明确、中心突出、说明清楚与朴素大方等特点，同时也指出了国家发展的方向。

华北区城乡物资交流展览会利用图表、照片、模型等手段，为参观者直观地展示出各行业的发展情况。从而反映了中华人民共和国成立以来的两年间，华北区的交通运输、农业、工业、工商业与邮电等多个行业都有了较快的发展。

---

① 《工商改进馆——华北区城乡物资交流展览会介绍之二》，1951年。

② 《华北区城乡物资交流展览会工作方案》，《天津日报》1951年7月15日。

③ 《农业生产改进馆——华北区城乡物资交流展览会介绍之七》，1951年。

3. 华北区城乡物资交流展览会的意义

1951年，华北区城乡物资交流展览会的举行是全国开展城乡交流工作达到高潮的标志。从1951年2月至该年年底，全国各大行政区和各省、市举行的各种物资展览会已有31场。其中规模最大、成绩最为显著的则是历时一个半月的华北区城乡物资交流展览会。① 展会的成功举办为1951年以后华北区以及全国举办城乡物资交流会积累了宝贵的经验，同时也成为以后物资交流会的典范。华北区城乡物资交流展览会的意义体现在以下几个方面：

华北区城乡物资交流展览会促进了城乡商品交换与国民经济的恢复。展会认真贯穿和落实了“会场就是市场”的方针，分别组织了各类型的贸易，解决了各地区不同的贸易要求，促进了工农业生产的发展。在1.5亿元的成交额中，华北和内蒙古采购占66.14%，推销占84.3%；其他各大行政区采购占33.86%，推销占15.7%。成交总值中，现货、合同占68.32%，协议占31.68%。推销中以土特产品为主，约占60%以上，并为一些滞销品找到了销路，计共销出滞销产品700余万元。

大力推销农副土特产品，提高了农民的购买力。1952年的土产特产，经过华北区城乡物资交流展览会订定1亿元以上的交易合同与协议。农民手中的土特产卖出去了，换回了钱，这就提高了农民的购买力。据河北玉田县四个基点村调查，1950—1951年冬，农民在卖出土产和一部分粮食、棉花后，买了120头牲口和1900件农具。1951年全华北推销各种新式农具2.3万件，喷雾架5万多架。② 这些数字直接说明农民购买力提高了，所以有钱购买农具和牲畜用于农业生产。

展览会为华北区的工农业发展指明了新的方向。通过大会使工人、农民认识了改进技术的重要，使工商业家认识了面向农村的必要。在工业上，大会共展出了70余种工人阶级的创造发明和技术改进的事迹，介绍了许多劳动模范的先进经验，并指出了依靠工人阶级在民主管理基础上建立科学管理制度和贯彻经济核算制的方向。此外，通过交易及展出，指出

---

① 《华北区城乡物资交流展览会的成就》，《人民日报》1951年11月28日。

② 郑谦主编，庞松著：《中华人民共和国史（1949—1956）》，人民出版社2010年版，第179页。

了工商业改进的方向必须是面向农村、积极生产农村所必需的生产生活资料，改进经营方法。[①]

此外，大会还密切了城乡人民的关系，巩固了工农联盟。农民代表来天津参观前，一般认为“要不是农民种地，谁也吃不上饭，天下又是农民打下的，所以农民应该占领导地位”。“工人在城市，农民在乡下，你干你的，咱干咱的，工农联盟没法联。”经过这次参观展览会、工厂和举行工农联欢会、座谈会后，他们认识到了工人阶级的先进性、组织性和创造性。同时市民也深感农民进步、勤劳、勇敢、朴实，于是便以招待农民为荣。大会提供工农双方相互深入了解的平台，这样就拉近了城乡人民的距离。[②]

华北区城乡物资交流展览会为恢复城乡经济、推销农副土特产品、提高农民的购买力和促进国民经济的发展等方面做出了有益的尝试，同时为华北区工农业技术的改进指明了新的方向。此外，大会还在对参观者进行爱国主义教育与密切城乡人民关系方面做出了贡献。这次展览会的成功举办为 1952 年华北区举办城乡物资交流大会提供了借鉴意义。

三　华北城乡物资交流大会中的“山西”

1. 参会人员的构成分析

1951 年 7 月中央人民政府华北事务部决定，华北区城乡物资交流展览会于 10 月初在天津举行，山西省就开始积极筹备展品，号召省内人民参与到大会之中。1951 年 7 月 31 日《山西日报》发表社论文章《为开好华北区城乡物资展览会而努力》，文中指出“我省亦于本月二十一日成立了大会筹备分会，积极进行筹备工作”，“开好一个规模宏大意义深厚的大会的关键，在于准备工作完成的程度如何。而准备工作的关键则在于各省市干部与人民，特别是工商业者的动员组织的程度如何”。[③] 同时还设立了相应的组织机构，在“华北区城乡物资交流展览会山西筹备分会”

① 《华北区城乡物资交流展览会闭幕》，《人民日报》1951 年 11 月 21 日。

② 《华北区城乡物资交流展览会的成就》，《人民日报》1951 年 11 月 28 日。

③ 《为开好华北区城乡物资展览会而努力》，《山西日报》1951 年 7 月 31 日。

下分设办公室、展览品征集委员会、物资交流准备委员会、宣传委员会等。① 时任山西省人民政府副主席裴丽生担任华北区城乡物资交流展览会山西筹备分会主任。

在国家的号召下，地方政府展开了紧张有序的筹备工作。而其中参与筹备的人有谁？参加大会的人又有谁呢？带着这些思考，文章接下来就以参会人员为分析主体，剖析华北物资交流会的一个侧面。

1951 年的华北区城乡物资交流展览会，由“华北事务部领导，依托天津市主办，并聘请五省、北京、内蒙有关部门负责同志、工农业劳动模范及私人工商者——组成大会筹备委员会，迅速进行筹备工作”②。为了加强筹备委员会与各地的联系，各省、市需抽调骨干干部到天津参加筹委会的工作，其中山西五人。③ 在常务委员中，有省政府财经委员会秘书长杜任之；委员中有省政府商业厅长周化民，省合作总社主任刘鸿达，农业劳动模范李顺达，工商界王恭、高子清。④

随后，山西省在 1951 年 7 月底也成立了“华北区城乡物资交流展览会山西筹备分会”，担任山西筹备分会主任的是裴丽生（时任山西省人民政府副主席），委员分别是杜任之（时任山西省人民政府财经委员会秘书长）、周化民（时任山西省商业厅厅长）、张涛（时任山西省农业厅副厅长）、史纪言（时任中共山西省委宣传部副部长）、夏奇峰（时任山西省工业厅副厅长）、宋子纯（时任太原市工商联合会主席）、卢梦（时任中共山西省委会宣传部秘书长）、刘鸿达（时任山西省合作联合社主任）、李秉权（时任山西省农业厅副厅长）、王中青（时任山西省文教厅副厅长）、陈大东（时任太原市财委副主任）、李杨（时任山西省总工会秘书长）和太原市工商界代表高子清。⑤

从中可以看出，筹备展会的主体是国家、行政区、省、市的政府人

① 《省府关于作好华北区城乡物资交流展览会筹备工作的指示》，《山西日报》1951 年 7 月 31 日。

② 《华北区城乡物资交流展览会工作方案》，《天津日报》1951 年 7 月 15 日。

③ 《关于举办华北区城乡物资交流展览会的指示》，山西省档案馆，档案编号 C54 – 1003 – 30。

④ 《华北区城乡物资交流展览会工作方案》，《山西日报》1951 年 7 月 31 日。在《关于举办华北区城乡物资交流展览会的指示》中要求山西去五人，但在最终公布的名单中是六人。

⑤ 《华北城乡物资交流展览会山西省筹备分会委员》，《山西日报》1951 年 7 月 31 日。

员，除此之外还有全国劳动模范李顺达与太原工商界代表高子清，这点也是根据大会筹备工作中提出的“专门聘请工农业劳动模范和工商界代表”①。农业劳动模范和工商界代表参与到展会的筹备工作中，对大会的宣传与动员工作都有积极的作用。其中的劳动模范是 1951 年华北区城乡物资交流展览会上带有特殊光环的人群，他们是展览会上一种特殊的“展品”。李顺达是华北城乡物资交流展览会山西省筹备分会委员②，同时他的劳动事迹又是展览会的展览品，他带着双重身份参与到 1951 年华北区城乡物资交流展览会中。

就劳模本身而言，他们是农业生产的代表；对于地方而言，他们是地方的骄傲，也是地方响应国家号召的标杆；对于国家而言，他们是国家宣传生产技术与爱国思想的载体。山西省劳模李顺达和曲耀离作为城乡物资展览会的参观者与被参观者，身上被赋予了多种符号。仅从山西地方角度出发，在中华人民共和国成立后作为革命老区的山西如何展示自己的风采，这些山西劳模们正是最好的诠释。

1952 年华北区分别在 4 月和 9 月举办了两次物资交流会，其中 9 月开幕的华北区第二届城乡物资交流大会成交量和规模都比较大。在大会召开之前，经过广泛动员，山西省贸易代表团于 9 月中旬成立，团部及团员总人数达 296 人。③ 其中，参加物资交流会的山西代表有来自政府机关、合作社、国营机构的工作人员，还有私营工商业者。据统计，私营工商业者占到总人数的 53.04%，参会的人数最多，这一方面体现了大会的宣传，激发了私营工商业者的热情，相比“三反”“五反”后的经济几乎停滞的现象，国民经济已经在好转。另一方面也说明了私营业主急需推销自己的商品与购买人民需要的生活用品。

通过对山西省参加两次华北区物资交流大会的成员分析，笔者认为 1951 年的华北区城乡物资展览会规模较大，涉及范围广，相应地山西参会的人员也多，同时呈现出由政府机关主导与劳模精英号召相结合的特

---

① 《为开好华北区城乡物资展览会而努力》，《山西日报》1951 年 7 月 31 日。

② 《华北城乡物资交流展览会山西省筹备分会委员》，《山西日报》1951 年 7 月 31 日。

③ 《我省贸易代表团团部及大部团员于 24 日晚到达天津》，山西省档案馆，档案编号C2－1－333。

点。相比之下，1952 年的华北区第二届物资交流大会规模较小，参会的人数明显比 1951 年的展览会少很多。单纯从人数的多少来比较两次大会所产生的影响是不可取的，不过也在一定程度上说明了两次物资交流会各有侧重。1951 年的华北区城乡物资展览会总结了中华人民共和国成立两年来国家经济恢复的成就，同时展开更大规模的物资交流。1952 年华北区第二届物资交流大会目标比较单一，即大力推销工业品下乡，促进城乡物资的流动。

2. 展示山西：物资交流大会中的土特产

"征集展览品，这是筹备工作中的主要环节。必须根据展览会的要求，适宜地、审慎地选好各种展览品。"① 裴丽生强调展品要"能向省外大量输出之农副业产品、土产、山货、特产、畜产、矿场及工业品、手工业品等，以供大会交流，滞销品亦应大力收集展览，以期打开销路。要善于总结劳模创造事迹及工商改进经验，以供大会研究；并希望能体现出我省矿产及各种资源之丰富，作为一个工业基地之基础与条件，以迎接祖国交给我省之伟大任务"②。山西省在国家的号召下，积极筹备展品，准备参加华北物资交流大会，并且希望在会上突出自己的特色。

经过一个月的积极筹备，山西省的展览品于 1951 年 9 月 2 日启运。此次送往华北区物资交流展览会的展览品，共分工商改进、物资交流、棉花、粮食、经济农作物、手工业、轻工业、电器、矿产、重工业等 15 大类。实物展览品 426 类，标本 230 件，模型 13 个，照片、挂图 636 幅。③

在 1951 年大会召开之际，山西省人民政府主席赖若愚为庆祝华北区城乡物资交流展览会的召开，发表题为《发展山西的工业与土产——祝贺华北区城乡物资交流展览会》的文章，指出在山西发展重工业的自然条件是优越的，也有相当的基础，发展成为工业化的山西是全省奋斗的目

---

① 《作好华北城乡物资交流展览大会的筹备工作》，《天津日报》1951 年 7 月 15 日。

② 《省府关于作好华北区城乡物资交流展览会筹备工作的指示》，《山西日报》1951 年 7 月 31 日。

③ 《到天津参加城乡物资交流展览会去　我省展览品征集齐全首批展览品已于二日运往天津》，《山西日报》1951 年 9 月 8 日。

标，同时强调发展山西的土产也与发展工业生产是不可分割的。[①] 在华北物资交流大会上，工业品与土产成了山西省的主要展品。山西的铁器成为大会推荐的商品，在煤矿资源丰富的条件下，铁器等工业品成为山西的特色产品。[②] 在重工业馆中，山西的主要展品有煤、硫黄、石膏、洋灰与誉满全国的太原造纸厂生产的打字纸、盘纸。工业重要产品有仿制全国第一架轨链式拖拉机和仿制全国第一架割煤机。另外，山西主要展出的土产有核桃、红枣、棉花、花椒、葡萄、党参、连翘、葡萄汁以及在巴拿马万国博览会上荣获甲等金质大奖章的汾酒等。此外，山西还在工商改进、物资交流、粮食、经济农作物等方面有展品展出，主要包括的农产品有棉花、"一六九"小麦、"金裹银"小麦、"八一一"谷、"沁州黄"小米、金皇后玉米、昔阳玉茭等优良品种。山西在改进生产工具方面也有新的成果，如山西机器公司制造的玉米脱粒机、喷雾器、新式的牙轮水车等新式农具。[③] 华北区城乡物资交流展览会山西筹备分会选送的展品可以说都是山西的特色产品，在全国甚至是世界上都是小有名气的，山西当然希望通过借助这次展览会的机会展示山西，同时提高山西人民的自信心、自豪感与建设国家的热情。

在 1952 年 4 月、9 月的两届华北区物资交流会上，山西主要推销的商品主要以工业品、土特产品、铁货产品、药材、畜产类商品为主。其中，山西贸易代表团在第二届物资交流会上成交总额达 3.13 亿元。从商品种类上，工业品占 74.82%，农副土特产品占 25.18%。[④] 工业品中芒硝、煤炭、硫黄、青石膏成交量较大；畜产品中推销较多的是羊毛、羊绒、猪鬃与猪毛；胡麻籽、大麻籽、芝麻和芥菜籽是油脂类中卖得较多的。此外，土产推销出较多的是冬花、猪苓、远志、甘草等。[⑤] 这些商品

---

① 《发展山西的工业与土产——祝贺华北区城乡物资交流展览会》，《天津日报》1951 年 10 月 5 日。

② 《全国驰名山西铁器》，《天津日报》1951 年 10 月 8 日。

③ 《到天津参加城乡物资交流展览会去 我省展览品征集齐全首批展览品已于二日运往天津》，《山西日报》1951 年 9 月 8 日。

④ 《参加华北区第二届物资交流会的山西省贸易代表团交易工作总结》，山西省档案馆，档案编号 C2－1－333。

⑤ 《一九五二年华北区第二届物资交流大会山西省贸易代表团推销统计表》，山西省档案馆，档案编号 C2－1－333。

中大部分是比较畅销的，还有一部分通过大会积极推销出去的滞销品。与1951年华北区城乡物资交流展览会上山西的展品相比，1952年的两届华北物资交流大会中参会的商品有共性也有个性。共性在于都以工业品与土特产品为主。相比之下，山西在1952年的华北物资交流会上展出的商品实用性更强，涉及当时民众急需的生活用品、发展农业生产的农具与国家工业发展需要的工业品。

从山西在筹备和参与物资交流大会的过程中，可以看出，山西作为大会的主要参与者积极地响应国家的号召，鼓励省内人民参加物资交流大会，同时通过展品展现出山西的工业化气息。山西希望通过物资交流大会宣传中华人民共和国成立以来的工业和农业成就，并且推销工业品与土特产品。山西作为革命老区带着蓬勃的朝气加入国家城乡经济发展的宏图当中，同时又通过各式各样的途径不断地展现自我的特性。

3. 购销产品的种类分析

山西省贸易代表团在1952年4月的华北区物资交流大会上成交总值为15746746.81元，其中推销14367199.55元，购进379547.26元。按照经济成分的不同，各类经济部门分别成交数额及占有的份额，交易量最大的部门是合作部门，占全团总值的97.53%。交易的产品主要集中在土产与工业品上，分别以代购、订购、现款现货、协议等为主要交易方式，其中以订购合同居多。[①] 山西在这次物资交流大会上推销出积压量大的红枣和滞销的药材，为滞销产品打开了销路。此外，山西省的铁与铁货和广西省建立了贸易关系。[②] 就1952年4月的华北物资交流大会而言，主要的目的是为了消除“三反”“五反”运动中的工作不当给物资交流带来的消极影响。所以，虽然这次大会的规模小，交易产品的种类少、数量小，但是这却为呆滞的商品注入了新的市场活力，同时也有利于活跃山西省内的城乡物资交流。

在1952年秋季，华北区召开了第二届华北区城乡物资交流大会，从9月27日开幕到11月15日闭幕，历时50天，山西省贸易代表团共成交

---

① 《华北物资交流大会山西贸易代表团成交业务综合情况表》，山西省档案馆，档案编号C2-1-333。

② 《华北区物资交流大会胜利闭幕》，《山西日报》1952年5月28日。

31300000 元，占大会总成交额的 5.4%，超过了参加 1951 年华北区城乡物资交流展览会山西省贸易代表团成交额的 79%。在产品的种类上，工业品占 74.82%，农副土特产品占 25.18%。从购销方面，推销占交易总额的 34.29%，购进占交易总额的 65.71%。各种经济成分成交所占的比例是，国营 17.17%，合作社 78.58%，私营 4.25%。山西省、市、专区的交易额分配中，省级最多，占 82.15%。除此之外，太原市 5.26%、阳泉市 0.31%、运城区 3.85%、长治区 3.22%、忻县区 3.12%、临汾区 0.81%、榆次区 0.81%。[①] 山西购销的产品集中于工业品与土特产，进行交易的主体仍然是合作社占有较大的比例，相比之下，私营工商业成交额较 1952 年 4 月华北物资交流大会有了较大发展，可见市场呆滞现象已经好转。在这次物资交流会上，山西省主要的交易对象是华北区，从交易对象的成分上看合作社比例较高，达到 55.52%。值得注意的是有公私合营的企业参与到物资交流中，虽然占的比例很小，但已经可以看出国家对私营工商业改造的尝试。在推销方面，山西省贸易代表团推销出较为畅销的煤、硫黄、青石膏、羊毛、羊绒、猪鬃、猪毛、胡麻籽、芝麻、芥菜籽、冬花、猪苓、远志、甘草、梨、红枣等。此外，一些库存较多的商品，如毛呢等都基本得到解决。采购方面，有两方面比较突出，一方面是花布色布为主的棉织品，占采购总值的 54.61%，“但是，这必然还远远不能适应当前供应上普遍存在着的供不应求之势”[②]。这说明国家经济的恢复，使得山西民众的购买力提高，同时对于穿着有了新的要求，所以布的采购量大大提高。另一方面，山西采购较多的还有文教用品，其中购买较多的是日记本、笔记本、各种水笔、铅笔和钢笔等，是为了满足山西省内青壮年“今冬明春以速成识字运动为主流的文化高潮之需要”，这与中华人民共和国成立初期的扫盲运动密不可分，进而展现了物资交流与扫盲运动两者之间的良性互动。

1952 年 4 月和 9 月的华北城乡物资交流大会中，山西省贸易代表团购销的商品主要还是以工业品和农副土特产品为主，这是山西省的特色，主要原因就是产量大，生产历史悠久。而参与物资交流的主体是合作社。

---

① 《山西省贸易代表团交易工作总结》，山西省档案馆，档案编号 C2－1－333。

② 同上。

中华人民共和国成立初期，国家为了恢复国民经济，鼓励建立各种类型的合作社，并将其作为沟通城乡物资交流的重要纽带。通过分析购销产品的种类。可以看出山西对于国家政策的响应，积极参与物资交流。同时，物资交流中为了配合全省范围内开展扫盲运动，采购大量文具以满足民众的需要。从某种意义上讲，这也是地方对国家政策的支持。

四 华北城乡物资交流大会与国家形象塑造

1. 展品征集与宣传动员

华北城乡物资交流会的筹备工作是大会能否办好的关键，同时也是展现政府运作能力与动员群众的过程。筹备工作主要包括两个方面：一是自下而上征集展品；二是自上而下动员宣传展品和动员民众参加展会。1951年华北区政府为了筹备10月份召开的城乡物资展览会，成立了展品征集布置委员会和宣传委员会，分别负责展览品征集、审查、登记、保管、布置及展览品的讲解与制定大会宣传方针、计划、通讯、报道、出版、资料编辑等事宜，并要求各委员会必须普遍展开宣传动员工作。①

展品的征集是国家调动地方与民众参与大会的过程。展品征集布置委员会倡议华北五省、北京市、内蒙古各分会内应设置机构或专职人员负责征集各区内的展览品。同时，提出了对各地征集展品的要求，如各种工农业及土产、特产品必须是产量较大并有介绍及交流价值者；展出数量必须充足大方，足供观众起丰富可爱之感；展品应尽可能地加工装潢、艺术化、系统化；不易保存之物品，尽可能制成模型展出。此外，还要求各省市所送展览品，均应附详细说明卡片。为方便展览会的解释工作，还要附有展览品登记表。② 展览品的征集主要是为了在展览会上进行买卖交易。除此之外，展览会的展品还被赋予了许多政治色彩。“征集的展览品应注意实用和具有政治教育意义，如城市工商业要面向农村，为农业生产服务，供给农民生活上和生产上需要的展品，并要突出地展出拖拉机，告诉

① 《华北区城乡物资交流展览会工作方案》，《天津日报》1951年7月15日。

② 《华北区城乡物资交流展览会展品征集布置委员会展品征集及布置办法（草案）》，《天津日报》1951年7月25日。

农民应积极地支持城市工业所需的原料，以加强城乡互助，巩固工农联盟。以上展品应当用具体的、实际的、生动的实例，说明城市领导乡村，工业领导农业和巩固工农联盟、促进经济建设的意义。”① 展览品征集布置委员会还派小组到华北区各省指导展品的征集工作。华北五省及北京市、内蒙古开始积极的筹备展品，于 1951 年 9 月初陆续运往天津市，并拟订了详细的展览计划。

在召开华北区城乡物资交流展览会之前，华北区各省市已经举办过不同类型的物资交流会，山西省就曾担心“由于两年来物资交流工作已有一定成绩，我省又是最近刚开过了土产展览会，干部与群众中可能产生某些自满与厌烦的情绪，而一般工商业者又可能认为这是政府的事，与自己无关，因此可能都不去积极进行准备工作”。由此看来，展览会除了要积极征集展览品，还要重视宣传动员工作。宣传动员主要通过文字性的宣传、图片宣传、联欢会等多种宣传形式相结合。

展览会中的文字宣传主要通过报纸、标语、口号等手段实现。其中报纸的宣传占有举足轻重的地位。就《人民日报》而言，从 1951 年 7 月开始就发表了多篇关于召开华北区城乡物资交流展览会的文章，如《筹开华北区城乡物资交流展览会》《做好华北区城乡物资交流展览会的准备工作》《华北区城乡物资交流展览会正在积极筹备，准备通过展览会组织大规模的交易》《华北区城乡物资交流展览会，定十月五日在天津开幕，预展定于九月二十八日开始》《提高人民购买力从经济上巩固工业联盟，华北区城乡物资交流展览会开幕》等。在展览会开幕之后，从 1951 年 10 月 6—20 日《人民日报》第二版连载了《扩大城乡物资交流，发展工农业生产》的专栏报道，主要介绍了各个展馆的展出情况。1951 年 11 月 28 日，发表题为“华北区城乡物资交流展览会的成就”的社论。据笔者粗略统计，1951 年《人民日报》发表关于华北区城乡物资交流展览会的文章近 30 余篇。华北区地方性的报刊也积极宣传城乡物资展览会，其中《天津日报》可谓典型，天津市是 1951 年华北区城乡物资交流展览会的举办城市，对于天津市民的宣传可以说是有重要意义的。从 1951 年 7 月筹备展览会开始到展览会结束，《天津日报》基本上每天都刊登关于华北区城乡

① 《征集展览品应注意的几件事》，《天津日报》1951 年 8 月 15 日。

物资交流展览会的报道，主要涉及筹备、宣传动员、会场建设、招待工作等方面。在筹备之初，还发表社论文章《做好华北城乡物资交流展览大会的筹备工作》。《山西日报》也为华北区城乡物资交流展览会的召开积极筹备，发表《为开好华北区城乡物资交流展览会而努力》的社论文章，号召山西全省上下征集展览品、调动工商业界参加的热情、做好山西省购销计划等。此外，展览会还编印了会报会刊。

展览会的宣传标语是动员民众的手段，同时也是国家意志的集中体现。1951 年 9 月底，展览会公布了标语口号，其中有“促进物资交流，繁荣城乡经济，巩固工农联盟!”“贯彻四面八方政策，为建设新中国而奋斗!”“扩大物资交流，巩固以工人阶级为领导以工农联盟为基础的人民民主专政!”“中华人民共和国万岁!”“中国共产党万岁!”“毛主席万岁!”“向劳动模范看齐，学习先进经验，提高生产!”等。① 除了展会之前发布宣传标语，在展会的布置中也悬挂了领导人图像与宣传标语，会场内还有一座毛主席塑像，这些都是国家意志的最好体现。通过大会的标语口号，国家不断重新塑造在民众心目中的形象和地位。

图像是比文字、宣传口号、标语更为直观的宣传方式。中华人民共和国初期，全国民众的文化水平不高，文盲现象还普遍存在，所以图像的宣传手段更适合当时民众的需求，更有利于调动民众参与展览会的热情。1951 年 8 月华北区城乡物资交流展览会筹委会公布了物资交流展览会的会徽（见图 2)，“上为红星，象征共产党，下为工业，再下为农业，象征工人阶级为领导的工农联盟。周围棉花、麦穗象征工业发展必须建筑在农业发展的基础上。其颜色：星红色，天淡蓝色，工厂及棉花蒂为茶褐色，棉花为白色，叶子黄色，麦田黄色，麦穗及麦叶为金黄色”②。会徽是代表国家意志的最好表现，也是塑造国家形象的重要途径之一。宣传画也是图像宣传的方式之一。展览会的美术设计工作人员绘制了四十多件大幅油彩宣传画。③ 从华北区城乡物资交流展览会的宣传画可以看出，画中大多

① 《华北区城乡物资交流展览会标语口号》，《山西日报》1951 年 9 月 27 日。

② 《华北区城乡物资交流展览会筹委会公布物资交流展览会会徽》，《山西日报》1951 年 8 月 21 日。

③ 《大会宣传委员会决定好好宣传大会的意义》，《山西日报》1951 年 9 月 22 日。

是农民与工人的形象，强调工农联盟，倡导农民发展农业生产、为工业生产提供原料。其中还有宣传发展合作社与加强社会主义国家友好交往的图画。图像是最为直观的宣传表达，共产党利用这种方式，表明了建设国家的新方向，也展现了高度亲民的形象。

图 2 1951 年华北区城乡物资交流展览会会徽

资料来源：《华北区城乡物资交流展览会筹委会公布物资交流展览会会徽》，《山西日报》1951 年 8 月 21 日。

展览会还利用广播、联欢会、座谈会、文艺表演等形式进行宣传。展会的筹备委员会要求将“举行大会的意义深入宣传到华北区的每个城市、县、镇及农村的群众中间去，做到家喻户晓，并进一步要求充分地利用报纸、宣传网、广播台、广播站、文化宫、文化馆以及读报小组等宣传工具，通过各种群众会议如群众大会、座谈会等，向群众进行广泛与深入的宣传动员，把大会的意义及其进行情况及时地系统地告诉群众。这就要求我们全体美术工作者和文艺工作者，尽力为大会服务，通过绘图、雕塑、小说、诗歌、戏曲、杂技等等，反映大会的真实情况”①。在展览会筹备

① 《做好华北区城乡物资交流展览会宣传工作》，《天津日报》1951 年 8 月 5 日。

的过程中，举行了各省市广播电台台长会议，确定了具体的广播计划[①]并且编排了展览会第一周的节目，其中主要有大会负责人的讲话，民间音乐、河南梆子（巩玉荣演唱《工农互助》）、民间管弦乐，还有天津市各行业号召各地民众参观展览会的讲话。[②] 天津市还号召曲艺界要在展览会期间“多多演唱抗美援朝、土地改革、婚姻法和歌唱工农联盟以及有关庆祝国庆节的新戏曲，同时争取大量创作演出短小精悍、通俗易懂的快板”[③]。时任中国大戏院院长、京剧大师梅兰芳在展览会开幕之际献唱《霸王别姬》。[④] 据华北区城乡物资交流展览会统计，展览会举行期间，规模不等的文艺表演有404场，放映电影招待的人数为16722人。[⑤] 华北区城乡物资交流展览会前后举办了多种形式的联欢会，有工农劳模联欢会、妇女模范联欢会。

展会前的宣传动员工作激发了民众参与的热情。天津市的许多市民认识到展览会的重要性，积极响应“户户做东，人人招待”的号召，主动腾出房间5180多间供参观展览会的工农代表住宿。[⑥] 天津市的三轮车夫、公共交通都提出要为展览会服务，可见这些形式多样的宣传方式达到了预期的效果。国家利用展览会的机会，重新整合了国家的形象，树立了工农联盟的新民主主义国家形象，同时展现了我党一贯“从群众中来，到群众中去”的亲民作风。

2. 典型模范与国家形象的重塑

国家历来就十分重视典型的示范工作，早在抗日根据地时期的生产展览会上就展出了劳动模范和生产模范的代表，并展出了合作社的模范。[⑦] 华北区城乡物资交流展览会是中华人民共和国成立之后的重要展会之一，

---

① 《大会宣传委员会决定好好宣传大会的意义》，《山西日报》1951年9月22日。

② 《华北区展览会特别广播节目第一周节目排定》，《天津日报》1951年9月14日。

③ 《迎接国庆节及展览会，戏曲界开动员大会》，《天津日报》1951年9月18日。

④ 杨骏昌：《忆解放初华北区城乡物资交流展览会》，《天津文史资料选辑》第45辑，天津人民出版社1988年版，第139页。

⑤ 华北城乡物资交流展览会编：《华北区城乡物资交流展览会汇刊》，1951年，第145页。

⑥ 杨骏昌：《忆解放初华北区城乡物资交流展览会》，《天津文史资料选辑》第45辑，天津人民出版社1988年版，第135页。

⑦ 《边区生产展览会盛况空前，新民主主义经济建设辉煌成果》，《解放日报》1943年12月4日。

其意义在于不仅要进行经济交流，同时也是指明国家发展方向的途径。在展览会筹备时的工作方案中就曾指出“介绍工农劳动模范的创造与工商业改进的成绩，组织并招待各地劳动人民、合作社及公私营工商业代表团莅会参观，并在会议期间组织各种座谈会、联欢会，提高大家生产和经营的积极性，并使城市农业科学工作者与广大农民群众互相学习，共同得到理论与实践相结合的机会”①。“将其事迹按性质分布于各馆中展览，力求突出。”② 通过向全国推广与典型示范，为国家走集体化和发展公有制经济铺平了道路。劳动模范及其事迹就成为展览会上特殊的展品，进而也成为国家形象重塑的代表。

1951 年华北区城乡物资交流展览会的农业生产改进馆，主要展出的内容是“指出我们农业生产发展的方向及未来的远景，并着重介绍当前‘组织起来’的经验，以便进一步发展与巩固劳动互助和实现领导上‘争取两三年内，把华北区男女主要劳动力组织起来’的号召；此外，并展出农业生产上的劳动模范事迹，介绍其进步的生产经验，供作进一步巩固和发展互助运动的参考”③。其中有山西劳动模范李顺达互助组参加爱国丰产竞赛的事迹，还有河北省饶阳县五公村建立农业生产合作社的耿长锁。关于李顺达互助组，展馆主要侧重于介绍其获得爱国丰产竞赛成功的经验，其中最重要的经验之一就是坚持互助政策。李顺达是全国知名的劳动模范，展览会介绍他的互助经验，就是要向全国推广。展览馆展出了李顺达建立互助组的效果，土改前李顺达一直过着“糠菜半年粮”的困苦生活，土改后李顺达积极地领导全村互助生产，每亩地的产量超过战前的一倍以上。“现在进入西沟村，便看到层层整齐的梯田，一片片新植的树林，牛羊满山，新房满村的兴旺气象。真是‘穷沟变富沟，荒山变宝山’了。”④ 展览凸显了建立互助组前后的变化，展现出互助组的建立对于发展农业的好处。国家也通过展览会的推广功能，得到民众的认可，并广泛推广。河北劳动模范张玉信曾在《天津日报》主办的各地农民代表团座

---

① 《人民政府华北事务部，筹开华北区城乡物资交流展览会》，《人民日报》1951 年 7 月 16 日。

② 《华北区城乡物资交流展览会工作方案》，《天津日报》1951 年 7 月 15 日。

③ 《农业生产改进馆——华北区城乡物资交流展览会展览馆介绍之七》，1951 年。

④ 同上。

谈会上提到自己参观展会的感受，“李顺达互助组是我们的好榜样，他们不但能组织起来，又巩固得很好，我们一定要向他们学习，把爱国丰产运动在全村更好地开展起来”①。展览会促进了民众对于“组织起来”的认识，为国家集体化的到来埋下了伏笔。

河北省饶阳县五公村的耿长锁领导的农业生产合作社，被认定为“组织起来”的最高形式。“目前最高级的一种互助合作形式，即农业生产合作社。各农户把土地、劳动力、牲口、农具都入到社里，作成股份，实行统一经营，按股分配收获物。”② 耿长锁农业生产合作社是在经历抗日战争中的日军“扫荡”、严重旱灾的困难时期成立的，社员通过参加农业合作社度过了最艰难的时期富裕了起来。展览馆简要介绍了耿长锁合作社的概况，其合作社的主要特点就是农业和副业统一经营，规定农业收入按劳力、土地对半分量，打绳收入按劳七资三分红。在1945年以后，土地和劳动力分粮分红的比例虽不断有微小的修改，但根本的性质做法始终未变。“现该社已用公积金买得若干骡子、大车，盖了若干房屋，作为公有财产。社内农民的生产品，由社推销；农民所需的生产资料与生活资料，由社供应。需用粮款，可向社内借用。有余时也可存入社内。这不仅是生产的合作，也是供销的合作，信用的合作。”③ 同时，耿长锁的领导模范作用得到了展会的肯定，展览介绍中提到“组长耿长锁踏实忠厚，大公无私，劳动积极”④。从展览会对耿长锁农业生产合作社的描述，民众一般都会认为耿发展农业生产合作社是一帆风顺的，并让农民产生发展农业生产合作社是提高粮食产量与致富的主要途径。展览会通过对耿长锁领导农业生产合作的形象塑造，达到在全国普遍发展农业合作化的目的。

《中国乡村，社会主义国家》一书关注了耿长锁农业合作社的建立与发展的过程，其中基本还原了耿长锁合作社发展的真实情况。⑤ 中华人民

---

① 《李顺达是我们的好榜样，一定要很好的组织起来》，《天津日报》1951年10月7日。

② 《农业生产前进的道路——华北区城乡物资交流展览会农业生产改进馆介绍》，《人民日报》1951年10月11日。

③ 《农业生产改进馆——华北区城乡物资交流展览会展览馆介绍之七》，1951年，第28页。

④ 同上书，第30页。

⑤ ［美］弗里曼、毕克伟、赛尔登：《中国乡村，社会主义国家》，陶鹤山译，社会科学文献出版社2002年版，第136—157页。

共和国成立后，耿长锁的农业生产合作社受到了推崇。其中提到了耿长锁参加展览会的情形，耿长锁被当作著名人士对待，展览厅中有一部分专门介绍耿的农业生产合作社，并在显著位置陈列着耿长锁的照片，其合作社成为样板。由于毛泽东亲自出席了展览会，从而有力地推动了华北全境互助合作运动的发展。① 展览会宣传耿长锁的事迹是为国家农业集体化树立模板，推广发展农业生产合作社的成功经验，鼓励农民建立农业生产合作社。在国家与典型模范之间，是一个相互塑造的过程。

典型模范对于巩固工农联盟也发挥着一定作用。宣传强调工人阶级领导农民阶级的重要性也是大会的主要任务之一，更是国家构建城乡关系的重要话语。李顺达在 1951 年华北区城乡物资交流展览会开幕式上的讲话中提到“我们农民们知道，只有依靠工人老大哥的领导，农业才能有发展，祖国才能走向工业化。我们相信，工人老大哥一定能创造出更多的新式农具，把农业生产提高；农民能更大量地供给城市工厂所用的生产原料，这就是工农联盟，共同建设我们伟大的祖国”②。李顺达本身就是一个具有多重身份的模范人物，他是山西老区农民的典型，也是全国农业劳动模范，具有代表性，也有号召力，通过他的宣传，对于巩固工人阶级的领导地位起到了一定的促进作用。通过这些典型人物的宣传，使农民认识到工人阶级的伟大，认识到中华人民共和国的建设，必须依靠工人阶级，工农结成联盟。

3. 展品展现新风貌与爱国主义教育相结合

中华人民共和国成立初期中国共产党需要改变民众的传统观念，重新建立一套有利于国家经济发展的社会观念。中共主要从两方面着手，一是展现中华人民共和国成立后的成就，树立良好的政党形象；二是提高民众的爱国意识。

华北区城乡物资交流展览会中的展品涉及范围较广，基本上包括民众生活方方面面。展现出中华人民共和国成立两年来的成就，与国民政府统治时期形成鲜明对比，从而体现出“社会主义制度的优越性”和“展示

---

① ［美］弗里曼、毕克伟、赛尔登：《中国乡村，社会主义国家》，陶鹤山译，社会科学文献出版社 2002 年版，第 176—177 页。

② 《全国农业劳动模范李顺达讲话》，《山西日报》1951 年 10 月 7 日。

祖国经济建设的光明远大前途”。1951年的华北区城乡物资交流展览会为每个场馆印刷了宣传手册，其中的主要内容是介绍中华人民共和国成立后取得的成就。在工商改进馆的宣传手册中，通过大量图表的对比，展示了“解放两年多以来，华北区的工商业便在人民政府这样的经济政策领导下，很快地由恢复走向发展和繁荣”。其中有华北及内蒙古重要城市工商业发展变化情况表、华北重要城市解放后工人数目增加情况、太原市解放前后工商业户数变化表。“太原市工商业户数的发展变化情况更清晰地说明了这样的事实：在解放前的年月里，工商业户数是一年比一年减少，而在解放以后就一年比一年地增加了，其中恰恰将解放当作了黑暗和光明的分水岭。这事实正是说明了新民主主义经济制度的优越。”① 在这些展览馆的介绍与表达中，对于政府的领导作用充分肯定。国家希望通过这样的方式，参观展览的民众对中共获得认同感，进一步主动地贯彻和实施国家的政策。

爱国主义教育也是展览会的主要任务之一，早在筹备展会之初就曾指出“要把爱国主义思想渗透到大会每个角落中去”②。1951年10月，华北区城乡物资交流展览会开幕，在展出中“使人民从实物及模型、图表中，看到我国物产的丰饶，看到我国对美帝国主义进行经济斗争取得的胜利，从而进一步体会到新民主主义制度的优越性，提高爱国主义的思想觉悟”③。其实，中华人民共和国是通过展览会提高人民对国家“地大物博”的认同，提高民众的民族自信心。药物馆展出的主要药材55种，特别突出的有甘草、麻黄、生地等。“通过此次展览，可以看到祖国资源的丰富，人民力量的伟大，而更加热爱我们伟大的祖国。”④ 展览会中对于全国尤其是华北地区的物产进行了较为详细的介绍，并且突出展示了产量较大的品种，这样有利于提高民众的爱国意识。

国家把棉花的种植与爱国主义有机结合，“增产棉花，爱国发家”。棉花是国家工业生产的重要原料，是恢复和发展国民经济的重要储备物

---

① 《工商改进馆——华北区城乡物资交流展览会展览馆介绍之二》，1951年，第1—4页。

② 《华北城乡物资交流展览会，决定十月初在天津市举行》，《天津日报》1951年7月15日。

③ 《华北区城乡物资交流展览会介绍》，《人民日报》1951年10月6日。

④ 《药物馆——时华北区城乡物资交流展览会展览馆介绍之四》，1951年，前言。

资。“全体棉农须发挥高度的爱国主义精神响应政府号召，作好棉花耕作事业，提高棉花的品质，增加棉花的产量，并踊跃的卖与国家。”① 曲耀离是全国劳动模范、种棉能手。在棉花馆中有曲耀离的塑像，同时展出了他种棉和丰产的经验，可见他已经成为国家树立的棉花高产的典范。曲耀离参观了国营棉纺厂后，说道：“这回我才明白了国家用棉花是要按时用。我要把这一点告给全体农民，教育大家克服保守自私思想，按时把棉花全部卖给国家。我还保证，回村后好好作宣传动员工作，要我村农民把新棉花在五十天里全部卖给国家。”② 在曲耀离的号召下，苏南区嘉定县塘南乡保家村全体棉农大会写给曲耀离互助组的信中说：“他们保证絮棉全部用黄花。已收摘的四万二千二百五十斤本棉，除每人留下二斤皮棉做冬衣外，全部售储给国家。全村一百四十亩改良棉，能收一万四千斤籽棉，保证一朵不留，全部卖给国家，并把钱储存到人民银行里。”③

展览会把爱国主义与物资交易相联系，组织了抗美援朝交易周。1951年10月25日是中国人民志愿军抗美援朝一周年纪念日，大会组织了抗美援朝交易周，借此多买多卖，活跃城乡物资交流，同时将爱国主义精神与增加贸易有机结合起来。当时贸易代表团热情很高，交易周的第一天就成交了大量商品，达3800多万元，占土特产品成交额的81%。天津贸易代表团售出各种布匹102万元，供给中南区和华北各省市农村需要，华东区供给华北毛巾、袜子各5万打，江西贸易代表团向华北出售景德镇名瓷12车皮，绥远省以5000头牲口换购河北省25万匹土布，支援了灾区。④

华北城乡物资交流会中展出的展品凸显了中华人民共和国成立后的成就，通过这种对比，中国共产党的执政能力得到了民众的信服和认可，中华人民共和国树立了新的政党形象。爱国主义教育一直穿插于物资交流会中，有利于提高民众的爱国意识，使民众参与到物资交流中。

---

① 《棉花馆——华北区城乡物资交流展览会展览馆介绍之九》，1951年，第2页。

② 《热爱我们的国家把棉花献给国家》，《人民日报》1951年10月19日。

③ 《各地产棉区农民向曲耀离互助组应战，保证把全部新棉卖给国家》，《人民日报》1951年10月20日。

④ 杨骏昌：《忆解放初华北区城乡物资交流展览会》，《天津文史资料选辑》第45辑，天津人民出版社1988年版，第129页。

五 结语

20 世纪 50 年代初的华北城乡物资交流大会，是中国共产党完成由革命党转向执政党、由乡村走向城市的，恢复国民经济的重要实践。1951—1952 年华北区共举办三次大型的物资交流会，其中 1951 年的华北区城乡物资交流展览会是当年全国规模最大、举办时间最长、最具有典型性的区级物资交流会，在国民经济恢复中具有不可忽视的作用和地位。在华北城乡物资交流大会中，有政府与普通民众的共同参与，各种要素相互交织，成为中华人民共和国初期城乡关系的一个侧影。“国计”与“民生”在城乡物资交流中相遇，并碰撞出不一样的火花。正是在这样的大舞台上，每个人都扮演着不同的角色，同时也展现着不同的风貌，显示了恢复国民经济时的历史场景。

“国计”是中共为新中国“计划”的过程，具体到本文主要讨论了政策融入国家华北城乡物资交流大会中的过程。就经济方面而言，中华人民共和国初期的华北城乡物资交流大会是在国家着手恢复国民经济的背景下开展起来的，这与国家的宏观计划关系紧密。城乡物资交流是国家恢复经济的一项重要措施和手段。华北城乡物资交流会促进了经济的恢复，主要体现在城乡商品交换频繁、滞销产品找到销路、民众的购买力得到提高、工商业繁荣等。就城乡关系而言，华北城乡物资交流大会具体展现国家整合城乡关系史实的历史。大会贯彻了《共同纲领》中“城乡互助”的原则，城乡经济联系加强了，城乡市场日趋一体化，城乡关系向平等化方向发展。此外，“国计”还表现在华北城乡物资交流会中国家形象的重塑，这也是“国计”的一个重要组成部分。本文跳出华北城乡物资交流大会本身的视角进行研究，通过分析展品征集、宣传动员、典型模范的作用、爱国主义等要素，展现出物资交流会的多样性。中华人民共和国成立初期的城乡物资交流，不只是经济性的，同时还带有了政治色彩，是国家进行政治整合的途径之一。

“民生”也是本文所关注的问题之一，华北城乡物资交流会的成功举办离不开民众的参与。城乡物资交流会为民众解决的最主要问题就是如何加速工农业品的流通。华北区 1951—1952 年举办了三次规模较大的城乡物资交流会，推销农副土特产品和工业制成品下乡是会上的主要任务。土特产品的交易满足了华北农民把剩余的粮食和土特产品推销出去的要求，农民的购买力提高了，就要求供应更多的生活日用品和农业生产用具，这直接促进了城市工商业的发展，形成了良性互动。就农业生产而言，华北城乡物资交流对传播新的生产技术具有积极作用。1951 年的华北区城乡物资交流展览会上，展出了许多农业工具，并向华北各个地区推广。这种推广不是硬性的，而是一种软性植入的过程，参观者通过参观展览可以了解哪些生产工具是自己所需要的，然后选择购买，把新式的生产工具带回家乡进行农业生产，这样就促进了生产技术的衍变。“民生”这一面向还表现在华北城乡物资交流会对于民众文化演变的影响。物资交流会中标榜的劳模形象，展示劳模们在爱国丰产运动中的成绩，宣扬“劳动光荣”的观念，使民众直观的感受到劳动所带来的成就和自我价值的实现，传播了新的价值观念。在物资交流会中，“劳动光荣”、爱国思想、新妇女观都传播了新的价值观和人生观，潜移默化地改变着民众的思想，并改变了民众的生活方式。

“国计民生”是本文的关怀点与落脚点。中华人民共和国成立初期的华北城乡物资交流大会还原了国家大计与民众生活相遇的场景。“国计”与“民生”不是相对立的，而是相互联系、相互影响的。国家通过城乡物资交流的方式试图恢复城乡经济、重建城乡关系与重塑国家形象。民众则在城乡物资交流中推销了剩余的农副土特产品、获得了新的生产技术、接受了新的思想观念。可以说，中华人民共和国成立初期的华北城乡物资交流大会是建立国家与民众良好互动关系的重要平台。

乡村众生与社会变革：土改中不同阶级的参与及其应对

白　卉[①]

1947年是国共内战全面爆发的关键性一年，以华北根据地一亿人民为后盾的中国共产党，同国民党的作战由防御转入了进攻。为配合这场军事攻势，动员广大农民参军，迅速完成土地改革刻不容缓。刘少奇同志于1947年9月全国土地会议上指出："实行彻底平分土地的政策，直接目的就是为了广大农民的利益。只有发动群众，彻底进行土地改革，才能战胜蒋介石。"[②] 这一观点得到了大多数学者的认同，李金铮认为："农民的支持与参加是中共革命胜利的主要保证。"[③] 毕仰高认为："农民的参与是中共革命胜利的基本保证。"[④] 因此，中央颁布了《中国土地法大纲》（以下简称《大纲》）。

《大纲》制定于1947年9月，并于10月10日正式公布在冀鲁豫、冀南、太行、太岳、豫皖苏五个区实行。新法令以斩钉截铁的姿态，宣布了封建土地制度的死刑。《大纲》规定："废除一切地主及公共团体的土地所有权，对富农土地进行抽多补少，抽肥补瘦，并按乡村全部人口统一平

① 白卉：山西大学中国社会史研究中心2014届硕士研究生，现任职于开封技师学院。

② 刘少奇：《在全国土地会议上的结论》（1947年9月），《刘少奇选集》上，人民出版社1981年版，第394—395页。

③ 李金铮：《农民何以支持与参加中共革命》，《近代史研究》2012年第4期。

④ Bianco Lucien, *Origin of the Chinese Revolution, 1915—1949*, Stanford: Stanford University Press, 1971, p. 205.

均分配，使全村人民（包括地主及其家庭）都能获得同样一份土地，并归个人私有。”① 按照中国共产党的设想，通过这次土地改革，要达到彻底消灭封建剥削、实现耕者有其田的目的。在这一目标的背后，实质是动员广大民众参加战争，以人力与物力支持中共革命。②

《大纲》公布后，中国共产党晋冀鲁豫中央局发表了《告全体党员书》，晋冀鲁豫边区政府颁布施行《中国土地法大纲补充办法（草案）》和布告，晋冀鲁豫军区命令全军《坚决实行土地法大纲》，同时令各行署因地制宜，制定适合各区实际情况的具体施行办法，坚决拥护执行《大纲》。边区政府还公布了《破坏土地改革治罪暂行条例》和《惩罚贪污暂行条例》，规定“不论任何个人、团体或机关，凡违反、破坏、反抗《中国土地法大纲》和本府补充条例，而阻挠农民运动，破坏土地改革，侵犯人民民主权利的活动；或在执行《中国土地法大纲》中，利用职权，营私舞弊，阳奉阴违包庇地主富农，反对雇农、贫农、乡村工人，贱买、侵占、窃取斗争果实者，一律交人民法庭，依法严惩；特别是用暴力实行反抗或破坏者，坚决严予镇压消灭之”③。《大纲》规定“乡村农民大会及其选出的委员会，乡村无地少地的农民所组织的贫农团大会及其选出的委员会，区、县、省等级农民代表大会及其选出的委员会为改革土地制度的合法执行机关”④。

晋冀鲁豫中央局于1947年10月召开了为期85天的全边区土地会议，即冶陶会议，会上接受了全国土地会议所制定的《大纲》，以阶级观点和批评与自我批评的精神认真分析了过去一年的土地改革运动，从政治上、思想上、组织上和纪律上整顿了党的队伍，并选出了统一领导全区土地改

① 《中国土地法大纲》，中央档案馆编：《解放战争时期土地改革文件选编（一九四五——一九四九）》，中共中央党校出版社1981年版。

② 张鸣：《动员结构与运动模式——华北地区土地改革运动的政治运作（1946—1949）》，《二十一世纪》（网络版）2003年6月号（总第15期）；李炜光：《暴风骤雨般的土地改革与战时财政动员》，2000，www. cc. org. cn；《土改与参军：理性选择视角的历史考察》，《福建论坛》2007年第11期。

③ 《边府全部接受土地法大纲　布告全区坚决拥护执行》，《人民日报》1947年12月28日。

④ 《中国土地法大纲》，中央档案馆编：《解放战争时期土地改革文件选编（一九四五——一九四九）》，中共中央党校出版社1981年版。

革的最高权力机关——边区农会筹备会，决心依靠贫雇农打倒地主彻底实现平分土地。

一 政策宣传与实践

土地改革之所以成功甚至革命之所以成功的一个重要因素就是中国共产党的动员与组织工作。李里峰认为："中国农民对革命和政治缺乏热情，只有共产党的动员才能将其激发出来。"① 因此，《大纲》颁布后，广泛而深入的宣传和组织动员实践必不可少。

1. 官方——干部、教员

《大纲》颁布后，边区政府的高级干部参加了土改培训工作，各级政府领导人手一份土地法大纲，并于冶陶会议上进行了正式讨论。各级党政军民机关团体人员也积极学习了《大纲》《边府关于执行土地法大纲补充办法》《边府拥护土地法布告》《军区给部队执行土地法的命令》《告党员书》《告农民书》等文件。晋冀鲁豫中央局宣传部要求自首长至杂务人员，一律参加学习，均不得例外。② 晋冀鲁豫边区农会筹备会发表《告农民书》，太行区党委军区也要求开展宣传《大纲》。

土改政策、文件到达基层主要是通过乡村干部和教员，并由他们实施宣传工作。由于村干部文化程度普遍不高，对政策的接受能力不强，使政策在一些地区不能得到有效的传达。贺家庄村长说："我不识字，这个是什么东西……村里的贺玉林二娃娃、三娃娃识得几个字，大家聚在一起念过几遍。"③ 也有一些村干部自己没弄清楚，只把土地法当作发动群众冬产的方法，"壶关四六区干部会上，南掌政治主任等说：'现在还是得好好生产赚米，明春平分土地，种秋还得吃米呀。'"④ 只知道当前任务是领

---

① 李里峰：《土改中的诉苦：一种民众动员技术的微观分析》，《南京大学学报》2007 年第 5 期。

② 《中央局宣传部决定 各机关一切人员都要学习土地法》，《人民日报》1948 年 1 月 21 日。

③ 《关于农村情况调查向林铁的报告》（1947 年 12 月 29 日），河北省档案馆藏 3－1－160－3。

④ 《好好讲解土地法才能安心搞生产 壶关六区干部会的做法应改变》，《人民日报》1948 年 1 月 22 日。

导冬产补窟窿，而把土地法当作形式上的宣传，自己并未深入理解。

广大的农民群众，尤其是贫雇农民多数不识字，乡村民众获取《大纲》的信息主要是通过听干部、教员“念”。这种特殊的情况就造成了一些地方的干部、教员因种种原因未能做好这个宣传工作。

有些干部对《大纲》的公布存在各种顾虑，扣押《大纲》，不让群众看。涉县上温村干部怕群众说出他们的错误是为了多占果实，把登着《大纲》的报纸扣押起来不让群众看。[①] 这种扣押大纲的情况还很多，有的乡村干部把报纸包上怕不保险，还要盖上手章。由于多数贫雇农不识字，且老实，不善于说话活动，如果干部没有很好地宣传《大纲》，雇贫听到的多半是风声和传闻，甚至是从地主富农或坏干部的嘴里传过去的。其中有的是以讹传讹，有的则是故意曲解。干部的这种违反土地法政策的行为必须受到报纸的揭露，民众的监督和上级的惩处。

相对于这些情况，大多数地区都做得很到位，比如“黎城教员研究土地法，自己先弄通然后再宣传”[②]。鉴于一些教员对土地法精神不了解，不能很好地宣传的情形，黎城城里、平头、石板三个学区，先后召开了教员会，把《大纲》、太行行署布告和十五日的《新华日报》社论，都一字一句地讨论了一遍，从思想上弄清了《大纲》的精神。然后，又研究了一下怎样给群众说，才能使大家完全懂得等问题。这种做法也得到了报纸的肯定和赞扬。

还有一些地区在春节娱乐活动中将《大纲》编成春联、快板、秧歌、小剧等进行宣传。这种形式的宣传在内容上和形式上更易为农民群众接受。武安县政府强调1947年的宣传内容以《大纲》为主，号召全县教员编写春联、快板、秧歌、小剧等宣传土地法，由农村剧团在旧历年年关时演出。由《大纲》编成的快板朗朗上口，便于农民理解记忆和在民众中的传播与深入。这种宣传上的大众化对于弥合中共意识形态及其政策与民众思想意识之间的差距无疑是一条捷径。

---

① 《扣压土地法大纲和报纸是犯罪的!》，《新华日报》（太行版）1948年1月22日。

② 《黎城教员研究土地法，自己先弄通然后再宣传》，《新华日报》（太行版）1947年12月26日。

取消地主富农压人旧世道　闹个穷人翻身民主新社会
实行土地法穷人都翻身　打倒蒋介石建立新中国
组织贫农团雇贫要当家作主　成立农民会巩固的联合中农
抽多补少抽肥补瘦　灭净封建过好时光
雇贫骨干团结中农　队伍整齐消灭封建
多占果实要退出　实行平分填窟窿
坏干部必须撤换　闹平分雇贫当家
咱们执行土地法　不许地主富农管
打倒地主　平分土地
雇贫当家　团结中农
发扬民主　整顿队伍①

另外还有在集市上宣传土地法，利用村里黑板报宣传土地法，比如"内邱于阴历十二月二十五、二十八日两个集期上，进行宣传，收到很大的成绩。共组织了七个小组，每组有一个人专作讲解，其他的同志分散到人群里去听取反映"②。"长子四区分书宋务迪同志，利用集会唱戏的场合，向群众进行宣传，明说土地法大纲的精神不是打乱平分，也不伤害中农利益。"③ 还有师范学生配合村干部宣传土地法，比如"武安师范师生三十二人，在县委会指示号召下，于一月二十五日配合区干部到村宣传土地法"④。

2. 媒体——报纸

在较为封闭的乡村社会，《大纲》及相关文件的传达还需要依靠报纸包括《人民日报》《新华日报》（太行版）等。除了登载政府相关的法令政策外，报纸还就《大纲》及其宣传与实践中的各个环节予以关注，这对村庄的舆论导向产生重要作用。在农村，大部分民众不识字，更谈不上对一些术语的理解。《大纲》中涉及封建、半封建等专业术语，即使是一

① 《春联》，《新华日报》（太行版）1948 年 2 月 1 日。
② 《内邱组织集市大宣传》，《人民日报》1948 年 2 月 16 日。
③ 《针对群众思想具体进行宣传汲县宣传土地法经验》，《人民日报》1948 年 3 月 7 日。
④ 《武安师范师生宣传土地法的体验》，《人民日报》1948 年 2 月 16 日。

般的农村教员也难以理解，为此报纸以问答的形式和贴近民众生活的话语对《大纲》逐条予以详细解答。

> 问：《土地法大纲》来到俺村后，听到别人念了念，可合咱的心事，咱是高兴。可是也有些摸不透底，不知这回到底要闹成个啥世道？
>
> 答：《土地法大纲》的第一条，就规定了：废除封建性半封建性剥削的土地制度，实行耕者有其田的土地制度。这一条头一句是说要打倒旧世道，第二句就是说要闹个新世道。
>
> 问：这话意思俺也懂，俺要你分开细细地拆讲拆讲。
>
> 答：废除，就是说要取消。封建性剥削，就是地主自己不劳动，把地租给农民来坐着吃租子，又放钱收大利押穷人家当。半封建性剥削，一般是说老富农闹家当，有一大部分是靠收租收利；雇个长工，也是苦重工钱少的苛待。合起来说，就是要打倒地主老富农凭土地吃租子剥削压迫穷人的旧世道。要闹个人人有地种，人人能生活的，穷人不再受富人压迫的民主新世道。
>
> ……①

报纸站在乡村贫雇农的立场上，除了对《大纲》中废除封建、半封建剥削，此次土改与以往减租减息的区别、平分与共产的区别、消灭地富剥削的方法、债务问题的处理、取消合作社与农会扣留的果实以及收回祠堂、庙宇、机关和学校等公共用地等一般性问题的分析外，还就干部以公谋私、农民大会、贫农团的建立及其权力、抽多补少、抽肥补瘦的平分土地的办法等与民众利益密切相关的问题以民众熟悉的口语化形式详细“拆讲”。在“农村广播”“大众黑板”“问题解答”等专栏及社论、短论中对《大纲》及民众的疑问予以详细解析与回答。

广泛宣传是乡村实践《大纲》的首要环节，只有在民众中进行了很好的宣传才能使民众了解并接受中共意志，而报纸对各地土改运动的宣传和报道使民众了解到别的民众和村庄在平分土地中的反应、认识及命运体

① 《土地法大纲问答》，《新华日报》（太行版）1948 年 1 月 27 日。

验，打破了自古以来的农村之间距离和孤立的藩篱[1]，各地好的宣传办法得到了报纸的宣扬。

召开贫雇座谈会，群众大会及各阶层会议深入研究宣传土地法，“左权一区召开雇贫干部与觉悟较高的雇贫农民会议，细心研究土地法，自己弄通了，再向群众宣传”[2]，这种为宣传《大纲》而召开的贫雇会议虽然可在一定程度上防止地主富农造谣曲解破坏，但要真正实现土地的彻底平分，依靠这种少数人的“积极分子路线”还是不够的，“必须依靠乡村广大贫雇农的整个阶层的发动，从斗争中选拔农民自己公认的领袖”[3]。当贫雇农真正掌握了《大纲》以后，再给中农详细解释，打破中农疑虑，团结中农，这样由点及面召开群众大会、农民大会或针对某一个阶层召开阶层会议的宣传方式也是非常有效的，比如“赞皇在各区分基点召开了约一千六百人的贫雇中农及村干会议，讨论土地法大纲，目的在于解除群众对土地法的误解，继续贯彻冬季生产”[4]。“这种大规模宣传土地法的方式，可使全体农民正面的接受土地法，稳定中农和一部分村干部，揭破各种曲解和谣言，这是好的。但是，有些地方许多贫雇还受着压迫，不敢讲话，只用这种方式显然不够”[5]，还应使公开宣传与个别访问相结合，深入雇贫宣传土地法。

区干部深入雇贫个别访问宣传《大纲》，比如“潞城五区区干部张万庆与梁马斗两同志到李村沟宣传土地法大纲，不用由干部召集人的办法，直接深入访问贫苦农民”[6]。由于大多数贫雇常年受剥削、被压迫，处理事情不多，不善于说话和活动，只有深入贫雇农中去，反复了解情况发动，才能真正做到以贫雇农为中心，为骨干力量。但如果不经过全面宣传，直接找贫雇，又会造成中农的恐慌，所以应首先公开宣传土地法，“把邪气打下去，给贫雇撑腰，使个别访问不致受到破坏，也可从中获得

---

① ［美］韦尔伯·施拉姆：《大众传播媒介与社会发展》，金燕宁等译，华夏出版社1990年版，第134页。

② 《左权一区开贫雇干部农民会细心研究土地法自己弄通了，再向群众宣传》，《人民日报》1948年2月3日。

③ 《黎城召开贫雇座谈会讨论正确解释土地法》，《人民日报》1948年1月21日。

④ 《赞皇召集贫中农村干会大规模宣传土地法》，《人民日报》1948年2月2日。

⑤ 同上。

⑥ 《区干部深入宣传土地法李村沟农民说知心话》，《人民日报》1948年2月2日。

谁家最穷的线索，打破了某些找不到贫雇的困难”①，然后再暗访找到可靠的骨干。而且个别访问更具有针对性，更有利于贫雇的发动和中农、干部的安定。

总之，自《大纲》发布以后，从上到下，从中央到地方各级机关政府都坚决拥护宣传土地法。报纸是《大纲》及相关文件传达到农村最主要和最直接的渠道，乡村民众主要从自己“念”和听干部、教员“念”中获取了《大纲》的许多信息。在宣传过程中，许多好的宣传方式都得到了报纸的肯定与广泛传播，比如开贫雇座谈会、农民大会与干部个别访问相结合的宣传方式，利用农村春节娱乐活动、集市、农村广播、黑板报等的宣传方式都使得《大纲》在农村的传播更为广泛深入。一些干部、教员不好的宣传方式得到了报纸的揭露和人民的监督，从而使民众可以更好地接受中共的意志。

二　贫雇农:翻身农民当家作主

解放战争时期的土改运动一般认为是从 1946 年 5 月的“五四指示”开始，首先进行较为温和的减租减息政策，但事实上各地土改运动已经搞得非常激烈。正如杨奎松所言，此次土改之所以产生是由于各地方土改运动搞得比较激烈，且有 1927 年大革命失败右倾机会主义的阴影，认为“中共必须明确表态，并加以有计划的领导”②。但就是这种表面温和事实上已经非常激烈的土改运动仍然没有解决广大农村地区持久难除的贫困，人们普遍将其归咎于斗争进行得不彻底，过去政策过于温和。此时，“耕者有其田”的土地制度正好符合贫雇农民的需求，因此，当《大纲》公布后，各阶层的态度是“贫农欢喜，中农怀疑，富农怕斗，地主怕死”③。

1. 贫雇农拥护《大纲》

《大纲》公布以后受到贫雇农民的热烈拥护，农民对土地法的积极性

---

① 《耐心寻找最受压迫的老实人，赵庄深入访问贫雇个别访问与公开宣传结合，启发阶级自觉，使他们说出心里话》，《人民日报》1948 年 2 月 8 日。

② 杨奎松：《抗战胜利后中共土改运动之考察》，《江淮文史》2012 年第 1 期。

③ 《刘杰同志关于察哈尔省土地改革的汇报》（1947 年 1 月），河北省档案馆编：《河北土地改革档案史料选编》，河北人民出版社 1990 年版，第 141 页。

很高，“左权路王沟等山庄的贫雇农，跑很远路到主村高家井听讲土地法，讨论时也很热心”①。对于贫雇农而言，获得土地、好地的愿望非常强烈，因为这可以满足他们最基本的生存需要。左权一区下业后村的雇贫郭银祥说：“咱想种一亩好地哩，想了几辈子也没有种上，现在平分，咱可能种上一块啦。”贫雇农都希望能在这次土改中分到足够多、质量好的土地。因此在这次平分土地中，平等、均分是贫雇特别关注的，“抽多补少”“抽肥补瘦”符合他们的利益和要求。

随着《大纲》宣传的不断深入，贫雇农逐渐产生了地主剥削、自身被剥削的阶级意识，与此相应的政治话语对贫雇农的思想也产生了重要影响。贫雇农认为自身的贫穷生活是由于地主剥削所造成，他们憎恨地主，并希望在土改中能够消除这种被剥削的不平等。因此，很多贫雇农并不同意分给地主土地，对于《大纲》中给地主分一份的规定难以理解。左权羊角翻身户李三的说：“咱去年才从地主手里拿回来，才种了一年，又给地主分，我实在想不通。”②

经过学习《大纲》，许多贫雇还是接受了分给地主土地的方案，但他们认为土改运动首先应该满足自身的要求，给地主分土地是对地主的宽大。先把地主斗垮、斗彻底成为给地主分土地的前提条件。农民群众在自己看或听别人念《大纲》时，深感土改进行得不彻底，到现在一些贫雇仍然生活困难，迫切要求实行这一彻底消灭剥削制度的政策。

总之，贫雇在听到《大纲》后一致呼吁要彻底翻身，地主要彻底打倒，土地要彻底平分，并提出五点要求：“第一是清理合作社账目；第二是清理斗争果实；第三是清洗合作社的老财；第四是干部退出多占果实；第五是要求当家。”

2. 贫雇农掌权

许多贫雇认为土地法符合自身的利益要求，但担心是否真能实现。“同时来发动中贫农，从历史传统与社会经济等地位限制，必然中农会先

---

① 《边区人民真心拥护土地法　贫雇农积极打破别人对土地法的曲解，领上大家走毛主席指给的光明大道》，《人民日报》1948 年 2 月 21 日。

② 《反对破坏扫清误解　应该认真宣传土地法》，《人民日报》1948 年 1 月 31 日。

起来而占了上风。”① 沙河东户村贫雇农说：“过去光说贫雇当骨干，那是个假名，贷款时贫雇一个钱也没使上。”

针对这种情况，要“先从贫雇农发动宣传组织起，贫雇农必然先知政策，先得到撑腰，即先有了自己的团结与组织力量，即自然而然地起了骨干作用，主动的参加运动，掌握领导”②。这是通过政治力量强调贫雇农优先，改变中农在农村中的领导权。

但也有些地区假贫农团大行其道，或是为坏分子“二流子”所掌握，如黎城二区仵桥村贫雇李河田（武委会副主任）在县里开会研究土地法刚回来，武委会主任王远生就给他买了些纸烟，打算收买他，想叫把他自己过去办的坏事包庇住。他并拉拢了政治主任、公安主任、农会主席和李孝节（在县开会的贫雇）等组织成立了假贫农团。③ 这类型的“贫农团”在各地还有很多，主要有两种类型：“一种是坏干部为掩盖自己错误，想以假贫农团当防空洞，这一类型比较多。另一种是阶级异己分子利用贫雇对干部不满，投机拉拢组织假贫农团，主要企图是劫取领导权，搞垮干部。”④ 具体有三种情况：“第一种是犯了急性病，有位同志说：‘我先暗暗组织好，等到你一宣布成立，我的贫农团干什么都走在前头，看我出风头不？’第二种是干部互相包庇，怕成立了真正的贫农团整到自己头上，‘先下手为强’，表面上是为了贫雇，实际上是打击贫雇。第三种是地主分子、富农分子、二流子利用贫雇，钻空子，摇身一变混到贫农团，暗地掌权破坏农民彻底平分。”⑤

面对这种情况，区干部到达地方后，采用民主的办法，“首先从老实农民中了解假贫农团的活动事实，然后召开了中贫农解疙瘩大会，会上揭发了假贫农团的过错，大家对他们提了许多意见，叫他们检讨。最后领导上正式宣布了不经过工作队组织的贫农团一律解散；并正确地向群众解释了贫农团的重要和土地法的性质。大家思想弄通后，第二天就选举春耕委

---

① 《杜心源同志关于贫雇农路线的来信》，《土改通讯》第3期，1947年12月12日。

② 《杜心源同志关于贫雇农路线的来信》，《土改通讯》第3期，1947年12月12日。

③ 《仵桥村干部错上加错搞假贫农团破坏土地法》，《人民日报》1948年2月16日。

④ 《太行不少村庄发现假贫农团　领导上应切实注意检查两种类型　一种是坏干部操纵一种是坏分子把持》，《人民日报》1948年2月28日。

⑤ 《反对成立假贫农团》，《人民日报》1948年2月7日。

员会，进行整顿互助，现在全区生产情绪已大大提高”①。

《大纲》规定，贫雇农民加入贫农团来掌握土改的权力。民众了解这一规定后，认识到自己在土改运动中的骨干作用，成立贫农团，积极揭露地富干部破坏土地法的行为，监督检查《大纲》的有效实施。

3. 片面贫雇路线

1947年冶陶会议上毛泽东同志在《目前形势和我们的任务》中所说的土改需遵守的第一条原则被着重强调“必须满足贫农和雇农的要求，这是土地改革的最基本的任务”。薄一波讲话中也说道：“我们必须从贫雇农的阶级观点、方法和立场出发。我们必须坚定的站在他们一边。我们必须事事都和他们商量，每件工作都从他们的利益出发。”

而且“左”倾倾向在中共革命的历史上持续了很长时间，使许多干部和农民总认为左比右好，因此，在此次土改期间，从上到下都弥漫着一种“左”的风气，片面的贫雇路线大行其道，一些极端的贫雇路线口号也被提出，如“贫雇农应该打江山坐江山”。

雇农群众妄图以抽补来解决春耕困难，领导上以“首先满足贫雇要求”为原则，占用干部和中农土地，来解决穷困问题。寿阳县四区张韩河村在土地已经分完的情况下，郭同贵等将坏地退出要求种好地。农村分地本就是好坏搭配，没有多余的好地，只好动用干部和中农一部分土地。引起了干部、中农和富农害怕，纷纷往出献地。②

片面贫雇路线还表现在划分阶级上，为了在抽地时有说服力，且“有利于”贫雇，多方寻找理由，“追三代”“挖穷根”，就像一个老百姓说的“我们村里的人，不管是谁，怎能穷三代呢？他要是穷了，他儿子就成不起亲，儿子不成亲，就不能有第三代”③。提高中农的阶级成分，把中农提高为富裕中农，把富裕中农提高为富农，以解决农民的贫困问题。

整党工作中，工作组同志的“凡是”发言也体现了这一特色，“以后

---

① 《平顺二区加强生产领导　解散假贫农团开展春耕》，《人民日报》1948年4月10日。

② 《张韩河工作团做了群众尾巴　变相抽补影响春耕》，《人民日报》1948年4月6日。

③ ［加］伊莎贝尔·科鲁克、［英］大卫·科鲁克：《十里店——中国一个村庄的群众运动》，北京出版社1982年版，第133页。

凡老百姓说不好，就该开除的开除、该调动的调动、该处分的处分，决不允许好的坏的一伙子。今后党员公开，交各街各闾老百姓审查，批准后进农会，老百姓害怕的一定收回。坏而不改的，开除交人民处理，我们决不干涉老百姓允许或否决党员入贫农团及农会的自由”①。这样极易造成群众自发斗争干部以泄私愤，地富分子阴谋报复，党员干部工作积极性降低，引发乡村管理混乱等社会问题。

4. 无政府主义、绝对平均主义、关门主义

毛泽东曾说：“推平平均分配一次土地不要紧，农民的平均主义，在分配土地以前是革命的，不要反对，但要反对分配土地以后的平均主义。”② 在一些地区的整党民主运动中，工作组的急性病将农民的绝对平均主义和无政府主义思想发挥到了极致。工作组同志将农村的贫困、贫雇的“翻空身”完全归结于干部的投降主义、富农主义、宗派主义、命令主义等问题，实行“凡是”的贫雇路线，撇开老组织直接在群众中进行整党。这样就造成一些干部为防止多做多错，或是存在怕被群众“搬石头”的顾虑，躺倒不干或是做了群众的尾巴。

由史可鉴，农民群众本身慵懒松散、缺乏组织性，而经过发动起来斗争，往往要求绝对平均主义，也把经过“过火”整党的干部拉到了绝对平均主义和无政府主义的这个方向，这体现在土改、革命以及生产生活的各个方面。在划分阶级成分上，基于中国人根深蒂固的习惯，农民就倾向于追溯到三代以前。致使一些中农甚至贫农都被错划为地主富农。这种情况不仅造成一部分中贫农被错斗，也严重打击了农民的生产积极性。元朝后沙窝党员大会上，一个党员说：“我是中农，我的房好些，上级虽说过不动中农浮财，到时候谁知道怎样呢?”另一个说：“我的地好些，怕分我的地，我不上粪了。”③

完全抛开老组织整党助长了一些群众盲目反党反干部的情绪，甚至有人说“好人不在党、在党没好人”，加深了党与群众的对立，造成一时的

---

① 《整党与民主运动密切结合　赵庄群众审查党员》，《人民日报》1948 年 2 月 29 日。

② 中共中央文献研究室编：《毛泽东年谱（1893—1949）》下，中央文献出版社 2002 年版，第 78 页。

③ 《不受假报告欺骗深入发现问题　元朝打破生产障碍说明划阶级不叫一人受屈克服中农怕提高成份思想》，《人民日报》1948 年 4 月 20 日。

无政府状态。干部不领导生产，群众也不接受干部的领导，对土改的继续进行和前线的革命都造成了一定的影响。

绝对平均主义造成群众等待平分、害怕平分、不积极生产现象。老区斗争出来的东西不多，所以贫农团就不想人多了，不愿很多人加入贫农团，怕人多了分财产，所以他们就利用纯洁贫农团的口号，搞关门主义。[①]“在参加农会时，出钱入会；为了怕中农当选，破坏中农选票等。同时也有随便的发展、开除。”[②]“张北县黄土窑子贫农团初建时有30人，‘查三代’后剩余12人；黄旗营子共有120户贫农，贫农团员只有50人，经复查只剩下30人。”[③]

工作组发现这些情况后，通过中贫农座谈会、全村大会等会议一再向群众说明政府的工作方针，宣读中央二、二指示、中央局二、一指示、边府布告，并表明态度，即“谁种谁收”，使群众可以安心生产。还从支援前线刨蒋根、中共的一些胜利消息中启发大家积极生产，最终调动起了群众的生产积极性。

三　中农：夹层中的团结对象

中农一直是中共土改的一个重要问题。“中农在旧政权下，约占人口百分之二十。老解放区，一般占了百分之五十上下。在彻底平分土地以后，则农村中绝大多数人都成了中农，只有少数人不是中农了。”[④]一般而言，中农对于共产党怀有感激之情，因为地主、富农经济与政治地位的削弱也同样有利于中农，所以只要自身利益未受到侵犯，他们对党的政策还是认同的。[⑤]

---

① 《刘少奇讲话》（1948年1月19日），河北省档案馆藏，572－1－35－3.

② 《和顺工作团左倾情绪作祟　制造理由提高成分　县委检查纠正但不够坚决明确》，《人民日报》1948年4月11日。

③ 张北县委：《土改工作总结报告》（1948年4月），河北省档案馆藏，520－1－333－6.

④ 中央档案馆编：《解放战争时期土地改革文件选编（1945—1949）》，中共中央党校出版社1981年版，第5页。

⑤ 李里峰：《“运动”中的理性人——华北土改期间各阶层的形势判断和行为选择》，《近代史研究》2008年第1期。

1. “割韭菜?”

古代中国是一个传统的农业社会，经济落后，直至1947年生产的主要工具——锄头都没有过实质性的变化。农村中以少数地主、富农为主占有大量土地以租佃的方式对占人口大多数的中农和贫雇农进行剥削，从而过上农民理想中的生活——有地种、有衣穿、有房住、有饭吃。而大多数农民则是日出而作日落而息，终日奔波却不能满足温饱。在这样经济落后的社会里，人们只能上升不能下沉，下沉往往就是死路一条。人们将贫穷的原因归结于土改进行得不彻底，但事实上土改已经搞得非常激烈了，到1947年农村中地主、富农已大多被消灭，从表1也可以看出这一点。

表1　　1947年甘泉村各阶级土地占有情况①

项目	贫农	中农	富裕中农	破产地主	富农	地主
户数（户）	26	76	1	2	1	1
占比例（%）	20	58	0.66	1.4	0.66	0.66
占有土地（亩）	261.1	1589.08	68	54.5	33.5	24.1
占比例（%）	12	73	3.29	2.6	1.6	1.4

而农民群众也有一些固有的弱点，如个人主义、缺乏远大目光、行动上的急性病②。土地法大纲的下达，符合了农民普遍要求彻底翻身、获得好地的要求，但事实上农村中地主、富农的土地已经被分割完毕，那么要解决贫雇农的贫困问题就只好指向中农，中农的利益受到侵犯也就不可避免。武安有些干部说：“地主没油水了，中农又不准动，贫农怎么翻身？贫农的生活困难怎么解决？”他们一碰到困难，就想在中农身上找出路。③这就是所谓的“割韭菜”思想。农村中一些自己有地的富裕户，也没看

① 《临县白道坪、西家坪、后甘泉、大马坊土改材料》，1947年，山西省档案馆藏，A147-3-80。

② 《毛泽东选集》，人民出版社1969年版，第84页。

③ 《太行伤害中农现象仍未肃清　各地领导上应赶快检查纠正》，《人民日报》1948年5月3日。

出自己的经济状况与斗争对象有什么不同，加之一些唯恐天下不乱的地富分子从中造谣挑拨，有的大吃大喝破坏土地法。

2. 地富钻空，干部“左”倾

地富分子趁机挑拨造谣，使一些中农误解土地法大纲。“报上登土地要平分，地主也同样一份，过去斗了地主填了穷小子们，现在要斗中农填我地主。平分时穷小子们没知识干不了，还得叫我地主干，当干部，参加平分”①，一些村庄贫农团的组成成分不纯，被一些流氓分子钻进去，或是被坏村干操纵，威胁敲诈中农，如“南陵阳村干部在办负担时，私自罚了十五家（两家逃亡战士、一家因养鸽子、一家因逃跑、两户贫农等）共米九千零零九斤，而减轻全村负担，又减了二十家贫雇负担，为的是干部自己少出”②。

也有一些坏村干，为了取悦贫雇，避免贫雇给他们提意见，“明知贫雇办的不对，损害了中农，也不说话，甚至自己也想些办法（多是损害中农），叫贫农用不正确的方法得利益”③。向中农借地借粮，互助组、合作社内剥夺中农照顾贫雇，无代价使用中农牲口等各种侵犯中农利益的现象层出不穷。

3. 中农动摇

鉴于以上种种原因，中农听到复查的消息就“把破衣烂褂穿了起来，并且，注意在人前不吃白面，而只吃糙小米和玉米。有一新中农，因为害怕有一天自己的驴子会被‘斗争’走，就把驴子卖掉，而用自己的肩膀往地里背粪。别的中农则很少往自己的地里施肥，担心土地早晚会被收走分给贫雇。生产不可避免改为‘地’降了”④。

在政治上因中农被排除在贫雇小组、贫农团之外，怕被当作斗争对象，十分恐慌。“当建立贫农团和强调贫农为运动的骨干时，他们有一种被遗弃

---

① 《武安五区南庄村中农解开思想疙瘩不听谣言安心生产》，《人民日报》1948 年 2 月 21 日。

② 《村干部自私损伤中农假说为雇贫闹的内部不和》，《新华日报》（太行版）1948 年 2 月 5 日。

③ 《太行伤害中农现象仍未肃清　各地领导上应赶快检查纠正》，《人民日报》1948 年 5 月 3 日。

④ 伊莎贝尔·科鲁克、大卫·科鲁克：《十里店——中国一个村庄的群众运动》，北京出版社 1982 年版。

了的感觉。"[①] 沙河普通庄中农陈昆、刘景心说："平分俺也不怕，只怕落斗争对象名。"黎城河南村妇女秦远金说："咱村组织贫雇小组咱不能参加，又是中农，你怕不斗争咱哩！这几天，我纺织也不起劲。"[②] 即使参加农会的也只敢做隐形人，"前年（1947 年）贫农和中农好像老子和儿子，中农见了雇贫农不敢说话，说了人家也不信，开会躲在黑影里不出声"[③]。

4. 团结中农

毛泽东同志在《目前形势和我们的任务》报告里提出团结中农的五项具体政策：（1）各地在平分土地时，须注意中农的意见，如果中农不同意，则应向中农让步。（2）在没收分配封建阶级的土地财产时，应当注意某些中农的需要。（3）在划阶级成分时，必须注意不要把本来是中农成分的人，错误地将他们划到富农圈子里去。（4）在农会委员会中，在政府中，必须吸收中农积极分子参加工作。（5）在土地税及支援战争的负担上，采取公平合理的原则。

中央在发现侵犯中农问题后，反复强调团结中农的重要性，并给太行区党委、太岳区党委下达指示要求坚决纠正"左"倾冒险主义，对错斗中农要一律道歉，并无条件补偿。指示还要求各地区对团结中农的政策做出具体规定。

指示下达后，多数地区坚决执行了这一纠偏政策，中农的财物被退还，情绪也安定下来，开始积极生产。在农村，牲畜、农具是影响农民生产的关键性因素，《大纲》中规定不动中农浮财，即保护了中农对牲畜、农具、粮食的所有权，使中农可以安心生产。"七区王家店村富裕中农陈来秀说：'我是啥也不结计，就是怕分了我的驴。地往出拿我还高兴哩，驴就啥时也想不通。'"[④] 经过仔细研读，中农了解不动富裕中农浮财的政策后，生产更起劲了。

但也有一些地区坚持"左"倾冒险主义，抵制纠偏，主要原因是思

---

① 伊莎贝尔·科鲁克、大卫·科鲁克：《十里店——中国一个村庄的群众运动》，北京出版社 1982 年版，第 142 页。

② 《中农懂了土地法更加安心敢发家》，《人民日报》1948 年 2 月 21 日。

③ 《牙前县郭城区结束土改的初步总结》（1949 年春），山东省档案馆藏，革命历史档案，G024－01－0141－007。

④ 《中农弄清了土地法生产立时起了劲》，《人民日报》1948 年 2 月 3 日。

想上存在顾虑，“怕助长了中农焰气，怕补不起土地财产，怕丢了干部面子，怕泄了贫农团的气”①，或是认为“过去我们并不是斗中农，而是斗伪组织伪军分子、恶霸分子、特务分子等”②。

由于干部和群众的思想顾虑没有打通，一些地区纠偏行动就只是在应付政策，并没有积极去实施。如“仙庄集侵害了中农，只见解释没提解决办法”③“内邱南关、村干操纵‘贫雇团’，随意多派中农款，区干只叫检讨不加纠正”④ 等。

针对这种情况，指示要求各区党委、地委多给群众、干部做解释，耐心细致地引导、教育干部和群众从心底接受中农，真正做到团结中农，如区分“参加伪军”“恶霸”“特务”的含义，不允许滥用。对错斗的中农，“不管有无保存的未分果实，均必须给以补偿”⑤“只有让干部与群众明白中农的财物不论任何人侵犯拿去都是错误的，因是劳动所得，不是封建财产，不能因生活富裕而侵犯，把中农与富农混淆起来是原则上的错误。中农比贫农富有是正常现象，如果一样既不称其为中农了。”⑥ 中农问题得到解决，中农进一步靠近贫雇农，开始安心生产。

四　地主与富农：政治打击下的经济保护

《中共中央关于土地改革中各社会阶级的划分及其待遇的规定》中指出：“地主是占有较多、较好的土地，自己不从事农业劳动，以向农民（佃户）出租土地、收取地租作为其全部或主要生活来源的人们。”⑦ 解放战争时期，地主阶级是与中国共产党政权对抗着的社会力

---

① 《中央局指示太行区党委　检查纠正左倾冒险主义》，《人民日报》1948 年 5 月 3 日。

② 《中央局指示太行区党委　检查纠正左倾冒险主义》，《人民日报》1948 年 5 月 3 日。

③ 《仙庄集侵害了中农只见解释没提解决办法》，《人民日报》1948 年 4 月 27 日。

④ 《内邱南关、村干操纵“贫雇团”随意多派中农款　区干只叫检讨不加纠正》，《人民日报》1948 年 05 月 08 日。

⑤ 《中央局指示太岳区党委坚决纠正左倾冒险主义正确执行中央路线、政策、方针》，《人民日报》1948 年 4 月 21 日。

⑥ 山西省档案馆藏：《阳城县委会关于纠正左倾偏向总结报告》，A195 - 1 - 43 - 2。

⑦ 中央档案馆编：《解放战争时期土地改革文件选编（1945—1949）》，中共中央党校出版社 1981 年版，第 184 页。

量、革命的主要目标和基本问题之所在。他们大致可以分为四类，一等的土豪劣绅逃到了北京、天津、沈阳、上海，甚至纽约。二等的跑到省城，如太原、济南、保定、开封。三等的则躲进了深沟高垒的县城，如安阳、永年、张家口、大同。更次一等的无处可逃，只得听候新掌权的农会和村人民代表大会发落，暗中却等待着逃亡城里的难兄难弟们组成还乡团，并打回来复仇。[①] 因此，土改运动中地主阶级是斗争的主要对象。

1. 合作与消极对抗

《大纲》第八条明确规定要“分给地主同样的一份。分给各人的财产归本人所有，使全乡村人民均获得适当的生产资料及生活资料。”[②] 这一政策下达后，贫雇农民是怎样理解的呢？地富分子会有什么样的反应呢？

上文已经提到贫雇干部在学习土地法的时候已对给地主同样分一份的政策表示不解，而老百姓对此也有同样的疑问，因此在这项政策的施行过程中遇到了干群的抵抗。和顺细窑支书说：“我原来思想就不通，见别的村也还没有安置，我也就没作。”北安群众讨论时说：“斗争刚一年就叫退，这不知道是啥政策。”[③] 而经过解释学习，朴实的贫雇农民同意只要地主低头就给他们同样分一份。

鉴于土改运动历史上斗地主出现的死亡情况，以及此次土改中对地主的宽大政策——给他们同样分一份，地主多采取合作姿态，最多是消极对抗，如“藉口交不起公粮卖地送地，大吃大喝，精神上普遍的准备着进行土改，但求不要砸死”[④]。

2. 积极对抗

当然，也有一些地主在《大纲》下达后采取积极对抗的态度，散布谣言，挑拨中农，拉拢村干，甚至钻入党内，组织假贫农团等企图进行反攻。

一些地富分子利用大多数农民不识字的空子，曲解土地法，误导中

---

① ［美］韩丁（William Hinton）：《翻身——中国一个村庄的革命纪实》，北京出版社1980年版。

② 《中国土地法大纲》，《新华日报》（太行版）1947年9月13日。

③ 《取消路条包括地主富农在内》，《人民日报》1948年4月29日。

④ 《关于新区土改的决定草案》（1949年初），河北省档案馆藏，758－2－121－1。

农，挑拨群众团结。四区兰羊村的漏网地主，一听要平分，就造谣吓唬中农，说："还不是从中农身上分土地！"有些中农听了，害起怕来。有的富裕中农大吃大喝，说："这年月，吃点喝点算啦。"①

一些地主借口说土地法大纲中规定地主也要分一份土地，宣传误导雇贫说过去斗错了，向贫雇农反攻。一些干部本身是地主、富农出身或是他们本身并非地主、富农却包庇他们。地富干部不仅利用职权包庇地主，而且发展了村里的宗派主义，不利于农民团结。临汾从 1947 年 7 月闹土地改革到现在，斗出了好多牲口，可是有好多没分给没牲口的雇贫，干部倒叫斗争对象喂起来了。雇贫没牲口，种地干着急。

对此，1947 年下半年至 1948 年年初，各解放区普遍召开土地会议，整顿干部中存在的地主富农思想、投降主义、小资产阶级的疯狂性等。对地主、富农、流氓分子出身的干部钻进党内造谣破坏的，一律停止党籍，撤销职务，由群众审查。贫雇农民掌握土改的大权后有效地监督与揭发地富分子的阴谋诡计，确保《大纲》在农村的有效实施。而且国家法律法规的出台也有效地保证了土地法的实施，如太行一专署布告说，地富转移财产的买卖关系一旦被查出则宣布无效。

3. "化形地主"与工商业

地主富农在合作社入股或开工厂、商店的当作是"化形地主"处理，没收财产。正如毛泽东说过的"矫枉必须过正，不过正不能矫枉"。为防止部分地富转移财产，不仅地富分子转型发展被当作"化形地主"处理，各地普通买卖也被严厉禁止。平定西锁簧村干部群众共同成立了监察委员会并规定：在未平分前，不管任何人要买卖财物时，要经过委员会批准盖章才行。② 因此，群众不敢购买农具，不敢卖粮食出负担，家里需用油盐也不敢拿粮食去换，唯恐被贴上破坏土地法的标签。合作社也不许群众抽出股金，购买农具生产，工商业的发展和人民的生活受到了严重影响。

当然工商业受到侵犯还有其他原因，比如城市运动路线不清、干部思

① 《兰羊贫雇团结中农打击地主破坏诡计》，《人民日报》1948 年 2 月 8 日。

② 《西锁簧地主不听命令把他们家产全给封了》，《新华日报》（太行版）1948 年 2 月 11 日。

想不纯等等。一些地区因对城市运动中的组织路线不清楚，直接搬用农村观点领导城市，将农村中的各个阶层与城市中的阶层相对照，“如对资金较贫的手工业工人、小商贩，一定和农村中农‘相当’一下”①。群众难以分清或是出于利益考虑不愿分清地主兼资本家的身份与工商业的政策，他们认为“地主就是地主，富农就是富农，剥削者就是剥削者”②，结果造成了对工商业者的侵犯。

也有些干部思想不纯，看到别人生意好就眼红，也想从中分点好处，于是强调合作经营，使得工商业者不敢放手发展生产。“下东街周补成，去年与另五个人合伙开了个粉坊，很赚钱，正准备把买卖往大处发展，却被街干部连‘动员’带吓唬，把那座私人经营的粉坊转成全街合股的生意了。”③

工商业受到侵犯，造成市场萧条、经济死滞，城市工人面临失业的危险，农村副业受到严重打击，农民没有资金也不敢交换买卖农具、生活用品，生产生活受到极大影响。

4. 保护工商业

毛泽东同志对工商业的发展问题，曾指示要坚持“发展生产、繁荣经济、公私兼顾、劳资两利”的方针。而工商业的发展也与国家利益、人民生活息息相关。而且根据《大纲》第十二条规定，即使地主富农所经营的工商业也是受政府保护的，不应当没收。

中央局给太岳区党委的指示中明确规定“化形地主”这一名词本身即是错误的，地主化形工商业者，是进步现象，应当欢迎。应将其当作工商业者保护，没收财产的，应坚决退还补偿。④ 中央局给太行区党委的指示中也强调要取消“化形地主”这一名词，这也是与土地法大纲的政策相一致的，“因为我们既要保留地富性命（这是肯定的），就应该要求他

① 《长治市委检查左倾错误根源搬用农村观点领导城市》，《人民日报》1948 年 5 月 15 日。

② ［美］韩丁（William Hinton）：《翻身——中国一个村庄的革命纪实》，北京出版社 198 年版，第 249 页。

③ 《长治市三区干部检查工作　纠正妨碍发展工商业偏向》，《人民日报》1948 年 4 月 6 日。

④ 《中央局指示太岳区党委　坚决纠正左倾冒险主义正确执行中央路线、政策、方针》，《人民日报》1948 年 4 月 21 日。

化形，或化为工人农民，或化为工商业者，或化为自由职业者等，凡已化了的就应当欢迎”①。

阶级分析的观点在农村和城市也是不同的，不应直接套用农村的阶级分析方法。“城市工商业的指导方针，应当是公营领导，发展民营，团结合作经济，向买办经济斗争。”② 而在晋冀鲁豫边区这样的老解放区，买办阶级多数已不存在了，因此对工商业者应以扶持为主。“应当保证私人工商业资本家适当的利润，不能采取斗争方式，只能在劳资两利的原则下采取协商方式解决。对于一般贫民、小商贩、小手工业者的生产，自然应当坚决保护扶助。”③

经过党员、干部大会不断学习、公开宣传和小会个别谈心相结合的解疙瘩行动，以及一些保护工商业具体政策的实施，如退还财物、取消路条、银行发放贷款扶植或是其他一些照顾政策，工商业者逐渐开始安下心来，努力扩大生产。

五 结语

农民群众的支持和参与是中共革命胜利的根本保证，这一点得到了学界的一致认同，问题在于他们为何支持中共革命，中共又是怎样将他们组织到共产党队伍中来的。本文选取《大纲》的实施为切入点试图深入剖析这一问题。

《大纲》这一政策以彻底消灭封建剥削制度，实现耕者有其田为目的，符合广大农民的意愿，得到了广大群众的认可。按照黄宗智对此次土改原因的分析，“此次土改的产生是受到地方报告所称实际运动的推动”，即受到自下而上的民众实际运动推动的结果。由此也可推出，《大纲》深得民心。

根据艾森斯塔得等人的认识，“农民通常是最为消极、最无精致目

① 《中央局指示太行区党委　检查纠正左倾冒险主义》，《人民日报》1948 年 5 月 3 日。

② 《关于长治市民阶级划分与发展工商业问题》，《人民日报》1948 年 4 月 18 日。

③ 同上。

标、最少组织性的阶级，很少在政治上表现出积极的态度。”[①] 那么，他们又为什么主动参加中共革命呢？这就在于共产党成功的组织和动员工作。在宣传上，乡村干部和教员认真学习、仔细研读，在春节娱乐活动中将《大纲》编成春联、快板、秧歌、小剧等，这种大众化的宣传方式对于弥合中共意识形态及其政策与民众思想意识之间的差距无疑是一条捷径，再加上报纸的补充和监督作用，有效地推动了土地法大纲在农村中的传播与深入。

正如毛泽东所言：“如能在一万万几千万人口中解决了土地问题，即可长期坚持斗争，不觉疲倦。”[②] 农民为保卫斗争果实以“反蒋、保田、保饭碗！”为口号积极参加中共革命。而且在战争后方采取的诉苦动员运动以利益为驱动，打破了乡村中原有的宗族联系，坚定了农民的政治立场，激发了农民的政治参与热情。贫雇农民为了真正实现土地法大纲也是积极要求掌权，组织贫农团，通过政治力量保障自身权利。就像李里峰所言：“农民们关于苦难的记忆和对阶级敌人的仇恨，与他们的生存需求密不可分，共同构成了群众运动的基本动力。”[③]

中农是中国共产党需要团结的阶级，一般而言，中农对于共产党怀有感激之情，因为地主、富农经济与政治地位的削弱也同样有利于中农，所以只要自身利益未受到侵犯，他们对党的政策还是认同的。[④] 因此，虽然在最初中农利益受到侵犯可能会动摇，但在整党运动之后，多数中农支持中共的决定。

地主和富农作为土改和革命的斗争对象，无论在新区还是老区地富听到或是经历过以往斗地主的残酷情形，面对这次土地法大纲给地主同样分一份的宽大政策，多数采取合作的态度，“争取更少的损失和更多的安全”[⑤]。或是采取消极对抗的姿态，如转移财产、破坏果实等，但他们

---

① ［美］艾森斯塔得：《帝国的政治体系》，阎步克译，贵州人民出版社 1992 年版，第 221 页。

② 中共中央文献研究室编：《毛泽东年谱（1893—1949）》下，中央文献出版社 2002 年版，第 78 页。

③ 李里峰：《“运动”中的理性人——华北土改期间各阶层的形势判断和行为选择》，《近代史研究》2008 年第 1 期。

④ 同上。

⑤ 同上。

在思想上已接受中共的意志。也有一些地主、富农巧妙利用土改政策中对工商业的支持与保护政策，转型投资工商业，以求得最大程度地减少损失。各级政府对工商业的保护政策解决了地富问题，促进了工商业的发展。

经过前几次土改运动的经验积累，中共认识到干部的能力和素质在土改运动中的重要作用，中共要求此次土改运动与整党结合进行。整党运动及时肃清了干部中存在的地主富农思想、投降主义倾向、宗派主义、命令主义等行为作风，保证了贫雇农民在乡村中能够真正掌权。而且开门整党的方式还“有助于将乡村民众整合到党和国家的权力体系中来”①。这样使得群众和干部一条心，自觉地加入革命队伍中。

总之，通过自上而下的宣传、动员、实践和自下而上的反馈、监督，《大纲》在华北地区得以很好贯彻实行。按照“只有依靠雇农，发动雇农，组织贫农团，并以贫农团为基础联合全体中农，成立农会、农代会，一切权力归农代会，才能彻底实现平分土地”② 的群众路线，农民得到了真正的翻身。地主阶级被彻底打倒，土地彻底被平分，贫雇开始真正地当家作主，彻底发扬了民主精神。而且，一年零三个月的土地改革运动中暴露出来的党内的一些错误思想倾向如“地主富农思想、投降主义和国民党作风、资产阶级左的疯狂性、流氓破坏思想、宗派主义、军阀主义、官僚主义”③ 等也通过各种大会、小组会议开展的查思想、查阶级运动被纠正。许多党员干部在各种会议上都做了检讨，充分发扬了批评与自我批评的精神，抑制了“差不多”思想、自满及要求表功的情绪，使党更为纯洁。

在土地法大纲实践的过程中，干部问题与党的群众路线是两个相辅相成的重要环节，党对基层干部的培养与发动群众紧密相关。没有广大的基层干部，中共意志在乡村难以得到贯彻实施。同时，没有广大群众亲身参

---

① 李里峰：《党组织、党员与群众——华北土改期间的整党运动》，《安徽史学》2012 年第 1 期。

② 《讨论贯彻中国土地法大纲边区土地会议胜利闭幕　依靠雇贫打倒地主彻底平分土地整顿队伍严整阵容改造各级组织》，新华日报（太行版）1948 年 1 月 15 日。

③ 《讨论贯彻中国土地法大纲边区土地会议胜利闭幕　依靠雇贫打倒地主彻底平分土地整顿队伍严整阵容改造各级组织》，新华日报（太行版）1948 年 1 月 15 日。

与革命实践，中共政权将成为无源之水，革命也将无从谈起，干部也无以得到锻炼。中共站在群众的角度和立场上对干部进行改造，促进了土地法大纲在乡村的实践。

土改后至高级社前家庭经济分配研究

——以山西永济西坦朝为例

张　磊[①]

在以家庭为单位的自然经济时代，土地是家庭经济的最重要组成部分。家庭对土地的占有情况，可以在一定程度上代表家庭的经济状况。某一单元上的土地分配如何，可以说明这个单元内的财富分配如何，土地是自然经济时代家庭经济的重要指标。某种经济因素在家庭经济中占据重要地位，要求在考察分配情况时不单注意土地。这种经济因素的分配格局直接影响着家庭经济的分配格局，或者说对土地分配可以代表财富分配的计算结果提出了修正。就如草原地区的财富分配，不仅要考虑草场分配的情况，同时更重要的要考察牲畜分配的情况。以往的土地分配研究，很多受到资料的限制，或是研究角度的不同，或是其他原因，更多地忽略了除土地以外的家庭经济因素。

晋南地区的西坦朝村地形、地势、土壤等地理条件特殊。在特有的地理环境之下，果树经济发达。在考察其土地分配的同时注意到西坦朝村的财富分配的研究，不能够抛开果树的分配谈乡村家庭经济分配。更多地应该在对土地分配细致研究的同时考察家庭经济的其他各个要素。尤其是受

① 张磊：山西大学中国社会史研究中心 2014 届硕士研究生，现任职于晋能集团山西国金电力有限公司。

地理环境影响下的西坦朝发达的果树业，在家庭经济中的地位重要，其分配情况直接影响着财富分配的格局。当然本文所依据的主要史料——《西坦朝大队阶级成分登记表》对20世纪中叶西坦朝家庭经济各个要素的详细记录，也使得全面考察西坦朝乡村家庭经济的各要素成为可能。

一 西坦朝乡村的自然、家庭

（一）西坦朝村的环境与柿树

中条山从东北至西南延绵二百四十多千米，东边是太行山，西边跨过黄河是华山，北坡陡峭，南坡缓倾。气温从气候区划上中条山属于暖温带半湿润季风气候，具有优越的水热条件。[①] 中条山复杂的地形和优越的水热气候条件奠定了中条山物种的多样性，草木丰盛种类繁多。而西坦朝的柿子的发达，也必然取决于此。从中条山到涑水河，有三类土壤环境的土地，靠山的沙石质的土壤、土层较厚的山麓边缘土壤、常常受到水浸的滩地。所谓靠山吃山，靠海吃海。在优越的、丰富的物产的条件下，中条山麓的人们充分开发了适宜山地的果木经济作物。在西坦朝土壤条件和灌溉条件等自然环境条件制约影响之下，西坦朝的农业经济结构必然不会是单纯的农业耕作，而西坦朝南部适合果树种植的沙石质土壤大量存在，使得果树业在整个西坦朝的经济结构中举足轻重，果树业同时在农户经济中占有比例也比较大。

除自然环境外，西坦朝的柿子的发达一定程度上受影响于所处的地理位置。西坦朝距离原来的虞乡老县城比较近，而且毗邻晋南地区道教圣地五老峰。晋南十三州县在五老峰山脚下均设有茶社，作为驿站供各县朝拜官员百姓驻足。而且每年的农历七月初一是五老峰朝拜的日子。这些茶社的设立、往来朝拜的人流使得包括西坦朝在内的五老峰必经之路的周边乡村商品经济活跃。

果树在西坦朝村扮演着重要的角色。果树经济在晋南乡村大量存在，对晋南家庭经济研究不可避免地要重视果树这一产业。“虞乡县有柿树9600多株，年产量62万公斤。两县柿子远销陕西、河南和本省临汾等

---

① 上官铁梁：《中条山木本植物区系地理成分分析》，《植物研究》2000年第2期。

地，销量达40万公斤。1949年全县产量104万公斤，1954年，产量增加到151.6万公斤。之后年产量大抵100万公斤上下。”① 由此可见柿树经济在当地经济中的重要分量，同时必然会对农村的家庭经济产生重要影响。

（二）家庭经济

1. 家庭成员结构与家庭规模

西坦朝的家庭结构无外乎核心家庭、直系家庭和复合家庭三种。其家庭结构同样包括以夫妻为核心的、父子为核心的、叔侄为核心的家庭为主。夫妻为核心的家庭是主体，父子、叔侄为核心的家庭亦大量存在。其中父子、叔侄为核心的家庭必然导致分家，是从复合家庭走向核心家庭的过渡形式。当儿子、侄子成年后，分家可能性很大。土改前后至高级社前西坦朝父子、叔侄构成的家庭的比重影响着西坦朝村这一时期分家的情况。②

不同时期的三种不同家庭结构的家庭的比重并不是固定的，占村庄家户数量的比重随着时间的变化而变化。2—7人的家庭占村庄家庭的绝大多数，这意味着夫妻及其未婚子女组成的这一类核心家庭在整个村庄是绝对主流。③ 在土地革命到互助组再到高级社成为新的财产分配力量的作用下，很大程度上打破了旧时代家长控制家庭经济的、以家庭为生产单位的生产格局。家庭结构随着这一变化而发生变化。尤其是在土改到高级社前的时间段内，新旧因素共同导致下的分家。人口较少的核心家庭类型的比重不断上升。

西坦朝的家庭人口规模在土改前、土改后、高级社前的三个不同时段2—4人或者5—7人的家庭在整个村庄中的比重最大，大部分的家庭人口规模不大。同样也可以看出西坦朝在土改前、土改后、高级社前三阶段的家庭人口规模的变化，大多家庭的人口规模逐渐缩小至2—7人。8人以

---

① 《永济县志》，山西人民出版社1991年版，第103页。

② 参见《虞乡公社西坦朝大队阶级成分登记表·家史简述》，藏于山西大学中国社会史研究中心，收集人：胡英泽、张磊。

③ 参见《虞乡公社西坦朝大队阶级成分登记表·家庭经济状况·人口》，藏于山西大学中国社会史研究中心，收集人：胡英泽、张磊。

上人口的庞大家庭在土改前后都是9.95%，高级社前降到了6.52%。村庄里较多人口的家庭的人口数量，其比重也不断下降。

表1　　西坦朝三个时期家庭人口规模

组别（人）	土改前家庭人口规模				土改后家庭人口规模				高级社前家庭人口规模			
	户数	人数	户数百分比（%）	人数百分比（%）	户数	人数	户数百分比（%）	人数百分比（%）	户数	人数	户数百分比（%）	人数百分比（%）
1	4	4	5.48	1.02	2	2	2.74	0.51	3	3	3.26	0.66
2	5	10	6.85	2.54	6	12	8.22	3.03	7	14	7.61	3.08
3	12	36	16.44	9.14	10	30	13.70	7.58	19	57	20.65	12.56
4	9	36	12.33	9.14	9	36	12.33	9.09	14	56	15.22	12.33
5	9	45	12.33	11.42	15	75	20.55	18.94	16	80	17.39	17.62
6	10	60	13.70	15.23	9	54	12.33	13.64	16	96	17.39	21.15
7	7	49	9.59	12.44	9	63	12.33	15.91	8	56	8.70	12.33
8	10	80	13.70	20.30	6	48	8.22	12.12	3	24	3.26	5.29
8以上	7	74	9.59	18.78	7	76	9.59	19.19	6	68	6.52	14.98
合计	73	394	100.00	100.00	73	396	100.00	100.00	92	454	100.00	100.00

资料来源：《虞乡公社西坦朝大队阶级成分登记表》，藏于山西大学中国社会史研究中心，收集人：胡英泽、张磊。本文下列各表相同。

2. 家庭经济结构

土地、果树、房屋、牲畜、农具是西坦朝阶级成分登记表中记载的家庭财产的五大要素。除此之外还有劳力、农具等生产要素。在20世纪50年代的三个时期即土改前、土改结束时、高级社之前的西坦朝的户均人口分别是5.4人、5.4人、4.9人，户均劳力分别是1.7人、1.7人、1.6人，户均土地分别是13.5亩、13.8亩、11.2亩，户均房屋分别是6间、6.2间、5.2间，户均牲口分别是0.7头、0.6头、0.7头，户均果树分别是18.6株、18.2株、19.4株。（见表2）

表 2　　西坦朝三个时期各经济要素情况

	户数	人口	劳力	土地	房屋	牲畜	果树
土改前	73	394	124	988. 83	436. 5	51	1360
土改后	73	396	122	1007. 5	456	43. 8	1330
高级社前	92	454	144	1039. 99	479	66. 3	1783

需要说明的是，土地作为最重要的生产资料，包括水浇地与旱地。西坦朝特殊的地形结构决定了西坦朝的灌溉条件，在地势较为平坦的地方传统的水利灌溉有很大的用武之地，能够在雨水不足的情况下补充水分。而灌溉条件的差异使得西坦朝耕地的差异比较大。能够灌溉的土地被当地居民称为水浇地，也就是阶级成分登记表中所见的水地。得不到灌溉的土地被称为旱地。水地和旱地的差异除了在水利条件之外，土壤条件也有着比较大的不同。旱地多靠近山，其土层比较薄，沙石情况比较突出。水地在村子北侧，地势相对平坦，土层比较厚，更适合小麦、玉米等粮食作物的生长，产量比较高。没有得到灌溉的土地大多集中在村南，这里地势较高，呈坡地状态。这些土地在没有电力的时代下，水利灌溉无从谈起，其土地水分补充基本靠雨雪。虽然在旱地里有很大部分的土地上种植的是以柿子树为主的果树，但相对于水地仍然是贫瘠的土地。在传统时代以土地为最主要的生产资料的农村，不论灌溉条件如何，旱地同样是家户最重要的生产资料之一。尤其是在西坦朝，大量种植在旱地上的柿树，使得旱地在西坦朝的家庭经济中地位重要。①

西坦朝村发达的果树经济势必影响普通农户的家庭经济。从阶级成分登记表可见，在 1947 年开始的土地改革之前西坦朝整个村庄有 1360 株果树，73 户农户每一户的果树大致为 18. 63 株，而每个人的平均果树是 3. 45 株。土改结束的时候西坦朝的果树存量是 1330 株，每户平均果树为 18. 2 株，人均果树是 3. 36 株。高级社之前果树增加到了 1783 株，这个时期西坦朝的家户为 93 户，每户平均拥有的果树为 19. 38 株，人均果树是 3. 9 株。虞乡的果树每棵树产柿量约为 160 多斤。② 西坦朝在 20 世纪

① 《西坦朝访谈辑》，访谈时间 2013 年 10 月 2 日，访谈人：张磊、梁锐。

② 同上。

50年代，包括土改之前，土改结束以及高级社之前，每个人的果树大概可以计算为4株。可以得知，在西坦朝每个人每年大约有320公斤的柿子。而每户可以粗略地计算为20株柿子树，每家每年平均产柿子大概有3200公斤。这是个不小的数字，如果按照今天一元钱一斤左右的收购价格来算，这一项就有近三千元的收入。在那个只靠种地为生，商业、务工不发达的年代，果树在当地家庭经济中所占的分量不言而喻。以柿子树为代表的果树在西坦朝乡村家庭经济中扮演着重要角色。

在解放前西坦朝村的绝大多数人口都以务农为主。主要的作物为小麦、玉米等粮食作物，在旱地或者田间地头或者房前屋后，间或种植适于西坦朝土地条件适宜的果树。当然在农闲之余或者有些农民缺少生产资料，或者富裕人家想收获更多的财富的情况下，除了种植粮食果树之外，勤劳的西坦朝村人民，利用农闲时间开拓了许多生存方式。虽然这些生存方式都是与务农兼营，但这些经济活动不同程度都增加了家庭的收入，同时在家庭经济中拥有一定的地位。还有的靠此发家致富。不过大多情况下，村民们不过是借以糊口而已。

西坦朝村农民主要从事的副业经济活动主要可以概括为以下几个方面：扛长工、经商、手工业等。扛长工是没有生产资料或者较少的家户维持生活的最主要方式之一。在家庭生产资料不足，即土地稀少的情况下扛长工成为农民们的首选。不过，有的扛长工巩固了经济，积累了些财富，提高了生活水平。但更多地是不能翻身，过着被剥削的生活。经商的主要集中在洛南地区，可能是村内某一人在洛南经商，合伙或雇用同村人在洛南一起经商。蒸馍、饼子、麻花是地方特色。而手工业者，多为蒸馍、做豆腐、饼子、麻花等食品行业相关内容。除此之外还有教书的、行医的、唱戏的、放羊的、做木匠的、做石匠的、挖煤的、下盐池的、劁猪的、纺织的、打席的等。①

3. 家庭经济的变迁

西坦朝村家户的家庭经济有一定程度上的变动。有的家户通过不同方式的积累，家庭经济不断好转。有的家户遭遇不同的天灾人祸，本来处境

① 参见《虞乡公社西坦朝大队阶级成分登记表·家史简述》，藏于山西大学中国社会史研究中心，收集人：胡英泽、张磊。

艰难的家庭经济又雪上加霜。当然有的家庭是好景不长，先穷后富又变穷的。也有的家庭暂时是困难的，是先富后穷又富裕了的。解放前几十年来的各个家庭经济发展不是一成不变的，有的家庭经过经商或者做工积累有所上升，而更多的家庭是经历战乱和生活的困苦挣扎下的每况愈下。

西坦朝的家户家庭经济的上升有着不同的因素，包括做工积累、过继、入赘、经商、放贷、开荒。家户家庭经济最有效、速度最快的上升手段就是经商，做生意。还有贩卖果子的、卖杂货的、卖豆腐的、卖麻花的等积累。总之在西坦朝村几十年的变化中，经商做买卖在家庭收入中占据很大的比重。做工积累的因素使得许多贫农有了生活的希望，有些家庭生活不如意，但家庭的孩子们长大后，扛长工后积累一定财产，买地建房，过上比较好的生活，与勤劳做工密不可分。

下降的原因也是多种多样，欠债、吸毒、分家、战乱、逃荒、害病、主动转让财产、被盗、失火、劳力死亡等。在无力应对各种生活危机的情况下，借债看上去是个比较好的化解危机的好办法。不过在动乱的年代，借贷制度不合理的情况下这无异于饮鸩止渴，虽然有的家庭最终化解了困境，但更多的是无可奈何地面对危机深化，以至于更加穷困。鸦片泛滥、毒品横行的背景下，一些富家子弟尝试吸毒的刺激，并导致家破人困。战乱的时代，有抓丁的、有逼粮的、有被抢的，如此种种使得本来生活困苦的农户家庭雪上加霜。当然除了这些原因，还有些别的原因，让这个本来贫穷的山麓村庄面临痛苦。①

家庭经济的上升或是下降，大多是多种因素造成，正所谓福无双至，祸不单行，当一个家庭处于上升的时期多重因素同时作用，而“家道中落”的家庭从来都是雪上加霜。当然还有处于稳定状况的，不升不降的没有多大波动的家庭。

4. 家庭经济与阶级分化

划分阶级成分的初衷是共产党为确定应该具体依靠哪些人，团结哪些人，打击哪些人。在西坦朝阶级成分的划分与全国其他的地方没有多少不同。在1947年包括西坦朝在内的虞乡的解放，随后开始的土地改革，其

① 参见《虞乡公社西坦朝大队阶级成分登记表·家史简述》，藏于山西大学中国社会史研究中心，收集人：胡英泽、张磊。

中比较重要的一项就是划分阶级成分。经过反复修改最后在土改中划定了全村家户和个人的阶级成分，每个家户每个人被打上政治标签。同其他地方一样西坦朝的阶级成分划分为贫农、下中农、中农、上中农、富农、地主六类。其中在土改时，贫农为 35 户、下中农为 12 户、中农为 20 户、上中农为 3 户、富农为 1 户、地主为 2 户。[①] 在 1964 年的“四清”时期，西坦朝的阶级成分又进行了重新评议。这次评议与土改时期的决定实质上没有多少区别。只不过对个别家庭、个人的阶级成分做了一些修改。

西坦朝在阶级成分的划分上“原则上是遵循马克思主义观点把人们在生产中对生产资料的是否占有、是否剥削作为标准，这是一种建立在经济基础上的阶级划分”。不过“在 1947 年夏，划阶级定成分的定义比以前任何时候都更加详尽复杂。划分的表格制定出来后，通过互助组各组组长向村子里的每家每户进行发放。有几栏是土地财产、牲畜、房屋、借债或投入以及家庭成员有多少等”[②]。

同样地，西坦朝的阶级成分的划分也必须贯彻中央精神，把土地、财产、牲畜、房屋、果树等方面都作为一个家户，或者一个具体村民的阶级成分的标准。抛除其他人为的、政治的、伦理道德的等原因不谈，西坦朝的经济因素对阶级成分的划分其实是最关键的因素。划分出来的结果基本上是与经济情况相匹配的。光景过得好的，其成分就相对高些，划为富农或是上中农，甚至地主，光景差些的就划得低些。

分开来讲，在西坦朝的农村家庭生活中，土地、果树、房屋、牲口这些要素扮演着重要的角色。这些要素除了决定家庭经济生活的状态之外，在土地改革的时候，以及后来的各种政治生活中同样扮演着重要角色。其中在划分阶级成分的时候家庭经济的各个要素成为划分阶级成分的重要依据，其中作为最重要的生产资料的土地的分配情况最为重要。[③] 除此之外作为在西坦朝乡村家庭经济中扮演重要角色的果树必然成为划分阶级成分

---

① 参见《虞乡公社西坦朝大队阶级成分登记表·家庭成分》，藏于山西大学中国社会史研究中心，收集人：胡英泽、张磊。

② 王华：《1949 年前华北农村土改中的阶级划分标准及影响》，《济宁学院学报》2011 年第 1 期。

③ 张兴茂：《坚持与发展马克思主义的阶级划分理论——兼论“中产阶级”的阶级属性》，《社会主义研究》2008 年第 2 期。

的重要依据。

其中，划分阶级成分最主要的土改时期，西坦朝划分的阶级成分的结果中，划分为贫农的35户有土地350.08亩、果树326株；下中农12户有土地128亩、果树206株；中农20户有土地329.6亩、果树509株；上中农3户有土地73.9亩、果树61株；富农1户有土地40.3亩、果树118株；地主2户有土地76.95亩、果树140株。

表3　　西坦朝土改前不同阶级成分经济要素情况

成分	土改时划定（户数）	人口	土地（亩）	果树（株）	房屋（间）
贫农	35	178	350.08	326	134.5
下中农	12	53	128	206	69
中农	20	118	329.6	509	136
上中农	3	16	73.9	61	40.5
富农	1	12	40.3	118	18
地主	2	17	76.95	140	38.5
合计	73	394	998.83	1360	436.5

从不同阶级所拥有的土地与果树的平均值看，土地、果树越多成分越高。贫农每户平均有土地10亩、果树9.3株，每人平均有土地1.96亩、果树1.8株。下中农每户平均有土地10.7亩、果树17.2株，每人平均土地2.4亩、果树3.8株。中农每户平均有土地16.48亩、果树25.45株，每人平均有土地2.8亩、果树4.3株。上中农平均每户有土地24.6亩、果树20.3株，每人平均有土地4.6亩、果树3.8株。富农平均有土地40.3亩、果树118株，每人平均有土地3.3亩、果树9.8株。地主2户每户平均有土地38.5亩、果树70株，每人平均有土地4.5亩、果树8.2株。当然还有其他因素比如政治表现、家庭放贷等因素影响阶级划分的结果，但是从经济要素上看，基本上是财产越多成分越高，财产越少成分越低。土地是阶级成分划分中的最重要的因素。① 从西坦朝大队阶级成分划

① 韩步江：《毛泽东阶级分析法理论的回顾与反思》，《湖南科技大学学报》（社会科学版）2006年第5期。

分的实际看，果树的占有量对西坦朝阶级成分划分起着重要作用。土地最多的两户都划分为地主富农，同时果树也是全村最多的，而没有果树的或者果树很少的大多为贫农。相比土地的集中程度而言，果树集中程度高。果树最多拥有者的果树量是果树户均的十倍左右，土地最多拥有者的土地是土地平均值的四倍。同样地，鉴于果树集中程度较高，一定地论证了果树多寡是西坦朝大队阶级成分划分的重要依据。

5. 关于分家

分家顾名思义就是把一个家庭分成两家或者更多，其本质就是分割财产。王跃生的分家研究主要集中在家庭结构的分析和转变。王跃生认为家庭困难和家庭矛盾是分家的基本直接原因。① 他认为："影响家庭类型、促使家庭结构改变的主要力量是家庭血缘关系成员的婚姻行为。"②

导致财产不同变化的分家类型有兄弟之间分家的，父子之间分家的，叔侄之间分家的。分家种类多种多样，从分家后财产变化角度来说，西坦朝的分家情况有四种。第一种是分家分产且总财产不变的，除数据混乱之外，有 3 户。第二种为分家分产。不过分产后每家出卖或者买进土地的，就是分产后与分产之前的总地数不同，这样的有 8 户。因分家分产土地增加的家户比较多，土地出卖、减少的家户比较少。第三种是分家后不属于同一大队的，有 5 户。按照大队分组聚居的西坦朝大队分布说明，原来一家人至少有几处院落。还有的家户是分家不分产的，有 3 户。这是一种过渡状态，其必然走向财产分割。把这些分家分为四类是从四种不同的角度看分家类型。这四类分家的情况当然不是说界限明显，非彼即此，很多情况下各类分家之间是有交集的。土改结束直至高级社前，西坦朝村新增家户 19 户，主要的原因是分家，西坦朝各户分家的时间主要集中在 1950 年、1955 年、1956 年三个时间段。由 15 户分家，一共分出 19 户。分家的结果，使得以户为单位的土地分配趋向分散。1950 年有 9 家，1952 年

---

① 王跃生：《家庭结构转化和变动的理论分析——以中国农村的历史和现实经验为基础》，《社会科学》2008 年第 7 期。

② 王跃生：《20 世纪三四十年代冀南农村分家行为研究》，《近代史研究》2002 年第 4 期。

分家1户，1954年分家的有1户，1955年分家的有1户，1956年分家的有3户。还有分两次家的。有这样几个家户的分家比较有典型意义：(1)王德金、王德玉两兄弟分家之前有19.5亩土地，在分家后每户8.1亩，加起来是16.2亩。增加出来的土地疑似是分家时购入的。(2)张武奎、张二民、张三民三兄弟分家前的土地面积为15.5亩。分家后每家分到4.5亩。但是其母亲另立一户，由三户轮流赡养。(4)张安详、张光详两兄弟，属于不同的生产队，在1950年分家。但是家户的最主要的财产土地没有分开，还是共同经营。(5)郭元春、郭元善两兄弟1952年分家，郭元春、郭恒志父子又在后来分了一次家。郭元春家庭分了两次家。(6)张守仁、张守信两户在分家前的土地为25亩，分家之后的土地分别为8亩、15亩，合起来较分家前少了2亩。①

二 西坦朝村的财富分配

在土改前、土改结束时、高级社前，西坦朝包括土地、果树、房屋、牲口等财产的分配有着一定程度的波动。土改结束时较土改前分配变化的主要原因是革命式的土地等财产的重新分配的土地改革。而土改后到高级社之前的分配变动则更多的是新民主主义社会性质下的农田等财产的自由买卖，还有分家析产的作用使得分配格局变动。

（一）西坦朝村地权分配的变动

1. 土改前西坦朝村的地权分配

根据西坦朝阶级成分登记表的统计，可以得出西坦朝土改前家户的地权分配大体状况。在土地改革以前，73户的西坦朝村所拥有的土地一共有988.83亩，平均下来每户拥有的土地是13.55亩，以15亩计算。只有一户是无地户，这家无地户只有一人，而且常年在外地馍铺做伙计。除了这一无地户之外，在土改之前西坦朝村的家户或多或少都有一些土地。而户拥有土地在平均土地15亩以下的农户有45户，占总户数的61.6%，

① 参见《虞乡公社西坦朝大队阶级成分登记表·备考》，藏于山西大学中国社会史研究中心，收集人：胡英泽、张磊。

也就是说有45户、61.6%的家户占有土地的规模未能达到村庄的家户占有土地的平均水平，其共有土地382.58亩，占村庄土地的比例为38.69%。土地15—35亩的家户有26户，占总户数的35.62%，拥有村庄土地522.9亩，占村庄土地的52.89%。40亩以上的2户，占总户数的2.74%，有土地83.35亩，占耕地总面积的8.43%。占有土地最多的家户是家户平均土地的3.2倍，差距为29.5亩。直观上看贫富差距较大。土地改革前西坦朝以户为单位土地分配基尼系数是0.32。(见表4)

表4　　　　　西坦朝土改前以户为单位土地分配情况

组别（亩）	户数	户数百分比（%）	亩数	亩数百分比（%）
0	1	1.37	0	0.00
0—5	9	12.33	31.37	3.17
5—10	21	28.77	171.42	17.34
10—15	14	19.18	179.79	18.18
15—20	18	24.66	315.5	31.91
20—25	5	6.85	115.8	11.71
25—30	2	2.74	57.7	5.84
30—35	1	1.37	33.9	3.43
35—40	0	0.00	0	0.00
40—45	2	2.74	83.35	8.43
合计	73	100.00	988.83	100.00

在以往的历史时期地权研究中，因为资料的限制，以户为单位计算地权分配的占绝大多数，不能实现以人为单位统计计算，局限了更深入地研究地权。而包括西坦朝阶级成分登记表在内的虞乡公社各个大队的阶级成分登记表，记录了具体的家户人口数量及年龄等人口信息。因此，西坦朝土改前后的地权分配，通过利用虞乡公社西坦朝大队阶级成分登记表，使得以人为单位的地权分配研究成为可能（见表5)。

表5　　西坦朝土改前以人为单位土地分配情况

组别（亩）	人数	人数百分比（%）	亩数	亩数百分比（%）	户数	户数百分比（%）
0	1	0.26	0	0.00	1	1.37
0—1	42	10.71	27.24	2.75	7	9.59
1—2	125	31.89	190.29	19.24	19	26.03
2—3	120	30.61	307.55	31.10	20	27.40
3—4	58	14.80	202.9	20.52	13	17.81
4—5	27	6.89	122.75	12.41	6	8.22
5—6	4	1.02	22.8	2.31	2	2.74
6—7	10	2.55	65.3	6.60	3	4.11
9—10	5	1.28	50	5.06	2	2.74
合计	392	100.00	988.83	100.00	73	100.00

西坦朝土地改革之前人均土地为2.52亩，可以3亩计算。西坦朝人均土地在0—3亩的家户有288人，占人口总数的73.47%。有46户，64.4%的家户人均土地在平均占地之下。这些家户占有的土地面积总数为525.08亩，占整个村庄的53.1%。人均土地在3—7亩的家户有99人，占人口总数的25.26%。有24户的农户人均土地在这个范围内，占总户数的32.88%。这些家户占有的土地面积总数为413.75亩，占整个村庄的41.84%。有2户共5人的人均占地在10亩，占人口总数的1.28%，总户数的2.74%。共有土地50亩，占土地总数的5.06%。可以看出西坦朝的人均土地分配比较分散，占有最多人均土地的人家是人均土地的3.96倍。并且与人口平均占有土地2.52亩的差距为7.48亩。土地改革前西坦朝以人为单位的土地分配基尼系数为0.3。

在较大的水旱地的差异面前，西坦朝对水地、旱地的区分意识比较强烈。在阶级成分登记表中很强调每家每户的水地拥有情况，把每一户所有的水地都登记在册，仔细完备。水地比旱地的产量高，这必然决定了水地拥有量多的情况下家户的经济条件较好。水地占有的多少也决定了村庄财富分配的格局。

表 6　　西坦朝土改前以户为单位水地分配情况

组别（亩）	户数	户数百分比（%）	亩数	亩数百分比（%）
0	7	9. 59	0	0. 00
0—2	20	27. 40	29. 55	10. 43
2—4	20	27. 40	63. 89	22. 54
4—6	14	19. 18	72. 1	25. 44
6—8	4	5. 48	27. 9	9. 85
8—10	4	5. 48	36. 4	12. 84
10—12	0	0. 00	0	0. 00
12—14	3	4. 11	38. 65	13. 64
14—16	1	1. 37	14. 9	5. 26
合计	73	100. 00	283. 39	100. 00

在土地改革以前，西坦朝村 73 户居民一共拥有水地 283. 39 亩，平均每户所有的水地是 3. 88 亩，可以按照 4 亩考量。有 7 户村民没有水地，占总户数的 9. 59%。水地在平均 4 亩以下的农户有 47 户，占总户数的 64. 38%。占有水地 93. 44 亩，占整个村庄水地的 32. 97%。有 4—10 亩水地的西坦朝的家户为 22 户，占总户数的 30. 13%，占有水地 136. 4 亩，拥有的水地面积占整个村庄水地面积的 48. 13%。水地 10 亩以上的家户为 4 户，占总户数的 5. 48%，所有的水地 53. 55 亩，占村庄水地总面积的 18. 89%。土地改革前西坦朝以户为单位水地分配基尼系数是 0. 43。水地的集中程度比较高，超过了 0. 4 的红线。西坦朝水地是 283. 39 亩，土地是 988. 83 亩，水地面积不到整个土地面积的 30%。近 10% 的家户没有水地，有些家庭的土地又主要是水地。使得水地集中程度高，分配较为不均。

表7　　西坦朝土改前以人为单位水地分配情况

组别（亩）	人数	人数百分比（%）	亩数	亩数百分比（%）	户数	户数百分比（%）
0	20	5.08	0	0.00	7	9.59
0—0.5	140	35.53	44.2	15.60	21	28.77
0.5—1	152	38.58	107.04	37.77	29	39.73
1—1.5	60	15.23	76.65	27.05	9	12.33
1.5—2	14	3.55	25.6	9.03	3	4.11
2—2.5	2	0.51	5	1.76	1	1.37
2.5—3	1	0.25	2.7	0.95	1	1.37
3以上	5	1.27	22.2	7.83	2	2.74
合计	394	100.00	283.39	100.00	73	100.00

西坦朝土改前人均所有的水地为0.72亩，按照1亩来计算。有20人没有水地，为人口比例的5.08%。西坦朝村人均水地在0—1亩的人口为312人，是人口总数的79.18%。占有的水地面积为151.24亩，占整个村庄水地的53.36%。人均水地在1—2亩的有74人，占人口总数的53.8%。有12户的农户人均土地在1—2亩，占总户数的16.44%，占有水地的面积为102.25亩，为整个村庄水地的36.08%。4户人家，共8口人的人均在2亩以上，是人口总数的2%，户数的5.5%。共有水地29.9亩，占水地的10.55%。土地改革前西坦朝以人为单位水地分配基尼系数是0.38。

2. 土改结束时西坦朝村的地权分配

包括西坦朝村在内的虞乡于1947年解放，随后便开展了土地改革，土地改革中对土地、房屋等生产、生活资料进行了一轮“革命”的分配。1949年又历经了一次土改，西坦朝村的土地分配发生了变化，在土地改革影响下西坦朝的地权分配趋于分散。

西坦朝这个时期共有土地1006.56亩，家户平均土地13.78亩，按15亩计算。有45户占地在15亩以下，占总户数的61.64%。虽然较土改前家户数没有变化，但具体家户的土地数量有不同的变化。这些家户的耕地为439.49 亩，占总耕地面积的43.66%，比较土改前平均水平382.58 亩增加46.91 亩，比土改前占村庄土地的比例38.69%上升了4.97%。28 户占地在15 亩以上，占总户数的38.36%，占地为567.07 亩，占总耕地面积的56.34%。拥有土地最多的家户为35.3 亩，是平均土地的2.55 倍。土地改革结束时西坦朝以户为单位土地分配基尼系数是0.24，分配较为合理。

表8　　　　　　　西坦朝土改后以户为单位土地分配情况

组别（亩）	户数	户数百分比（%）	亩数	亩数百分比（%）
0	0	0.00	0	0.00
0—5	6	8.22	25.5	2.53
5—10	20	27.40	176.33	17.52
10—15	19	26.03	237.66	23.61
15—20	18	24.66	311.97	30.99
20—25	7	9.59	162.1	16.10
25—30	2	2.74	57.7	5.73
30—35	0	0.00	0	0.00
35—40	1	1.37	35.3	3.51
合计	73	100.00	1006.56	100.00

表9　　　　　　　西坦朝土改后以人为单位土地分配情况

组别（亩）	人数	人数百分比（%）	亩数	亩数百分比（%）	户数	户数百分比（%）
0	0	0.00	0	0.00	0	0.00
0—1	8	2.01	8	0.79	1	1.37
1—2	140	35.18	223.04	22.16	22	30.14
2—3	159	39.95	404.72	40.21	27	36.99
3—4	56	14.07	197.2	19.59	13	17.81
4—5	26	6.53	113.9	11.32	7	9.59
5—6	7	1.76	39.7	3.94	2	2.74
6—10	2	0.50	20	1.99	1	1.37
合计	398	100.00	1006.56	100.00	73	100.00

土改结束的时候西坦朝的人均土地是2.53亩，大概以3亩计算。西坦朝这个时期人均土地在0—3亩的有307人，占人口总数的77.14%。50户的家户人均土地在平均占地范围之内，占总家户数的68.49%。他们有土地635.76亩，占整个村庄土地面积的63.16%。人均土地在3—7亩的家户有89人，占人口的22.86%。22户的人均土地在这个范围内，占户数的30.14%。共占土地面积350.8亩，占整个村庄土地的34.85%。只有1户，2人的占地规模在10亩以上，占人口总数的0.5%，户数的1.37%。占土地20亩，占村里土地总数的1.99%。人均土地最多的家户是最少人均土地的12.3倍，与全村人口平均占有土地的2.53亩差距为7.47亩。土地改革结束时西坦朝以人为单位土地分配的基尼系数为0.21。

表10　　西坦朝土改后以户为单位水地分配情况

组别（亩）	户数	户数百分比（%）	亩数	亩数百分比（%）
0	4	5.48	0	0.00
0—2	13	17.81	22.45	7.98
2—4	31	42.47	95.18	33.84
4—6	13	17.81	66.12	23.51
6—8	5	6.85	35	12.44
8—10	7	9.59	62.5	22.22
合计	73	100.00	281.25	100.00

西坦朝这个时期共有水地281.25亩，73户的西坦朝家户平均水地为3.8亩，可以大致按4亩计算。有4户没有水地，占总户数的5.48%。有48户占有水地在4亩以下，占总户数的65.76%。这些家户占有水地117.63亩，占村庄总水地面积的41.82%。18户占有水地在4—8亩，占总户数的24.66%，占有水地为101.12亩，占总水地面积的35.95%。有7户即9.59%家户的水浇地面积在8—10亩，占有水地62.5亩，占村庄水地面积的22.22%。土地改革结束时期西坦朝以户为单位水地分配的基尼系数为0.31。

表 11　　西坦朝土改后以人为单位水地分配情况

占地	人数	占人数比（%）	亩数	占亩数比（%）	户数	占户数比（%）
0	15	3.79	0	0.00	4	5.48
0—0.5	85	21.46	34.3	12.20	14	19.18
0.5—1	235	59.34	165.25	58.76	41	56.16
1—1.5	54	13.64	66.8	23.75	11	15.07
1.5—2	5	1.26	9.9	3.52	2	2.74
2—2.5	2	0.51	5	1.78	1	1.37
合计	396	100.00	281.25	100.00	73	100.00

土地改革结束的时候，西坦朝的人均水地是0.7亩，大概以1亩计算。没有水地的人口为15人，占人口的3.79%。西坦朝人均水地在0—1亩的有320人，占人口总数的80.81%。55户的家户人均水地在平均占水地范围之内，占总家户数的75.34%。他们有水地199.55亩，占整个村庄水地面积的70.95%。人均水地在1—2.5亩的家户有61人，占人口的15.40%。14户的人均土地在这个范围内，占户数的19.18%。占有水地81.7亩，占整个村庄水地的29.05%。土地改革结束时西坦朝以人为单位水地分配的基尼系数为0.22。

3. 高级社前西坦朝村的地权分配

西坦朝阶级成分登记表资料显示西坦朝村各家户于1956年加入农业高级社。此前土地、果树、牲畜以及农具等生产、生活资料为农民私有财产，土地可以按照农民的意愿买卖、典当、出租。尤其是土地的买卖、典当和出租，使得农村社会经济格局，特别是土地分配格局比较土改刚刚结束的时候产生了一些变化，这些变化有的走向了共产党土地改革意图的反方向，一些农村地区经济分配格局出现了新的变化。

表 12　　西坦朝高级社前以户为单位土地分配情况

组别（亩）	户数	户数百分比（%）	亩数	亩数百分比（%）
0	1	1.09	0	0.00
0—5	18	19.57	70.97	6.91
5—10	29	31.52	240.83	23.46
10—15	24	26.09	303.06	29.52
15—20	12	13.04	213.3	20.77
20—25	5	5.43	116.3	11.33
25—30	3	3.26	82.3	8.02
合计	92	100.00	1026.76	100.00

西坦朝这个时期共有土地 1026.76 亩，随着分家，高级社前村庄的家户由 73 户增至 92 户。户均土地由原来的 13.78 亩下降至 11.16 亩。这时家户平均土地 11.16 亩，按 10 亩计算。有 48 户占地在 10 亩以下，占总户数的 52.17%。占有村庄土地为 311.8 亩，占村庄土地的 30.37%。44 户的土地在 10 亩以上，占户数的 47.83%。占地面积 714.96 亩，占总面积的 69.63%。土地最多的家户为 28.6 亩，是平均土地的 2.56 倍，较拥有土地最少的 0 亩差距为 28.6 亩。从占地规模来看，已经没有占地 30 亩以上的家户。78.2% 的家户占地在 15 亩以下。1 户无地户，和土改前一样，此户 1 人，常年在外地的馍铺做伙计。高级社前西坦朝以户为单位的土地分配基尼系数为 0.29。

表 13　　西坦朝高级社前以人为单位土地分配情况

组别（亩）	人数	人数百分比（%）	亩数	亩数百分比（%）	户数	户数百分比（%）
0	2	0.45	0	0.00	1	1.09
0—1	55	12.39	48.4	4.71	10	10.87
1—2	143	32.21	226.24	22.03	27	29.35
2—3	161	36.26	407.22	39.66	32	34.78
3—4	45	10.14	158.1	15.40	11	11.96
4—5	31	6.98	133.5	13.00	8	8.70

续表

组别（亩）	人数	人数百分比（%）	亩数	亩数百分比（%）	户数	户数百分比（%）
5—6	6	1.35	33.3	3.24	2	2.17
6—7	0	0.00	0	0.00	0	0.00
10 以上	1	0.23	20	1.95	1	1.09
合计	444	100.00	1026.76	100.00	92	100.00

表 14　　西坦朝高级社前以户为单位水地分配情况

组别（亩）	户数	户数百分比（%）	亩数	亩数百分比（%）
0	5	5.43	0	0.00
0—2	26	28.26	41.37	13.87
2—4	38	41.30	113.18	37.93
4—6	13	14.13	64.42	21.59
6—8	6	6.52	40.8	13.67
8—10	3	3.26	27.6	9.25
10 以上	1	1.09	11	3.69
合计	92	100.00	298.37	100.00

这段时期内，村庄的人口也由原来的 398 人增至 444 人。户数至少增加了 19 户，而人口增加了 46 人，每户约 2 人。入高级社时西坦朝人均土地为 2.31 亩，以 3 亩计算。西坦朝人均土地在 0—3 亩的家户有 361 人，占人口的 81.31%。有 70 户，村庄 76.09% 的家户人均土地在这个范围之内。他们占有土地 681.86 亩，为土地面积的 66.41%。西坦朝人均土地在 3—7 亩的家户有 82 人，占人口的 18.47%。21 户的人均土地在这个范围内，占总户数的 22.83%。这些家户的土地面积为 324.9 亩，占整个村庄的 28.4%。有 1 户，共 1 人的人均占地在 10 亩以上，占人口总数的 0.23%，占户数的 1.09%。有土地 20 亩，占村里土地 1.95%。这一户为 1 人，户主解放前经常赌博，后来不知何故当上干部，虽然本文怀疑阶级成分登记表对他的记载有误但无法判断。其与人口平均占有土地 2.34 亩的差距为 17.66 亩。表面上看趋于集中。高级社前西坦朝以人为单位土地

分配的基尼系数为 0. 27。

西坦朝高级社之前 92 户家户共有水地 298. 37 亩，平均每户有水地 3. 2 亩，可以大致按 4 亩计算。其中有 5 户没有水地，占户数比例为 5. 43%。有 69 户占水地在 4 亩以下，占总户数的 74. 99%。这些家户占水地为 154. 55 亩，占村庄总水地面积的 51. 8%。22 户占水地在 4—10 亩，为总户数的 23. 91%。占水地为 132. 82 亩，占总水地面积的 44. 52%。有 1 户人家（总户数的 1. 09%），其占水浇地面积在 11 亩，占水地总数的 3. 69%。拥有水地最多的家户为 11 亩，是平均土地的 3. 39 倍。高级社前西坦朝以户为单位水地分配的基尼系数是 0. 33。

表 15　　西坦朝高级社前以人为单位水地分配情况

组别（亩）	人数	人数百分比（%）	亩数	亩数百分比（%）	户数	户数百分比（%）
0	19	4. 19	0	0. 00	5	5. 43
0—0. 5	158	34. 80	58. 42	19. 58	27	29. 35
0. 5—1	221	48. 68	158. 25	53. 04	46	50. 00
1—1. 5	37	8. 15	44. 3	14. 85	8	8. 70
1. 5—2	15	3. 30	25. 3	8. 48	4	4. 35
2—2. 5	3	0. 66	7. 1	2. 38	1	1. 09
2. 5 以上	1	0. 22	5	1. 68	1	1. 09
合计	454	100. 00	298. 37	100. 00	92	100. 00

高级社前西坦朝的人均水地是 0. 65 亩，大概以 1 亩计算。没有水地的人口为 19 人，占人口比例的 4. 19%。西坦朝人均土地在 0—1 亩的有 398 人，占人口总数的 87. 67%，73 户的家户人均水地在此范围之内，占总家户数的 79. 35%。他们有水地 16. 67 亩，占整个村庄水地面积的 72. 61%。人均水地在 1 亩以上的家户有 56 人，占人口的 12. 33%。14 户的人均水地在这个范围内，是户数的 15. 21%。所占水地面积为 81. 7 亩，占整个村庄水地的 27. 38%。人均水地最多的家户

占水地5亩，是最少人均水地的7.6倍。并且与全村人口平均占有水地的0.65亩差距为4.3亩。高级社前西坦朝以人为单位水地分配基尼系数为0.27。

4. 西坦朝村各时期的其他类型土地分配

阶级成分登记表中记载了土地、水地两项经济因素，这里所说的其他类型的土地指的是除水地之外的各类土地。不过西坦朝的其他类型的土地大致可以等于旱地。拥有旱地的多少，同样代表着财富拥有的程度。同样旱地的分配情况影响着西坦朝的财产分配格局，是考量西坦朝财产分配、贫富差距的重要因素。不过在西坦朝的阶级成分登记表当中，没有对每户所拥有的旱地进行确切记录。从西坦朝土地的属性看，不是水地即是旱地。在本文撰写过程中，把每户的土地数量做了减法，减去水地的数量，得出来的数字看作每户拥有的旱地。

表16　　西坦朝三个时期以户为单位旱地分配情况

时间	组别（亩）	户数	户数百分比（%）	亩数	亩数百分比（%）
土改前	0	2	2.74	0	0.00
	0—5	20	27.40	63.44	8.99
	5—10	19	26.03	148.7	21.08
	10—15	21	28.77	268.7	38.09
	15—20	8	10.96	143.2	20.30
	20—25	1	1.37	24.5	3.47
	25—30	2	2.74	56.9	8.07
	合计	73	100.00	705.44	100.00
土改后	0	0	0.00	0	0.00
	0—5	14	19.18	44.68	6.15
	5—10	27	36.99	208.75	28.73
	10—15	22	30.14	277.52	38.20
	15—20	8	10.96	145.4	20.01
	20—25	1	1.37	24.5	3.37
	25—30	1	1.37	25.4	3.50
	合计	73	100.00	726.25	99.97

续表

时间	组别（亩）	户数	户数百分比（%）	亩数	亩数百分比（%）
高级社前	0	1	1.09	0	0.00
	0—5	29	31.52	81.55	11.00
	5—10	34	36.96	259.46	34.99
	10—15	22	23.91	279.39	37.67
	15—20	4	4.35	74.5	10.05
	20—25	2	2.17	46.72	6.30
	合计	92	100.00	741.62	100.00

从西坦朝三个时期以户为单位旱地分配情况表可以看出，西坦朝村在土地改革以前，土地中一共有旱地705.44亩，平均每户拥有的旱地面积是9.66亩，以10亩计算。没有旱地的家户有2户，占家户总数的2.74%。所有旱地在家户旱地平均值10亩以下的农户有45户，占西坦朝村家户的56.16%，这些家户所有的旱地面积为212.14亩，占村庄旱地的30.07%。有旱地面积在10—20亩的家户有29户，占户数的39.72%，拥有旱地的411.9亩，占村庄旱地的58.4%。旱地在20亩以上的家户有3户，占总户数的4.1%，拥有旱地81.4亩，占旱地总面积的11.54%。土地改革前西坦朝以户为单位旱地分配的基尼系数是0.34。

西坦朝土改后共有旱地726.25亩，家户平均旱地9.95亩，按10亩计算。有41户占旱地在10亩以下，占总户数的56.16%。其占旱地为253.43亩，占村庄总旱地面积的34.88%。30户占旱地在10—20亩，占总户数的41.1%。占旱地为422.92亩，占总旱地面积的58.21%。20亩以上旱地的家户有2户，占户数的2.74%。占旱地的面积为49.9亩，占旱地总数的6.87%。拥有土地最多的家户为25.4亩，是平均旱地的2.55倍。土地改革结束时西坦朝以户为单位旱地分配基尼系数为0.28。

西坦朝高级社之前共有旱地741.62亩，家户平均旱地8.06亩，按10亩计算。有1户没有旱地，占户数的1.09%；有64户占旱地在10亩以下，占总户数的69.57%。所占旱地341.01亩，占村庄总旱地面积的45.98%。26户占旱地在10—20亩，占总户数的28.26%。一共占旱地为353.89亩，占总旱地面积的47.72%。20亩以上旱地的家户有2户，占户数的2.17%。所占旱地的面积为46.72亩，占旱地面积的6.3%。拥有旱地最多的家户有24.5亩，是平均旱地的3.04倍。高级社前西坦朝以户为单位旱地分配基尼系数为0.33。

土地改革之前，西坦朝人均旱地为1.79亩，可以2亩计算。有8人没有旱地，占人口比例的2.03%。人均旱地在0—2亩的人口为255人，占人口总数的26.7%，有51户，占总户数的56.17%。这些家户的旱地面积为279.49亩，占整个村庄旱地的39.68%。这些居民拥有的旱地面积在村庄的人均旱地面积之下。西坦朝人均旱地在2—6亩的有130人，占人口总数的32.94%，为29户，占总户数的39.73%，占有的旱地面积为366亩，占整个村庄旱地的51.88%。人均旱地在6亩以上的共9人，占人口总数的2.28%。有3户，占总户数的4.1%，所占旱地面积为59.5亩，占村庄旱地8.43%。土地改革前西坦朝以户为单位或以人为单位旱地分配基尼系数都为0.34。这也许存在着这样或者那样的误差，但可以说明不论以户为单位还是以人为单位旱地的分配的集中程度相差不多。（见表17）

表17　　西坦朝三个时期以人为单位旱地分配情况

时间	组别（亩）	人数	人数百分比（%）	亩数	亩数百分比（%）	户数	户数百分比（%）
土改前	0	8	2.03	0	0.00	2	2.74
	0—1	103	26.14	63.04	8.94	17	23.29
	1—2	144	36.55	216.9	30.75	22	30.14
	2—3	91	23.10	221.9	31.46	18	24.66
	3—4	30	7.61	99.8	14.15	8	10.96
	4—5	9	2.28	44.3	6.28	3	4.11
	5—6	0	0.00	0	0.00	0	0.00
	6—7	7	1.78	44.5	6.31	2	2.74
	7—8	2	0.51	15	2.13	1	1.37
	合计	394	100.00	705.44	100.00	73	100.00

续表

时间	组别（亩）	人数	人数百分比（%）	亩数	亩数百分比（%）	户数	户数百分比（%）
土改后	0	0	0.00	0	0.00	0	0.00
	0—1	99	25.00	72.43	9.97	15	20.55
	1—2	168	42.42	259.5	35.73	28	38.36
	2—3	89	22.47	227.9	31.38	19	26.03
	3—4	26	6.57	90.82	12.51	6	8.22
	4—5	10	2.53	46.6	6.42	3	4.11
	5—6	0	0.00	0	0.00	0	0.00
	6—8	4	1.01	29	3.99	2	2.74
	合计	396	100.00	726.25	100.00	73	100.00
高级社前	0	2	0.44	0	0.00	1	1.09
	0—1	142	31.28	89.53	12.07	27	29.35
	1—2	215	47.36	334.57	45.11	39	42.39
	2—3	43	9.47	114.7	15.47	11	11.96
	3—4	38	8.37	131	17.66	9	9.78
	4—5	13	2.86	56.82	7.66	4	4.35
	5—	1	0.22	15	2.02	1	1.09
	合计	454	100.00	741.62	100.00	92	100.00

土地改革结束的时候西坦朝的人均旱地是1.83亩，大概以2亩计算。西坦朝人均旱地在0—2亩的有267人，占人口总数的67.42%，43户人均旱地在这范围之内，占总家户数的58.1%。有旱地331.93亩，占整个村庄旱地面积的45.7%。人均旱地在2—5亩的家户有125人，占人口的31.56%。28户的人均旱地在这个范围内，是户数的38.36%。其共占旱地的面积为365.32亩，占整个村庄旱地的50.3%。2户4人占旱地规模在6亩以上，占人口总数的1.01%，户数的2.74%。共有旱地29亩，占

村里旱地的 3.99%。人均旱地最多的家户是 15 亩，为最少人均旱地的 8.17 倍。并且与全村人口平均占有旱地的 1.83 亩差距为 13.1 亩。土地改革结束时西坦朝以人为单位旱地分配的基尼系数为 0.29。

高级社前西坦朝的人均旱地是 1.63 亩，大概以 2 亩计算。有 2 人没有旱地，占人口的 0.44%。西坦朝人均旱地在 0—2 亩的有 359 人，占人口总数的 78.63%。66 户的家户人均旱地在这范围之内，占总家户数的 71.74%。他们有旱地 424.1 亩，占整个村庄旱地面积的 45.7%。人均旱地在 2—5 亩的家户有 94 人，占人口的 2.07%。24 户的人均旱地在这个范围内，是户数的 26.09%。其旱地的面积为 302.52 亩，占整个村庄旱地的 40.79%。有 1 户 1 人占旱地规模在 15 亩，占人口总数的 0.22%，户数的 1.09%，占村里旱地的 2.02%。人均旱地最多的家户是 15 亩，为家户人均旱地的 9.18 倍。并且与全村人口平均占有旱地的 1.63 亩差距为 13.37 亩。高级社前西坦朝以人为单位旱地分配的基尼系数为 0.32。

从数字上看三个时期以户为单位与以人为单位的旱地分配的基尼系数都非常接近，土改前的 0.34、0.34，土改后的 0.28、0.29，高级社前的 0.33、0.32。本文受到资料的制约，所统计的旱地数只是简单地把农户所拥有的土地数减去水地数得出，没有更加细致地考察。得出的计算结果不免有些瑕疵，不过这个计算结果却足以粗略显示旱地三个时期的分配由相对集中到相对分散再有所集中的趋势。

5. 西坦朝村的水地、旱地地权分配差异

在西坦朝，家户拥有水地、旱地的情况是不尽相同的。根据西坦朝阶级成分登记表的统计，把拥有水地的家户分类计算其拥有的水地数量、旱地数量以及拥有水地、旱地的比重，作出了各时期家户水地、旱地占有比重差。

例如，土改之前拥有水地在 0—2 亩的家户，一共有水地 29.55 亩，占水地的 10.43%。而这些家户拥有的旱地为 152.9 亩，占旱地的 21.67%。土改后拥有水地在 0—2 亩的家户，其拥有水地 22.4 亩，占水地的 7.98%。拥有旱地 115.1 亩，为旱地的 13.39%。高级社前拥有水地在 0—2 亩的家户其拥有水地 41.37 亩，占水地总量的 13.87%，这些家户拥有旱地的数量为 135.15 亩，为旱地的 18.22%。总的来讲，占水地 0—

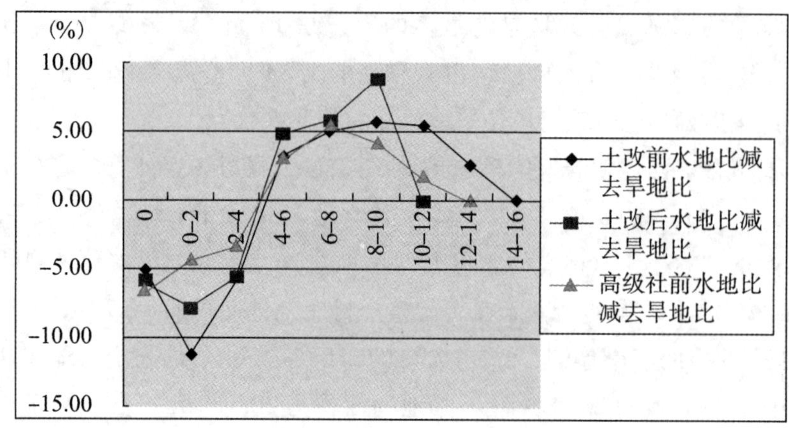

图1 各时期家户水地、旱地占有比重差

说明：根据《虞乡公社西坦朝大队阶级成分登记表》统计资料绘出。①

2 亩的家户，占有水地的比重比占有旱地的比重小。也就是说，他们占有全村水地的比重小于占有全村旱地的比重。土改之前拥有水地在 8—10 亩的家户占有水地 36. 4 亩，占整个村庄水地的 12. 84%。这些家户占有旱地 50. 1 亩，为旱地总数的 7. 1%。经过土改拥有水地在 8—10 亩的家户占有的水地为 62. 5 亩，占水地的 22. 22%。他们占有的旱地为 97. 27 亩，占旱地的 13. 39%。到了高级社前，拥有水地在 8—10 亩的家户占有水地 27. 6 亩，占水地面积的 9. 25%。其占有旱地 37. 5 亩，占旱地的 5. 06%。也就是说，这些家户占有全村水地的比重大于占有全村旱地的比重。

用相同的方法也可以计算出地主、富农、上中农、中农的占有全村水地的比重大于占有全村旱地的比重，而下中农、贫农占有全村水地的比重小于占有全村旱地的比重。同样地，经过计算以个人为单位的占有水地、旱地的情况也有这样相同的特点。这种特征能够反映出不同家户对水地、旱地持有的差别。可以得出西坦朝拥有水地较少的家户拥有的旱地比重比拥有水地较多的家户所拥有的旱地比重大的结论，反之亦然。

① 《虞乡公社西坦朝大队阶级成分登记表》，藏于山西大学中国社会史研究中心，收集人：胡英泽、张磊。

（二）西坦朝村果树分配的变动

果树是西坦朝的重要产业，其在西坦朝的农业产业结构中占有至关重要的地位。同样地，果树在西坦朝的农户家庭经济中也占有一席之地。分配总会有所差距，贫与富总会有分化。当然与别的财富一样，西坦朝的果树也不可能平均地分配到每一户人家，每一个人并不是都能享受到果树带来的“果实”。有的家多些，有的家少些，有的家没有。西坦朝大队阶级成分登记表中统计得出的西坦朝土改前果树分配情况表、西坦朝土改前人均果树分配情况表、西坦朝土改后果树分配情况表、西坦朝土改后人均果树分配情况表、西坦朝高级社前果树分配情况表、西坦朝高级社前人均果树分配情况表共六个表格反映了在土改前、土改后以及高级社前三个不同时段的果树分配情况。在这三个时期同样的果树的分配也影响着财产的分散或集中，成为西坦朝财产分配，贫富分化的重要考量。

表 18　　西坦朝土改前以户为单位果树分配情况

组别（棵）	户数	户数百分比（%）	果树	果树百分比（%）
0	8	10.96	0	0.00
0—5	10	13.70	37	2.72
5—10	18	24.66	153	11.25
10—15	10	13.70	130	9.56
15—20	5	6.85	88	6.47
20—25	4	5.48	95	6.99
25—30	4	5.48	113	8.31
30—35	4	5.48	134	9.85
35—40	4	5.48	157	11.54
40—45	2	2.74	82	6.03
45 以上	4	5.48	371	27.28
合计	73	100.00	1360	100.00

西坦朝在土地改革之前有1360株果树，总共73户农户的西坦朝户均果树为18.63株，可以按照20株计算。土改前西坦朝没有果树的农户有8户，占户数的10.96%。有51户、69.8%的农户所拥有的果树在户均20株以下，他们拥有的果树数目为408株，占果树的30%。在20—40株之间有16户、21.92%的农户所占的果树与户均值差距不大，他们所有果树581株，占总果树的42.72%。而果树最多的4户（户数的5.48%）农户占有371株果树，占总果树的27.28%。土地改革前西坦朝以户为单位果树分配基尼系数为0.53，果树分配集中程度大，很不平均。

表19　　西坦朝土改前以人为单位果树分配情况

组别（棵）	人数	人数百分比（%）	果数	果树百分比（%）	户数	户数百分比（%）
0	36	9.14	0	0.00	8	10.96
0—1	69	17.51	48	3.53	10	13.70
1—2	81	20.56	120	8.82	15	20.55
2—3	68	17.26	173	12.72	11	15.07
3—4	25	6.35	90	6.62	6	8.22
4—5	20	5.08	99	7.28	4	5.48
5—6	26	6.60	137	10.07	4	5.48
6—7	8	2.03	53	3.90	2	2.74
7以上	61	15.48	640	47.06	13	17.81
合计	394	100.00	1360	100.00	73	100.00

在土地改革之前，西坦朝的人均果树是3.45株，大概以4株计算。没有果树的人口有36人，占人口比例的9.14%。西坦朝人均果树在0—4株的有243人，占人口总数的61.67%，42户的家户人均果树在这范围之内，占总家户数的57.53%。他们有果树431株，占整个村庄果树的31.69%。人均果树在4—7株的人口54人，占人口的13.7%。10户的人均果树在这个范围内，是户数的13.7%。共拥有果树289株，占整个村

庄的21.25%。有13户61人的人均果树在7株之上，占户数的17.81%，人口总数的15.48%。共有果树640株，占村里果树的47.06%。土地改革前西坦朝以人为单位果树分配基尼系数为0.51。

表20　　西坦朝土改后以户为单位果树分配情况

组别（棵）	户数	户数百分比（%）	果树	果树百分比（%）
0	9	12.33	0	0.00
0—5	10	13.70	33	2.48
5—10	15	20.55	129	9.70
10—15	11	15.07	144	10.83
15—20	5	6.85	90	6.77
20—25	5	6.85	115	8.65
25—30	5	6.85	143	10.75
30—35	2	2.74	67	5.04
35—40	5	6.85	193	14.51
40—45	1	1.37	41	3.08
45以上	5	6.85	375	28.20
合计	73	100.00	1330	100.00

西坦朝土改后的果树数量是1330株，每户平均果树为18.2株，同样地可以大致用20株来计算。西坦朝村在土改后没有果树的农户有9户，占户数的12.33%。同一时期，有41户，占户数的56.16%的农户所拥有的果树在户均值20株以下。有果树396株，占总果树的29.77%。此时，果树户有20—45株的有18户（占总户数的31.5%），农户所占的果树与户均值差距不大，他们拥有559株，占村里果树的42.03%。占最多果树的5户有375株果树，家庭果树数量均在45株以上，也就是6.85%的家户占了村庄果树的28.2%。土地改革结束时西坦朝以户为单位果树分配基尼系数为0.52。可见土改对果树的分配影响并不大，果树的分配程度较土改之前没有多大的变化。

表 21　　西坦朝土改后以人为单位果树分配情况

组别（棵）	人数	人数百分比（%）	果数	果树百分比（%）	户数	户数百分比（%）
0	57	14.39	0	0.00	9	12.33
0—1	29	7.32	17	1.28	6	8.22
1—2	87	21.97	129	9.70	16	21.92
2—3	100	25.25	268	20.15	15	20.55
3—4	24	6.06	91	6.84	5	6.85
4—5	16	4.04	72	5.41	5	6.85
5—6	18	4.55	94	7.07	3	4.11
6—7	10	2.53	66	4.96	2	2.74
7 以上	55	13.89	593	44.59	12	16.44
合计	396	100.00	1330	100.00	73	100.00

表 22　　西坦朝高级社前以户为单位果树分配情况

组别（棵）	户数	户数百分比（%）	果树	果树百分比（%）
0	9	12.16	0	0.00
0—10	28	37.84	163	9.14
10—20	27	36.49	425	23.84
20—30	10	13.51	264	14.81
30—40	8	10.81	294	16.49
40—50	2	2.70	89	4.99
50—60	3	4.05	169	9.48
60—70	0	0.00	0	0.00
70—80	5	6.76	379	21.26
合计	92	124.32	1783	100.00

而西坦朝在土改后人均果树是 3.36 株，同土改前平均果树一样大概可以 4 株计算。没有果树的人口有 57 人，占人口总数的 14.39%。297 人

的人均果树在这范围之内，占总家户数的69.87%。他们有果树505株，占整个村庄果树的37.97%。人均果树在4—7株的家户有44人，占人口的11.11%。10户的人均果树在这个范围内，占户数的13.7%。其果树占有为232株，占整个村庄果树的17.44%。有12户人家共55人的果树在7株以上，占人口总数的13.89%，户数的16.44%。共有果树593株，占村里果树的44.59%。土地改革结束时西坦朝以人为单位果树分配的基尼系数为0.5。

表23　　西坦朝高级社前以人为单位果树分配情况

组别（棵）	人数	人数百分比（%）	果树	果树百分比（%）	户数	户数百分比（%）
0	29	6.39	0	0.00	9	9.78
0—1	58	12.78	45	2.52	12	13.04
1—2	68	14.98	109	6.11	12	13.04
2—3	91	20.04	238	13.35	15	16.30
3—4	48	10.57	175	9.81	10	10.87
4—5	63	13.88	301	16.88	13	14.13
5—6	15	3.30	87	4.88	4	4.35
6—7	30	6.61	199	11.16	6	6.52
7以上	52	11.45	629	35.28	11	11.96
合计	454	100.00	1783	100.00	92	100.00

高级社前，随着生产的发展，西坦朝的果树由土地改革后的1330株增加到1783株，这个时期93户的西坦朝每户平均拥有果树19.38株，较土改前后的18株增加了1株。不过在高级社前，由于分家或者果树的买卖，果树的分配有着与土地改革前后分配格局不同的变化。这个时期没有果树的农户有9户。56户（占总户数的86.48%）的农户所拥有的果树在大致户均20株以下。他们有588株果树，占全村果树的22.98%。23户（占总户数的31.08%）的农户所占的果树在20—60株之间，拥有果树816株，占村里果树的45.76%。拥有70—80株果树的农户有5家，占户

数的 6.76%。他们有果树 379 株，占村庄的 21.26%。高级社前果树的分配情况有了不一样的变化，占有数量较多果树的农户数量下降，有 100 株以上的果树的家户已经不存在。高级社前西坦朝以户为单位果树分配的基尼系数为 0.49。分配趋于分散，集中度有一定的下降。

这个时期西坦朝人均果树是 3.9 株，大概可以 4 株计算。有 29 人没有果树，占人口的 6.39%。人均果树在 0—4 株的有 265 人，占人口总数的 58.37%，有 49 户，占总家户数的 53.26%。他们有果树 567 株，占整个村庄果树总数的 31.8%。这些家户的人均果树在人均水平之下。与全村人均果树量相近的，人均果树在 4—7 亩的家户有 108 人，占人口的 23.79%。23 户的人均果树在这个范围内，是户数的 25%。他们占有果树 587 株，占整个村庄的 32.92%。有 11 户 52 人共有果树 629 株，占人口总数的 11.45%，户数的 11.96%，占村里果树的 35.28%。高级社前西坦朝以人为单位果树分配基尼系数为 0.44。

西坦朝果树的分配不论在土改前后还是高级社前，不论以户为单位还是以人为单位，其基尼指数都超过了 0.4 的红线。究其原因，果树并不是西坦朝村民共享之物，不是所有的村民都去种植或者拥有果树，很大一部分村民并没有果树。果树之发达并不是说果树可以成为居民不可缺少的生产资料。没有果树的村民会把精力放到粮食生产等其他生产活动中，并不会因为没有果树而活不下去。在西坦朝村的访谈中得知土改时期西坦朝的果树没有被再分配。这可以解释为什么土改前后西坦朝果树分配的基尼系数变化不大。不过，果树作为重要的生产资料，在土改后至高级社前分家等使得财富分配趋于分散的活动中被关注，其分配的集中程度不断下降，趋于分散。

（三）西坦朝村房屋分配的变动

房屋是西坦朝居民最重要的生活资料，在西坦朝房子是除土地之外最重要的财产，房产的多少直接影响着家庭的财产水平。房屋的分配格局影响着整个村庄的财产分配格局。在土改前后到高级社前的几年时间里，分家、买卖、新盖的房屋使得西坦朝的房屋数量，以及分配产生了变化。从阶级成分登记表中对三个时期的房屋数量的记载，可以读出西坦朝房屋在三个不同时期的分配，以及分配的变动。

表 24　　西坦朝土改前以户为单位房屋分配情况

组别（间）	户数	户数百分比（%）	间数	间数百分比（%）
0	4	5. 48	0	0. 00
0—2	7	9. 59	10. 5	2. 41
2—4	14	19. 18	45	10. 31
4—6	20	27. 40	112. 5	25. 77
6—8	17	23. 29	123. 5	28. 29
8—10	4	5. 48	36	8. 25
10 以上	7	9. 59	109	24. 97
合计	73	100. 00	436. 5	100. 00

西坦朝在土地改革以前共有房屋 436. 5 间，73 户平均下来每户拥有的房屋是 5. 98 间，大概以 6 间计算。有 4 户没有房屋，占农户的 5. 48%。而拥有房屋在 0—6 间，平均水平以下的农户有 41 户，占总户数的 53. 16%，其共有房屋 168 间，占村庄房屋总数的 38. 49%。有房屋 6—10 间的家户有 21 户，占总户数的 28. 77%，有房 159. 5 间，占村庄房屋的 36. 54%。有 10 间以上房屋的有 7 户，占总户数的 9. 59%，共有房屋 109 间，占西坦朝总房屋的 24. 97%。土地改革前西坦朝以户为单位房屋分配基尼系数是 0. 34。

西坦朝在土地改革之前的人均房屋为 1. 11 间，可以 1 间计算。有 18 人没有房子。人均房屋在 0—1 间的家户有人口 228 人，占人口总数的 57. 87%。也就是说 36 户、49. 31% 家户的人均房屋在西坦朝平均房屋水平之下。这些家户占有的房屋总数为 156 间，是整个村庄的 35. 74%。西坦朝人均房屋在 1—3 间的有 140 人，占人口总数的 35. 53%。有 28 户的家户人均房屋在这个范围内。占总户数的 38. 36%。这些家户占有的房屋总数为 273. 5 间，占整个村庄房屋的 54. 41%。人均房屋在 3 间以上有 5 户 8 人，共有房屋 43 间，占人口总数的 2. 03%，总户数的 6. 85%，占房屋总数为 9. 85%。土地改革前西坦朝以人为单位房屋分配基尼系数为 0. 36。房屋分配的特点是以户为单位的房屋分配比以人为单位房屋分配的基尼系数低。

表 25　　西坦朝土改前以人为单位房屋分配情况

组别（间）	人数	人数百分比（%）	间数	间数百分比（%）	户数	户数百分比（%）
0	18	4.57	0	0.00	4	5.48
0—0.5	67	17.01	25	5.73	11	15.07
0.5—1	161	40.86	131	30.01	25	34.25
1—1.5	61	15.48	77	17.64	9	12.33
1.5—2	42	10.66	74	16.95	11	15.07
2—2.5	33	8.38	75	17.18	6	8.22
2.5—3	4	1.02	11.5	2.63	2	2.74
3 以上	8	2.03	43	9.85	5	6.85
合计	394	100.00	436.5	100.00	73	100.00

表 26　　西坦朝土改后以户为单位房屋分配情况

组别（间）	户数	户数百分比（%）	间数	间数百分比（%）
0	0	0.00	0	0.00
0—2	2	2.74	2.5	0.55
2—4	13	17.81	44.5	9.76
4—6	26	35.62	143	31.36
6—8	20	27.40	146.5	32.13
8—10	8	10.96	72.5	15.90
10 以上	4	5.48	47	10.31
合计	73	100.00	456	100.00

西坦朝土地改革之后共有房 456 间，家户平均房间是 6.24 间，同样地按照 6 间计算。由于土改的因素，西坦朝在土改之后没有出现无房屋的家户。在家户平均房间以下的家户，所有的房屋比较土改前平均的 156 间

增加了 34 间。有 41 户占房屋在 6 间以下，占总户数的 56. 16%。这些家户拥有房 190 间，占整个村庄房屋总数的 41. 67%。28 户的房屋在 6—8 间之间，占总户数的 38. 35%。有房 219 间，占村庄房间总数的 48. 02%。有 4 户（户数的 5. 48%）的房屋数量在 10 间以上，有 47 间房。占整个村庄房屋的 10. 31%。土地改革结束时西坦朝以户为单位房屋分配基尼系数为 0. 2。这时的房屋分配比较平均。

表 27　　　　西坦朝土改后以人为单位房屋分配情况

组别（间）	人数	人数百分比（%）	间数	间数百分比（%）	户数	户数百分比（%）
0	0	0. 00	0	0. 00	0	0. 00
0—0. 5	19	4. 80	8	1. 75	3	4. 11
0. 5—1	177	44. 70	139. 5	30. 59	25	34. 25
1—1. 5	127	32. 07	162	35. 53	23	31. 51
1. 5—2	53	13. 38	94. 5	20. 72	15	20. 55
2—2. 5	15	3. 79	34	7. 46	4	5. 48
2. 5—3	4	1. 01	11	2. 41	2	2. 74
3 以上	1	0. 25	7	1. 54	1	1. 37
合计	396	100. 00	456	100. 00	73	100. 00

西坦朝在土地改革之后的人均房屋为 1. 15 间，也可以 1 间计算。西坦朝人均房屋在 0—1 间的家户有 196 人，占人口总数的 49. 5%。28 户（户数的 38. 36%）的家户人均房屋在平均 1 间之内。这些家户占有的房屋 147. 5 间，占整个村庄房屋的 32. 34%。西坦朝人均房屋在 1—3 间的家户有 199 人，占人口总数的 52. 25%。44 户的家户人均房屋在这个范围内，占总户数的 60. 27%。他们占有的房屋为 301. 5 间，占整个村庄的比例为 66. 12%。占房屋最多的 1 户共 1 人的房屋有 7 间，占人口总数的 0. 25%，总户数的 1. 37%，占房屋的 1. 54%。土地改革结束时西坦朝以人为单位房屋分配基尼系数为 0. 22。

表28　　西坦朝高级社前以户为单位房屋分配情况

组别（间）	户数	户数百分比（%）	间数	间数百分比（%）
0	0	0.00	0	0.00
0—2	10	10.87	15	3.13
2—4	23	25.00	77.5	16.18
4—6	34	36.96	183	38.20
6—8	17	18.48	124.5	25.99
8—10	5	5.43	45.5	9.50
10 以上	3	3.26	33.5	6.99
合计	92	100.00	479	100.00

在高级社之前，西坦朝在这个时期共有房屋479间。分家较多，新盖较少，使得户均房屋由原来的6.24间下降至5.2间。不过家户平均房屋的5.2亩，仍然可以按6间计算。有33户房屋的数量在4间以下，占总户数的35.87%，其拥有房屋92.5间，占村庄房屋的19.31%。3户占房屋在10间以上，占户数的3.26%，其拥有房33.5间，占房屋总数的6.99%。有22户的房屋在6—10间，占户数比为23.91%，共有170间房屋，占全村房屋的35.49%。西坦朝高级社前以户为单位房屋分配的基尼系数为0.23。这与土改后相较变化不大。

西坦朝高级社之前人均房屋为1.06间，同样可以1间计算。西坦朝人均房屋在0—1间的家户有267人，为人口总数的58.81%。即48户（户数的52.17%）的家户人均房屋在平均1间之内。这些家户占有的房屋总数为190.5间，占整个村庄房屋的39.78%。高级社前西坦朝人均房屋在1—3间的家户有185人，占人口总数的40.75%。即有42户的家户人均房屋在1—3间这个范围，占总户数的45.65%。这些家户占有的房屋总数为276间，占整个村庄房屋的57.62%。有2户2人的人均房屋在3间以上，占人口总数的0.44%，总户数的2.17%，共有12.5间房子，占房屋比例为2.61%。高级社前西坦朝以人为单位房屋分配的基尼系数为0.25。相比前一时期略有集中。

表 29　　西坦朝高级社前以人为单位房屋分配情况

组别（间）	人数	人数百分比（%）	间数	间数百分比（%）	户数	户数百分比（%）
0	0	0.00	0	0.00	0	0.00
0—0.5	78	17.18	33.5	6.99	13	14.13
0.5—1	189	41.63	157	32.78	35	38.04
1—1.5	120	26.43	150	31.32	23	25.00
1.5—2	50	11.01	91.5	19.10	14	15.22
2—2.5	15	3.30	34.5	7.20	5	5.43
2.5—3	0	0.00	0	0.00	0	0.00
3 以上	2	0.44	12.5	2.61	2	2.17
合计	454	99.99	479	100.00	92	99.99

（四）西坦朝村牲口分配的变动

西坦朝阶级成分登记表所见的牲口包括牛、骡子、驴。牲口是农业社会重要的生产资料，牲口的多少直接影响农业生产。骡马成群是旧时代富裕家庭象征之一。家户拥有牲口的多少，不但对其农业生产产生巨大影响，同时也代表着家户的财产占有程度。以牛、骡子、驴为代表的牲口的分配也是财富分配的重要内容之一。虽然西坦朝的牲口数量较少，但在研究西坦朝村庄财富分配时为不可忽略的一部分。与其他财富因素一样，土改前后到高级社前，西坦朝的牲口数量，以及分配情况存在着变化。从西坦朝阶级成分登记表中对三个时期的牲口数量的记载，可以解析西坦朝村民所拥有的牲口在三个不同时期的分配状况，以及分配的变化。

从表 30 中可以看到，西坦朝在土地改革前共有牲口 51 头，73 户平均下来每户拥有的牲口是 0.7 头，西坦朝牲口的总量比较少，每户平均不到 1 头，可按 1 头计算。有 29 户没有牲口，占农户总数的 39.73%。而拥有牲口在 0—1 头的农户有 36 户，占总户数的 49.3%，其共有牲口 34 头，占村庄土地的比例为 66.67%。有牲口 1—3 头的家户有 8 户，占总户数的 10.96%，拥有 17 头牲口，占牲口总数的 33.33%。土地改革前西坦朝以户为单位牲口分配基尼系数为0.49。分配较不平均。

表30　　西坦朝三个时期以户为单位牲口分配情况

时间	组别（头）	户数	户数百分比（%）	头数	头数百分比（%）
土改前	0	29	39.73	0	0.00
	0—1	36	49.32	34	66.67
	1—2	7	9.60	14	27.45
	2—3	1	1.37	3	5.88
	合计	73	100.01	51	100.00
土改后	0	33	45.21	0	0.00
	0—1	33	45.21	28.8	65.75
	1—2	6	8.22	12	27.40
	2—3	1	1.37	3	6.85
	合计	73	100.00	43.8	100.00
高级社前	0	24	26.09	0	0.00
	0—1	63	68.48	56.3	84.92
	1—2	5	5.43	10	15.08
	2—3	0	0.00	0	0.00
	合计	92	100.00	66.3	100.00

西坦朝土地改革之后共有牲口43.8头，家户平均头是0.6头，同样按1头计算。有33户没有牲口，占农户的总数比例为45.21%。在0—1头以下的农户为33户，占总户数的45.21%，其拥有的28.8头牲口占整个村庄牲口的65.75%。7户的牲口在1—3头之间，占总户数的9.59%，为15头，占村庄头总数的34.25%。土地改革结束时西坦朝以户为单位牲口分配基尼系数为0.54。牲口的分配较土改之前更加集中了。

西坦朝高级社之前共有牲口66.3头。家户平均牲口0.72头。有24户没有牲口，为村庄家户的26.09%，有63户的农户牲口数量在0—1头，占总户数的68.48%，共有56.3头，占村庄牲口的84.92%。有5户的牲口头数为2头，是户数的5.43%，拥有10头牲口，占牲口数的15.08%。西坦朝高级社前以户为单位牲口分配的基尼系数为0.31。几年的时间里，牲口的分配趋于平均，近乎合理。

（五）西坦朝各经济要素分配的基尼系数分析

在西坦朝特殊的地理环境下，以土地为中心的，包括果树、房屋、牲口在内各生产要素在20世纪四五十年代的分配有不同的格局，其变化轨迹也有不同。

表31　　　　西坦朝三个时期各经济要素分配的基尼系数

生产要素	基尼系数计算单位	土改前	土改后	高级社前
土地	户	0.32	0.24	0.29
	人	0.3	0.21	0.27
水地	户	0.43	0.31	0.33
	人	0.38	0.22	0.27
旱地	户	0.34	0.28	0.33
	人	0.34	0.29	0.32
果树	户	0.53	0.52	0.49
	人	0.51	0.5	0.44
房屋	户	0.34	0.2	0.23
	人	0.36	0.22	0.25
牲口	户	0.49	0.54	0.31

在西坦朝村的土地分配中水地的分配较为集中，而且土改前的水地集中程度已经大于0.4这一红线，分配很不平均。土地改革前西坦朝水地以户为单位基尼系数为0.43，以人为单位水地分配的基尼系数为0.38。经过土地改革，水地的分配趋于平均，土地改革结束时西坦朝以户为单位水地分配的基尼系数为0.31，以人为单位水地分配的基尼系数为0.22。以

人为单位的水地分配在合理范围之内。到了高级社时期水地的分配较土改后的分配有一定的集中。高级社前西坦朝以户为单位水地分配的基尼系数为0.33，以人为单位水地分配的基尼系数为0.27。

在土改之前旱地的分配也较为不平均。土地改革前西坦朝以户为单位旱地分配的基尼系数为0.34，以人为单位旱地分配的基尼系数为0.34。土改后不平均现象下降，旱地的分配呈分散状态。土地改革结束时西坦朝以户为单位旱地分配的基尼系数为0.28，以人为单位分配的基尼系数为0.29。同样地高级社前旱地也有一定的集中，高级社前西坦朝以户为单位旱地分配的基尼系数为0.33，以人为单位旱地分配的基尼系数为0.32。

相对水地、旱地分配的基尼系数而言，土地的分配基尼系数较为低些。土地改革前、土地改革结束时、高级社前西坦朝土地以户为单位基尼系数分别为0.32、0.24、0.29，以人为单位土地分配的基尼系数分别为0.3、0.21、0.27。水地、旱地两种生产要素的分配都比土地的分配较为集中，究其原因，是有些农户集中持有水地，有些农户的旱地量又比较大。综观三个时期的变化，无论以户为单位，或者以人为单位的土地、水地，还是旱地分配的基尼系数都经历了一个由土改前的相对较高到土改后的相对较低，再到高级社的一定反弹的一个过程。

西坦朝特色经济的果树的分配在土地改革之前极为不平均。土地改革前西坦朝以户为单位果树分配的基尼系数为0.53，以人为单位果树分配的基尼系数为0.51。而土地改革中果树基本上没有重新分配。土地改革结束时西坦朝以户为单位果树分配的基尼系数为0.52，以人为单位果树分配的基尼系数为0.5。分配依旧极其不平均。到了高级社的时候，西坦朝的果树不平均情况有所下降，高级社前西坦朝以户为单位果树分配的基尼系数为0.49，以人为单位果树分配的基尼系数为0.44。不过果树分配的基尼系数依旧在红线以上。

在土地改革前西坦朝以户为单位房屋分配的基尼系数为0.34，以人为单位房屋分配的基尼系数为0.36。土地改革之前西坦朝的房屋分配相对而言较为不均。到了土改后，分配比较平均，是所有的生产、生活资料里分配最平均的经济要素。西坦朝的房屋分配在土地改革结束时，以户为单位房屋分配的基尼系数为0.2，以人为单位房屋分配的基尼系数为0.22。虽然经高级社前的反弹，但依然比较平均。以户为单位房屋分配的基尼系数为 0. 23，以人为单位房屋分配的基尼系数为 0. 25。每家所拥有的房屋数量差距不大，但是有的家户人口少住房宽敞些，有的家户人口多住房条件拥挤些。导致房屋分配的基尼系数呈现了以户为单位的房屋分配的基尼系数较以人为单位房屋分配的基尼系数低的特点，这个与土地、果树还有牲口等分配基尼系数的情况有所不同。

土地改革前西坦朝以户为单位牲口分配的基尼系数为 0. 49，土地改革结束时为 0. 54，高级社前为 0. 31。牲口数量比较小，记录中难免有误，敬请方家指正，不过此表基本可以说明西坦朝在土改前和土改之后的牲口分配的不均，以及高级社前的趋于平均的变化。

三　结语

在土地改革结束后到农业高级社的几年时间，土地农民私有的制度下西坦朝村存在一定的土地买卖现象。“耕地不足，发展生产……家庭困难、劳力不足、牲畜缺乏、土地调整”，以及外出务工与从事商业活动成为西坦朝土地买卖的主要原因。① 这种买卖使得土地的分配在表面上形成了一个与传统农业时期土地买卖相同的土地兼并的分配集中机制。不过在分家析产的作用下地权趋向具有一定的分散性。

20 世纪中叶，西坦朝土地、房屋等分配经历了这样一个变化：在土地改革之前，西坦朝村的土地、房屋分配相对集中，有一些家户占土地、房屋比较多。不过在经过 1947 年的土地分配与后来进一步深入的土地改革之后，西坦朝村的财产分配按照“革命意愿”趋于平均。从土改到高级社期间由于个别家户在外务工出卖生产要素，或是其他原因导致的土地、房屋分配趋于集中。基尼系数有所上升，不过各项的基尼指数没有回到土改之前的数字。土改之前西坦朝果树、牲口的分配比较集中。从数据上看在土改中没有进行再分配果树、牲口的，在土改后果树、牲口的分配依然不合理。不过从土改后到高级社前的几年里，果树、牲口的分配情况有所变化。果树、牲口的分配基尼系数都大大下降，说明果树、牲口两项

---

① 胡英泽：《土改后至高级社前的乡村地权变化——基于山西省永济县吴村档案的考察》，《中共党史研究》2014 年第 3 期。

生产资料的分配呈分散趋势。

分家析产、以土地为中心的生产生活资料的买卖是分配分散的原因，具体到生产生活等家庭经济的各个因素上的情况不同。西坦朝大队在土改后到高级社之前土地、房屋的分配与果树、牲畜的分配情况不同，在呈现集中特点的同时也有分散的因素存在。土地、房屋分配趋于集中，果树、牲畜分配趋于分散，是西坦朝大队在土改后到高级社前乡村家庭分配趋势的表现。不能够一概而论地说西坦朝在土改到高级社前的财富是趋于集中的或是趋于分散的。把家庭的各个要素，如土地、果树、房屋、牲畜等要素，折合成某一等价物来量化财富各要素，计算出财富分配的基尼系数分析，才能准确地说明西坦朝在这段时间内财富分配趋势。由于资料不足等原因本文局限所在。不过，对于土改研究，在关注以土地为中心的财产分配的同时应当综合考量房屋、果树、牲口等生产要素。尤其是应当关注在特殊地理环境下，当地产生的特色经济生态所构成的经济因素。西坦朝具有特殊的地形、土壤、水热环境，在这些因素的影响下果树经济发达。像这样的村庄，在衡量其财富分配时，除了传统的考察土地因素外，必须把果树等因素也囊括其中，这样才能全面考察历史时期财富分配的整体面貌，还原经济历史的真实面。

中与西

——赤脚医生的技艺与村民的选择

杨立群[①]

人之一生，生老病死永远是无法逃脱的自然规律，乍一看来，这种只影响于个人的细枝末节似乎无法影响社会发展，但这种与人类密切相关的事件往往最能反映人类最真实的历史。过去的历史着重于对社会规律的探索和对历史事件的争辩，却往往忽略作为历史主体的个人。而现代国际学术发展的趋向，已经逐渐摆脱对结构、规律和因果关系等的过度追求，表现出对人本身的关注以及对呈现人类经验的重视。[②] 1975 年，美国的邓海伦（Hel-en Dunstan）发表了国际中国史学界最早的具有自觉意识的疾病社会史论文——《清末时疫初探》，随后从 20 世纪 80 年代和 90 年代开始，中国台湾和大陆史学界也逐渐兴起了疾病医疗社会史研究。[③] 人们开始关注与自身生命有关的事项。在这样的情况下，作为中华人民共和国成立后数十年间基层医疗保障的主体——赤脚医生也开始逐渐被重新提起。尤其是随着近年来国家医疗保障制度的不断完善，作为一代人记忆的集体化时代的医疗制度屡次被提起，而作为支撑这个制度主体的赤脚医生也开始为史学界所重视，再次进入研究者的视野。

---

① 杨立群：山西大学中国社会史研究中心 2015 届硕士研究生，现任职于南京市博物总馆。

② 相关医疗史的研究综述参见余新忠《从社会到生命——中国疾病、医疗史探索的过去、现实与可能》，《历史研究》2003 年第 4 期。

③ 郑金生、李建民：《现代中国医学史研究的源流》，《大陆杂志》第 95 卷第 6 期。

目前国内关于赤脚医生的研究主要集中在赤脚医生与合作医疗的关系方面，认为是合作医疗的推行促成了赤脚医生群体的产生，而赤脚医生也是合作医疗推行下去的必要条件。① 除此之外，也有学者对这个群体的一些情况作了一定的介绍，并探讨了其在中国农村社会关系与亲戚网络中的重要作用，其中涉及了其道德体系和评价体系的建立。② 云南的张开宁、温益群等先生通过走访50位当年的赤脚医生及其家属与参与群众，从另一方面直观地展示了赤脚医生的个人经历与其在政治环境中的思想转变，开启了农村医疗卫生口述史的先河。③

但是，赤脚医生是具有半农半医性质的特殊职业，对其所拥有技艺与农民选择的研究也是必要的，对于医疗史来说“医病关系是医疗社会学重要的一环，其探究的主要是疗程中医生和病人的互动，考察两者的主动、被动关系与沟通方式，医生的服务态度、医疗道德、医疗作风、病人的心理期望与遵医行为等”④，对于赤脚医生技艺和农民选择的研究正是对医、病两群体相互关系的探讨。

赤脚医生的技艺，主要分为中医和西医两大系统，而近代以来，“中西医论战是在科学名义下的大论争，论争的实质是医学如何契合现代国家

---

① 李德成的博士论文《合作医疗与赤脚医生研究（1955—1983年）》就主要论及了这方面的相关内容。相关文章还有李德成《赤脚医生研究述评》，《中国初级卫生保健》2007年第1期；李德成：《中国农村传统合作医疗制度研究综述》，《华东理工大学学报》2007年第1期；李海红：《赤脚医生产生的背景分析》，《兰台世界》2011年第11期；刘影：《赤脚医生产生和存在的缘由及其启示》，《福建师范大学学报》2011年第5期；温益群：《“赤脚医生”产生和存在的社会文化因素》，《云南民族大学学报》2005年第2期。

② 左银凤：《农村赤脚医生研究（1968—1983）——以安徽省枞阳县为个案》，安徽大学硕士学位论文，2013年；许三春：《清以来的乡村医疗制度：从草泽铃医到赤脚医生》，南开大学博士学位论文，2012年；王胜：《赤脚医生群体的社会认同及原因分析》，《中共党史研究》2011年第1期；刘影：《“文化大革命”时期福建赤脚医生研究》，福建师范大学硕士学位论文，2007年。另外，美国斯坦福大学的几位学者曾拍摄过《中国农村的“赤脚医生”》的纪录片，世界银行及世界卫生组织也曾在中国针对赤脚医生做过相关调查；杨念群教授则在他的著作《再造“病人”——中西医冲突下的空间政治（1832—1985）》（中国人民大学出版社2013年版）中，专门用一章考察了政治制度下的赤脚医生，分析了赤脚医生产生的必要性与他和患者之间复杂的关系以及赤脚医生制度与农村卫生防疫的关系，揭示了赤脚医生对合作医疗和农民医疗保健的影响，并认为赤脚医生的出现，主要是接续了乡土中国根植于民间亲情网络以整合医疗资源的传统，为医疗卫生与农村社会的关系提供了可借鉴的观点。

③ 张开宁、温益群等：《从赤脚医生到乡村医生》，云南人民出版社2002年版。

④ H. Poul Chalfant、蔡勇美等：《医疗社会学》，上海人民出版社1987年版，第67—83页。

建设的诉求"①，这就使得西医之争成为热点所在。对于这个问题，学界多有讨论，既有综合叙述②，也有个案研究③，其中以刘轶强的《革命与医疗——太行根据地医疗卫生体系的初步建立》④和张爱华、岳少华的《中医兴衰与现代民族国家观念的形成——从"废止中医"案到赤脚医生制度》中论述较详，是相关成果中最为重要的两篇。张文认为中西医之争是民族与科学的交锋，代表着"科学精神"的西医先战胜了中医，但是"1949年后中国赤脚医生群体的出现仿佛是民间中医力量的卷土重来"⑤。刘文则以太行根据地为对象，指出了中西医在太行地区单纯实行的困难，中西医结合才是可行的方式。

赤脚医生这一群体的重要性决定了赤脚医生研究的多样性。面对这种多样性，单一的研究显然是不够的。由上文可知，对于赤脚医生和中西医的研究各有成果，但将两者结合的成果还欠缺，尤其是赤脚医生所采用的治疗方法与培训情况、其自身的文化素质、当地自然人文环境均有紧密的联系，同时这些也影响着村民对医疗方式的选择。因此，本文以山西省榆社县的赤脚医生为主要研究对象，大量走访当事人，欲在口述的基础上重现赤脚医生的技艺与村民选择的历史情境，以期对赤脚医生的研究有所

---

① 张爱华、岳少华：《中医兴衰与现代民族国家观念的形成——从"废止中医"案到赤脚医生制度》，《安徽大学学报》2010年第2期，第139页。

② 王鲁宁、陶延芳：《毛泽东关于中西医学相结合道路思想的形成和发展》，《理论学刊》1996年第1期；连冬花：《社会建构论视角下的中西医之争》，《哈尔滨工业大学学报》2007年第5期；皮国立：《所谓"国医"的内涵——略论中国医学之近代转型与再造》，《中山大学学报》2009年第1期；田刚：《新中国成立初期"团结中西医"方针的确立》，《当代中国史研究》2011年第1期；李洪河：《新中国成立初期"中医科学化"的历史考察》，《当代中国史研究》2011年第4期；王冠中：《新中国公共卫生事件应对中的中西医协调——以20世纪50年代的血吸虫病防治为例》，《安徽史学》2012年第3期；赵耸婷：《西医东渐的社会语境及其影响》，《内蒙古师范大学学报》2012年第8期；崔婷婷：《论中西医生命观的冲突与融通》，《哲学论丛》2014年第10期。

③ 李传斌：《李鸿章与近代西医》，《安徽史学》2001年第3期；朱振欢：《80年前〈大公报〉上一场中西医之争》，《科学对社会的影响》2006年第2期；马金生：《中西医之争与民国时期的西医诉讼案》，《浙江学刊》2013年第2期；张玲：《新中国成立初期中医政策的历史考察——以四川省为中心》，《当代中国史研究》2015年第2期。

④ 刘轶强：《革命与医疗——太行根据地医疗卫生体系的初步建立》，《史林》2006年第3期。

⑤ 张爱华、岳少华：《中医兴衰与现代民族国家观念的形成——从"废止中医"案到赤脚医生制度》，《安徽大学学报》2010年第2期。

推进。

榆社县位于山西晋中南部中段，地处太行山西麓。东接左权、和顺，北邻太谷、榆次，西靠祁县，南依武乡，面积约1699平方千米。榆社县的基层医疗是开展得比较早的，在1944年县抗日民主政府就于潭村建立了西医医院，不久后各区也开始筹建保健站。1947年，云竹（现为云簇）、社城、疙瘩滩三个区公所相继建立保健站[①]，中华人民共和国成立后这些保健站相继改为中心公社卫生院。1958年，在推广“米山”经验、施行“医社结合”[②] 的号召下，又在云竹、社城、潭村等生产大队建立保健站并开始在全县普及合作医疗。1963年，全县有保健站33个、乡村医生83人、保健员460人。[③] 1965年在毛主席“六·二六”[④] 指示的号召下，全县开始大力培训赤脚医生并施行合作医疗。到1970年榆社县共有医疗机构213个，公社医院10所，合作医疗252个，卫生技术人员448人，其中赤脚医生257人。[⑤] 1984年榆社县卫生局对现有赤脚医生重新进行考核，考试合格者颁发乡村医生证，同年榆社县乡村医生有323人，有84%的大队实行了合作医疗。[⑥] 到20世纪90年代，全国大部分地方合作医疗解体，而榆社在1996年受世界卫生组织的贷款资助，与武乡、沁县、沁源一起成为农村合作医疗的试点，卫生部两次在榆社开全国卫生现场会，是当下农村新型合作医疗的前身。可见榆社的农村医疗卫生具有持续时间长、覆盖范围广、周边影响大等诸多特点，因而具有一定的代表性，是研究合作医疗和赤脚医生理想的试点。榆社赤脚医生的命运同样代表了当时中国农村数以百万计的赤脚医生的命运。

---

① 胡德荣主编：《榆社县志》，山西古籍出版社1999年版。

② “医社结合”是1955年山西省高平县米山乡联合保健站最早实行的，是由社员群众出保健费建立集体保健医疗制度的方法。后得到山西省人民政府与卫生部的肯定，被评价为“为农村的预防保健工作建立了可靠的社会主义的组织基础”，继而进行推广，而其这一模式称为“米山经验”。相关内容可参考张自宽《对合作医疗早期历史情况的回顾》，《中国卫生经济》1992年第6期。

③ 榆社县志办公室编印：《榆社县志》第4卷，1985年10月，第47页。

④ 1965年6月26日，毛泽东针对农村医疗卫生的落后面貌指示卫生部“把医疗工作的重点放到农村去”，以解决长期以来农村缺医少药的困境，保障人民的身体健康。因这一指示是6月26日发出，因此被称为“六·二六”指示。

⑤ 榆社县兵要地方调查编写办公室：《山西省榆社县兵要地志》，1970年9月。

⑥ 胡德荣主编：《榆社县志》，山西古籍出版社1999年版。

一 赤脚医生的技艺

对于各大队选拔出的赤脚医生，在正式上岗之前，是要经过统一培训的。虽然榆社县各个公社的赤脚医生培训的地点不同，但是所学的课程基本相同。在广大的农村，并不具备配备专科医生的条件，因此，对赤脚医生的培训是全科的，加之农村的常见病种类并不很多，针对常见病所进行的全科培训便贯穿于整个赤脚医生培训之中。想要成为一名较合格的赤脚医生，在培训时就需要了解内科、外科、儿科、妇科等相关医疗知识。除了西医，因为受医疗与药物条件的制约，参加培训的赤脚医生还需要学习号脉、开方、针灸等中医知识。而赤脚医生的医疗基础、文化水平、学习程度等都会造成赤脚医生技艺的区别，并直接影响赤脚医生回村之后会选择哪种方式治病，病人又倾向于选择哪种方式治疗。但是在当时的大环境下，西医以其快速、高效、科学等优势成为培训赤脚医生的主导，中医只是处于附属的地位。这就使得在实践中运用中医的赤脚医生大多有着中医的家学渊源，而实践中运用西医的赤脚医生以前几乎未接触过医药，中西医的技艺区别就自然的表现代表村庄医疗自然延续的中医学徒、在培训下迅速掌握一些医疗基础的西医和代表卫生方针与防疫任务下医疗培训的医疗学员的身上。

1. 中医学徒：村庄医疗的自然延续

毋庸置疑，中国的农村在集体化时代及其以前是缺医少药的，但并不代表没有医药。在中国广阔的土地上，一直存在着一些巫医，如果说巫医所依据的“巫术”并不被看作正规的医疗救治的话，那么随着民国十年中医出现于中国农村[①]，正规的医疗救治已经“下乡”。虽有中医出现，但是数量极少，地方志中曾有记载“中医不能遍村皆有”[②]，且此时的乡村中医也多为半义务型医生，同时学医大多是因为家有传承。榆社县也是

① 杨念群：《再造“病人”——中西医冲突下的空间政治（1832—1985）》，中国人民大学出版社2013年版，第270页。

② 丁世良、赵放：《中国地方志民俗资料汇编·华北卷》，书目文献出版社1997年版，第189页。

这样的情况。如孟振东，他岳父的老家是忻州，抗日战争前到了社城村就开始给人看病，并建立了保健站，“最早是我老丈人他爸干，后来就是我老丈人干”[①]，因父子都是中医，保健站带的学生也是中医。到中华人民共和国成立初期，榆社县一些大的村子有中医留存，此外还有一些河南来的游医旅居于此，后定居，也会带学徒，如曹明心父亲的医术就是如此，“我爹学医是自学的，那时候的人主要以中医为主，西医他也不太懂，他年轻的时候河南有个游医，当了兵之后回来行医了，他跟上他学了几年，主要是针灸啊，看中风半身不遂，杨梅疮，实际上就是梅毒[②]。”

20 世纪 50 年代后期，榆社县开始筹建保健站，当时为保健站所选拔的医生多为有技术、有经验的中医。保健站建立后，保健站的医生急需要在保健站坐诊亦需要去各村看诊，这样就使得一个中医无法全面顾及保健站及周边村子村民的就医。因此，保健站所在村庄往往会选择一些老实、本分、有文化的年轻人来帮助医生进行救治。选拔出来的年轻人就如同旧时的中医学徒，在榆社被称为“拉药柜的”，原因在于他的主要任务就是对照医生开的方子抓药。孟振东就是在这样的情况下被选出来的。

> 我是 1975 年开始当赤脚医生的，当时我高中刚毕业。那时候念书是 1 月份毕业，我 2 月就去了大队保健站。那时候保健站已经有了两个人，但是他们两个人觉得干不过来，就想从毕业的高中生里找人往里填，正好我刚毕业回来，村里的支委就开会研究让我去了。高中刚毕业回来我也不懂医，就自己干点抓药、算账之类的活，后来就当了这个保健站的会计。草药的方子就是那两个医生开，开了之后过来我给抓药。[③]

这样被选出的赤脚医生虽专职抓药，但是在医疗方面却相承于所跟随的大夫。虽然没有传统中医师徒授拜的仪式，也没有师徒之名分[④]，但同

① 访谈人：孟振东，男，1957 年生，榆社县社城村赤脚医生，2014 年 8 月 17 日。
② 访谈人：曹明心，男，1946 年生，榆社县和平村赤脚医生，2014 年 6 月 20 日。
③ 访谈人：孟振东，男，1957 年生，榆社县社城村赤脚医生，2014 年 8 月 17 日。
④ 同一个保健站的人员即使有明确授受关系也不以师徒相称，两者是平等的同事关系。

在一个保健所行医，懂中医的老保健员还是会教授一些中医中药知识。加之行医的环境就是中医中药，新入职的赤脚医生所接触的、能主动学习的医药知识只能是中医中药。

> 他俩（指原来保健站就有的两个医生）现在一个73岁，一个84岁了，都是中医，到了保健站之后就相互学习。他们都是跟我老丈人学的（保健站是孟振东岳父的父亲及岳父一手筹建管理的），也能教我点东西。旧时候学中医是先学药性、汤头歌、药诀、脉象什么的，等会了再学些中医概论，再积累临床经验，慢慢地学，就这么会了，没在学校专门学过，全靠自己学，把中医理论学会背下来再积累临床经验，别的大夫开上药方就自己看怎么用药，再加上自己也摸索着怎么用药合适，就这样学。①

在这样的环境下，孟振东学习中医反倒比学习西医要便利，几乎没有犹豫他就主动学习了中医的相关理论并付诸实践。之后，因为西药的普及及防疫的需求，村里有人需要打针，保健站里的三名赤脚医生就数他年龄最小，其他两位都不想学习，在大环境的要求之下他又学会了打针。

同样由“拉药柜”而步入赤脚医生行列的还有孙跃进、王兴宝。

> 1964年我初中毕业后王今保健站研究决定让我去拉药柜。我1964年毕业时王今那个点上只有一个医生，他是个挣工资的正式医生，是中医，当时他没有拉药柜的，他本人要求，领导也要求找一个拉药柜的，因此王今保健站就研究要了我。去那抓药之前我没有学过这个，从进了那才开始学，自己买上书，买的药书，买的针灸书，买的儿科书，除了办完事之外有时间就学习。我跟的这个医生是个中医，他也教我。②

1956年我参加了卫生协会，那时候卫生所还在郝北镇疙瘩滩（那时

---

① 访谈人：孟振东，男，1957年生，榆社县社城村赤脚医生，2014年8月17日。

② 访谈人：孙跃进，男，1945年生，榆社县王今村赤脚医生，2014年6月15日。

候郝北镇是个乡，乡镇府在疙瘩滩），每半个月去学习一次，其实就是开会。那时候韩村有我们两个医生，一个是老中医叫杨希震大我 24 岁，我跟着这个老中医学看病开药抓方子，不输液，经常打防疫针。①

像孟振东、孙跃进、王兴宝这样中医学徒似的先是拉药柜再到学习中医药知识的人，在后来赤脚医生的选拔中无一例外都成为某一村庄或者某一医疗点的赤脚医生，他们因为起初接触医疗时候是中医，自然而然的也将中医药带到了他们所负责的村庄，中医就这样成为村庄医疗的自然延续。

2. 西医赤脚医生："速食"培训下乡村医疗的主体

虽然赤脚医生中有一部分是具有中医传承的中医，但是，赤脚医生中更多的是毫无基础、只通过简单西医培训就上岗的西医。形成这种现象的原因是多样的。

中国的医疗传统是中医药为主，然而到了近代，西医逐渐传入中国，对国人的影响逐渐增加，加之日本"医学兴国"的经验，使得民国时期很多有志之士对西医更为推崇。如安兰生的城市保健、陈志潜的定县乡村试验都将西医放在重要位置，而他们的试验也证明西医在现代医疗中会更迅速地对疫病进行防治。20 世纪初，因国势倾颓，社会各界都意图从外国寻求新的力量来拯救国人。"强国需健体"使得无数仁人志士看到了西医的优越。之后新文化运动进一步开启民智宣传德、赛先生，但却将中国传统文化打上了"落后""封建"的标签，中医作为传统文化自然也不能幸免。至此西医成为城市卫生的主流。1929 年 2 月 23 日，国民政府中央卫生委员会第一次会议，期间通过了由西医余岩等提出的《废止旧医以扫除医药卫生之障碍案》，另拟《请明令废止旧医学校案》呈教育部，这就是轰动一时的"废止中医案"。此后，中西医之间进行了长期的辩论与争执。且不论结果孰优孰劣，仅从中医原来的一枝独秀到受到冲击的现象，就可以看出中医地位的显著变化，中医经此争论之后，在医疗界的地位也确实大不如前。

① 访谈人：王兴宝，男，1933 年生，榆社县韩村赤脚医生，2014 年 3 月 26 日。

与此同时，西医却在国家卫生中大放光彩，除却西医是国外科学的产物，符合新文化运动“赛先生”的要求之外，其是先经过实验室再走向临床的学科，有效性、安全性都值得信赖之外，东北鼠疫的有效防治也使更多的人看到了西医护国卫民的可能性。加之安兰生、陈志潜将西医从单纯救治的医院模式发展为重点防疫的社区模式，西医之于民众已不再如同中医那样高深。因此在中华人民共和国成立前后，西医实际的推广与认知度在普通民众中已然很高。

在榆社县的一些村庄，本身就拥有一些有着中医基础的赤脚医生在毛泽东“六·二六指示”之后，各地迅速开始选拔并培训赤脚医生，这些选拔的赤脚医生大部分是没有任何医学基础的。在当时而言，在选拔结束进入培训之后，面对西医各学科与中医各种知识，并不是所有的赤脚医生都能掌握。中医入门除了会号脉之外，还需要懂得五行八卦、穴位分布，此外如果要学会开药方还需背汤头歌、了解各种草药药性，这是一个长期积累的过程。如果文化稍差，便读不懂《黄帝内经》《伤寒杂病论》之类的医书；如果对整体性的把握稍差，便不能懂得“肾病治肺”[①]“夏天治肺病”[②]等理论。相对而言，西医入门则简单多了，询问表征、了解基本药物（培训时候需要了解的西医药物有10—20种，但常用的只有不到10种）、打针。因此，当面对繁杂的医疗知识时，没有中医基础的赤脚医生在短则半个月长则三个月的“速食”培训中根本不能达到成为中医的标准，他们基本上都放弃了中医而选择了重点学习西医。这些着重接受了西医教育的赤脚医生在回村后成为乡村医疗的主体。

> 我是1970年左右去的大寨卫生院，在大寨卫生院培训赤脚医生，上课上的是专业课，专业课中医、西医都上。村里送来参加培训的人，文化水平不高，一般是初中文化，个别有高中的，一般情况都是没有基础的，有基础的人很少很少。……培训一般培训一个月到三个

---

① 中医认为，五脏相连，肺是肾的源头，肾病从肺开始治便是抓住了源头，肾病自然会好。

② 中医认为，虽然冬天气候寒冷干燥，肺病多发，但是肺病不是一下得的，而是慢慢积累的结果，在炎热湿润的夏天治疗肺病，不易反复，效果更好。

月，能学会打针、输液，感冒了给发两片药，就是这种程度。感冒了安痛定、柴胡给打点，也就是个普通的伤风感冒医生。中医学不会也不强求他们，回去能顶事就行了，不管中西医。①

我们一批培训的里面，会西医的多，中医的少，中医也学，难，就学西医，西医简单点，能打针、会治基本病就行了，中医号脉学不会，再说能号出来也不敢开药，那药能乱喝?②

回来之后就成了西医，因为中医掌握不好技术，就不敢开药，倒是也有人学。我不想专门学那个，这边离城近，把防疫、妇幼、保健干好就行了。③

对于没有基础的赤脚医生来说，学习中医的难度很大，并且开药方的难度更大，远远没有西医来得方便。人们求医的常见病多是感冒、发烧、拉肚子，这些病用西药救治方便快捷，且当时所用西药种类比较单一，药量、次数都会在培训中让赤脚医生记牢，较好掌握。因此很多赤脚医生不愿意在中医上发展，而更愿意成为专门的西医赤脚医生。

3. 中西医结合：卫生方针与防疫任务下的医疗培训

中华人民共和国成立后，面对亟须解决的农村医疗问题，仅有177840④名西医医疗卫生人员是远远不能满足需要的，于是，国家再一次将视线放到中医之上。彼时在广大农村存在着许多中医游医，他们更贴近下层民众的生活。中华人民共和国成立初期，国家的化工业相对较弱，西药供应略有不足。与之对应的中药涉及庞杂，许多常见的动植物都属于中药的范畴。如杏仁（祛痰止咳）、甘草（润肺解毒）、陈皮（下气止吐）等均可入药，且针对的都是常见病，更重要的是这些药材易于采集。因此，中医、中药再次被提及进入国家卫生系统中。

1950年7月，中央人民卫生部和中国人民革命军事委员会卫生部联

---

① 访谈人：侯振华，男，1947年生，榆社县东周村人、榆社县大寨公社卫生院院长、大寨公社赤脚医生培训老师，2014年6月12日。

② 访谈人：杨天森，男，1948年生，榆社县东汇村赤脚医生，2014年3月12日。

③ 访谈人：王建平，男，1955年生，榆社县兰峪村赤脚医生，2014年8月12日。

④ 数字来源：钱信忠《中国卫生事业发展与决策》，中国医药科技出版社1992年版，第50页。

合召开了第一届全国卫生会议。经过会议讨论，最终确定了“面向工农兵、预防为主、团结中西医”为中国卫生工作的三大原则①。自此，中西医结合的方针被确定下来。

方针虽确定下来，践行却并不顺畅，因为在西医主导的卫生部，很多规定是不利于中医的。经过一系列的批评与修正，1956 年，相继经中央、国务院批准，创办了北京、上海、广州、成都四所中医学院，中医从此被纳入国家高等教育轨道。之后各省都将开办中医学校纳入计划，各县市也倡导开办卫生学校培训基层医务人员并教授中医。榆社县也在政策的响应下开办了榆社县卫生学校招收学生。

> 考到卫校的时候我 19 岁，大概是 1965 年，那时候榆社成立了一个中医卫生学校，是搞中医的，附带也教西医，当时正提倡半耕半读、半农半读，一半是生产、劳动、种地，一半是学习。到 1965 年上了一年卫校，“文化大革命”开始了，念不成书了，每天敲锣打鼓写大字报。我们在那住了 3 年，念了一年书，第二年就是“文化大革命”，那时候没人敢上课，一上课就说你不搞革命只搞生产，就会批斗你，所以说不敢上课。等到“文化大革命”《七·二三布告》完了之后，基本上告一阶段，我就又回了学校。②

因响应政策的需要，榆社县专门成立了中医卫生学校来培养中医学生，这使得许多年轻人有机会接受区别于学徒制的现代教育模式的中医。在学习中医的同时，也会附带学习西医，如打针、输液以及西医外科、妇科等都是必学科目。榆社县这一批中医卫校的 48 名毕业生原本是要分到各公社卫生院的，但是因为“文化大革命”派系斗争的问题，最终只有 6 名留在了各公社卫生院，其他的都回到各大队充当赤脚医生。这样就使得赤脚医生里面拥有一批既懂中医又懂西医的人。

除了这一批从中医卫校毕业的赤脚医生外，其他赤脚医生的培训也是

---

① 后经 1952 年补充又增加“卫生运动与群众运动相结合”的原则。

② 访谈人：侯振华，男，1947 年生，榆社县东周村人、榆社县大寨公社卫生院院长、大寨公社赤脚医生培训老师，2014 年 6 月 12 日。

中西医结合的。曾任大寨公社卫生院院长以及城关公社卫生院院长的侯振华就组织过几次赤脚医生培训，“培训赤脚医生的时候是中西医都学，老师教什么他们学什么”[①]。参与培训的赤脚医生们也反映“培训的时候中西医、防疫、妇幼、卫生方面都综合学习”[②]。“培训中医、西医各方面，一个老师讲一门课，什么都讲，村里不适用的也给讲。”[③]“是在云竹医院培训的，那时候云竹医院挺全面的，各科都有，医生轮流上课，中西医全面学习。”[④] 可见，在中西医结合的卫生方针的指导下，培训赤脚医生并不是一件简单的事，虽然他们基础很差，在培训之前较少有人有相应的中医或西医的学习操作基础，但是在培训时却是要全面接受中西医的基础知识。

不管是中医还是西医，在培训赤脚医生的时候都必须学会打针，其中一个重要的原因就是卫生防疫。对于赤脚医生的职能来说，为村民服务看病治疗是一方面，预防保健则是更重要的一方面。前文论及“面向工农兵、预防为主、团结中西医、卫生运动与群众运动相结合”为中国卫生工作的四大原则，政府历年发布的卫生计划都将预防放在重点。无论是爱国卫生运动的开展还是赤脚医生制度的建立，预防都成为农村医疗卫生的重中之重。

从1950年起，山西省对地方病、传染病、常见病开展大规模的调查、防治工作，建立、健全从乡村到县、地（市）和省的各级疫情报卡网络及较完备的疫情报告制度，并在全省开展预防接种工作。[⑤] 接种牛痘从中华人民共和国成立后就开始。之后麻疹、白百破等疫苗相继免费接种。在农村赤脚医生就成为施行预防不可或缺的人才，因此在培训的时候，打针尤其是打预防针的培训是要求每个赤脚医生都必须掌握的。

---

① 访谈人：侯振华，男，1947年生，榆社县东周村人、榆社县大寨公社卫生院院长、大寨公社赤脚医生培训老师，2014年6月12日。

② 访谈人：白尚文，男，1957年生，榆社县郜家沟村赤脚医生，2014年8月18日。

③ 访谈人：武英莲，女，1950年生，榆社县杜余沟村赤脚医生、村妇联主任，2014年6月14日。

④ 访谈人：赵明奇，男，1946年生，榆社县河峪村赤脚医生，2014年3月16日。

⑤ 山西省史志研究院编：《山西通志·卫生医药志·卫生篇》，中华书局1998年版，第452页。

> 那时候学习以预防为主，就是预防疾病，给儿童打预防针，多大年龄，用哪一种预防药，治什么病，然后讲接种疫苗是怎么操作，怎么消毒，选好部位。①
>
> 那会打预防针乡里给我包着点，这六个点全是我打预防针。……预防针是早就开始打了。那会一个月几乎有七八天就是打针呢。最开始打预防针是种豆子，当上赤脚医生以后就经常打，每年都打，在乡里一批一批领药，打百白破。②
>
> 那时候村里的防疫也是赤脚医生搞，县里防疫站每月24号送过药来，我们24号召开全镇的赤脚医生会议，开完会就把药给他们分下去，一个村里有几个孩子，有几个打第一针的有几个打第二针的。那时候（疫苗）有乙肝、卡介苗、麻痹糖丸、流脑、乙脑，给他们发下去。发下去要求他们24、25、26号三天之后给打了，然后把报表送上来（卫生院）。③

可见作为一名赤脚医生，打预防针是必须完成的工作，并且在日常工作中，打预防针也是他们需要定期完成的任务，因此习针剂是他们学习的重点。这项任务还受到公社卫生院的监督与管理，领药、登记、上报都要通过公社卫生院。因此作为中医出身的赤脚医生，预防也是他们不能拒绝的一项工作，对于他们来说学西医，打针是必需的。

无论是中西医结合还是预防为主，医疗卫生方针都将中医纳入了国家的卫生体系，为了让他们融合于中华人民共和国成立后所迫切需要的医疗卫生事业，又将他们纳入保健、医疗之中。在学习中医的同时学习西医，无论将来是中医为主还是西医为主，他们的加入确实弥补了人数以及技术上的一些缺陷。那么这种体系下的中、西医能否适应并被村庄村民接受与信任呢？他们又是怎么样选择乡村中的医疗模式呢？

---

① 访谈人：吴凤仙，女，1947年生，榆社县连家庄赤脚医生，2014年6月16日。

② 访谈人：王建平，男，1955年生，榆社县兰峪村赤脚医生，2014年8月12日。

③ 访谈人：曹明心，男，1946年生，榆社县和平村赤脚医生，2014年6月20日。

二 中还是西：赤脚医生的自我选择

赤脚医生在行医之前及行医之后是要经常培训的，除了第一次中西医、内外儿妇科全面的培训外，其余的几次或专或通也会将常用的一些科目再培训一下。经过培训的赤脚医生，基本上都能掌握打针的技巧与对西药的识别。而对于中医的号脉以及针灸虽都会学习却并非所有人都能掌握。这就使得参加完培训习得一定医疗技能的赤脚医生在回村之后并不是能针对病症自由选用中西医，而是会在治疗时对中西医有所偏重。那么在治病救人或是继续学习之时是偏重于中医还是侧重于西医，赤脚医生有自己的选择。

1. 独重西医：没有中医基础的赤脚医生

除了前文论述的从“拉药柜”到赤脚医生以及在卫校学习的赤脚医生外，大部分赤脚医生在培训前是没有任何医疗基础的。但也有少数人因为家庭需要掌握了一些基本医疗知识。如范翠香、郑云岗因为家里有病人，需要时常打针，因此他们向村庄的赤脚医生学习，学会了打针。在赤脚医生的培训中，打针是培训的重点，虽然赤脚医生们对于培训打针的时间长短没有明确记忆，但是无一例外都表明了打针是他们认真且刻苦学会的。

> 培训打针的时候就用馏水在自己身上打，疼倒是也疼，但是得用功。现在我病了也是自己打，就跟给别人打一样，就是按住自己扎上了。①
>
> 那时候不会输液，没有学，打针在医院就学会了，去了先给我们注射器。先是在枕头上或海绵上练习扎，扎到后面熟练了就在人身上互相扎，有时候一到跟前就不敢给人扎了，就是拿着馏水互相打学会的，后来回来给病人们慢慢的打多了就摸索出经验了，现在闭上眼就

① 访谈人：武英莲，女，1950年生，榆社县杜余沟村赤脚医生、村妇联主任，2014年6月14日。

能打。[1]

第一次在县医院培训了两个月就能打针了，就得练呢，要是用上你，你不会了，那培训你干吗？刚开始练打针，我就割了一斤猪肉，回来就在猪肉上打针，后来在枕头上打针，刚开始不敢在人身上打针，就回来拿上注射器往猪肉上扎，从最硬的最不好扎的慢慢地到了枕头上，就这样练出来的。第一回给人打针是先从我家人身上，就是给我老伴打。[2]

在培训了各科基础知识并学会打针后，这些赤脚医生基本上能满足乡村的基本医疗需求。在当时，乡村中人们的常见病就是感冒和拉肚子，于是见效快的西药很快就被接受并运用了。“以前人们生病比较少，不像现在这样生病多，病了就吃点四环素、安痛定这类药。”[3]“常用的药就是青霉素、链霉素、四环素、安痛定、柴胡，一般头疼脑热的打上两针就好了。”[4] 于是见效快并且容易对症的西药被赤脚医生们重视，中医在回村后除了偶尔有人中暑扎两针外，连基本的号脉都不用。“之前我没有接触过医药，后来慢慢地才跟上学，公社也慢慢地培训。培训的时候中西医、防疫、妇幼、卫生方面都综合学习。村里都是综合的不是单独的，所以什么也学。回来之后就成了西医，因为中医掌握不好技术，就不敢开药，倒是也有人学。我不想专门学那个，这边离城近，把防疫、妇幼、保健干好就行了。”[5] 白尚文的访谈明确表露出，对于西医基本知识掌握了就可以应对一般问题，而中医“掌握不好技术就不敢开药”，是个见功底的技术活。而对于郑云岗来说她不选择中医则是家庭情况的影响。“我们村就我一个（赤脚医生），后来又搬来一个，也是个赤脚医生，他比我强，找他看病的人多，他会抓中药，他一天看书学习现在能看了病。我是因为老伴不在家里，我一个人看着四个孩子，顾不上学习，每天忙得什么也顾不

① 访谈人：赵慧琴，女，1957 年生，榆社县坂坡村赤脚医生，2014 年 5 月 28 日。

② 访谈人：吴凤仙，女，1947 年生，榆社县连家庄赤脚医生，2014 年 6 月 16 日。

③ 访谈人：赵慧琴，女，1957 年生，榆社县坂坡村赤脚医生，2014 年 5 月 28 日。

④ 访谈人：马爱国，男，1943 年生，榆社县陆村赤脚医生、榆社县人民医院医生、赤脚医生培训班班主任，2014 年 7 月 23 日。

⑤ 访谈人：白尚文，男，1957 年生，榆社县郜家沟村赤脚医生，2014 年 8 月 18 日。

上，就是谁来找我打针或者说感冒了能给吃点药好了的，敢给人家吃的呢就吃点。”① 因此，或是基于中医太难需要下功夫，有的人不愿意干，有的人太忙没时间，很多赤脚医生在培训完之后都会独重西医，以简单、不费事、见效快的西药来解决村民的一般医疗问题。当自己的技术或者西药解决不了病症时，他们则会将病人推给卫生院或者县医院，而不会自己主动承担，不愿继续学习并为人治疗。

2. 中西医结合：拥有中西基础的赤脚医生

对于没有医疗基础或是缺少中医药基础的赤脚医生来说，即使经过培训，在短时间内他们也不能够很好地掌握中医的诊断技术，更妄谈是开方治病了。但是对于像孙跃进、孟振东这样之前从拉药柜开始接触中药，跟随保健站老中医学习，学习与实践相结合并且还有心自学的人来说，赤脚医生的培训即使他们巩固了中医的基础知识，为其提供了更多的机会，可以请教县医院、公社卫生院技术水平高的医生来弥补自身知识的不足，同时也使他们在力补中医知识的同时可以快速地掌握西医的基本理论及药品的使用。这些赤脚医生在回到大队后，既不想放弃原本的中医技术，也懂得快速康复的西医技术，这使得他们在乡村中有足够的自由对症下药，实现中西医结合。

> 我当初学的时候就是中西医结合，考上乡医之后还是中西医结合，平常看病中西都看，看得也差不多，一般村里面欢迎中西医结合的，该用什么方式中西都能用……中医治病范围广，既能治了病，胃不好的人喝中药还伤不了胃，还能解决了问题。西医就是快，你发烧了打上一针就立马退下烧去了。②

对于孙跃进来说，与其说他是中医为主西医为辅，他自己更愿意称自己为中西医结合的大夫，他认为在乡村看病就应该中西医结合，该用中药时候用中药，该用西药时候用西药，这样才能快速且对症解决病患的问题。在医治过程中虽然他有时候会开中药药方，有时候亦会卖西药针剂，

① 访谈人：郑云岗，女，1942年生，榆社县南向阳赤脚医生，2014年6月3日。

② 访谈人：孙跃进，男，1945年生，榆社县王今村赤脚医生，2014年6月15日。

但是在访谈中我们发现，无论最后开出的药品是中是西，在诊断之初他总喜欢先给病人号脉。

同样的情况也出现在马爱国的身上。马爱国与孙跃进略有不同，孙跃进是保健站为了给当时的老医生找个“拉药柜”的帮手而有机会接触中医，并一步一步成为中西医结合的赤脚医生的，而马爱国则是自己主动学习并成为赤脚医生的。

> 我是从 1969 年开始当赤脚医生的。那时候家里有个病人，在山里头住着，在公社医院看了病以后少个打针的，那时候每天得跑 10 里地去公社医院打一针青霉素，后来我就说我自己学吧。我们村里面就没有医生，我就说是去公社医院找上个老师学吧，就报上当赤脚医生。因为跟的老师是中医就学了点中医，后来培训学的时候就是中西医结合，那时候看病是中西医结合。人们看中医、西医的都很多。感冒了发烧了就打针，慢性病就喝中药。[①]

虽然进入的方式不同，两人却都是从中医启蒙到中西医结合，之后马爱国被推荐上了山西医学院（现山西医科大学），医疗技术进一步加强，但在诊病的时候还是会视情况而用中药或西药。

可以看出，对于中西医结合的赤脚医生来说他们会通过观察病人的病症来判断是中药还是西药更合适于治疗，这样的赤脚医生拥有更多的技术与自主权。更有意思的是，因为中医水平不错，会开中药，他们所在的大队或村庄往往会给他们单独准备一间屋子置办中药药柜，这往往是只会西医的赤脚医生所没有的待遇。

中西医结合的医生对于病患有自己的诊断与处置方法，对于病人来说，在乡村有条件的情况下他们会在病症不严重的时候主动选择运用中药还是西药。

---

① 访谈人：马爱国，男，1943 年生，榆社县陆村赤脚医生、榆社县人民医院医生、赤脚医生培训班班主任，2014 年 7 月 23 日。

三 村民的自我选择

当赤脚医生经过培训回到村庄之后，村民们在很短的时间内就接受了这样一个群体。在访谈中我们曾询问培训归来后多久赤脚医生才会得到村里的认同，人们就会过来求诊，回答中时间最短的是第二天，最长的是十天。可见，对于村里的赤脚医生，村民还是欢迎且没有太多疑问的，当然或许有所怀疑，但是面对疾病，有这么一个可以治疗的方法摆在眼前，大家都愿意去尝试。那么从没有赤脚医生或有单一科目的赤脚医生到村里有了赤脚医生甚至有了中西医结合的赤脚医生，村民会怎样选择自己的诊疗方式，这也值得去探讨。

1. 看重西医

对于村庄里只有会西医的赤脚医生来说，村民生病，能自己忍着或者用土办法解决问题的就自己解决，不能解决或不会解决的找赤脚医生打针吃药，如果赤脚医生不能解决的再到公社卫生院。那么若村庄的赤脚医生采用的是中西医结合的治疗方式时，生病的村民面对赤脚医生中西皆可解决的情况，会有怎样的选择。从一些中西医结合的赤脚医生访谈中我们可以发现一些端倪。

> 那时候看病是中西医结合，学的时候就是中西医结合，就不分科，不分系统，所以我就是碰见什么看什么。人们看中医、西医的都很多，对于西医打针、输液人们也不怕，人们感冒了都是想打针，打针快，省钱。比中医省钱。①
>
> 我平时用西药多，成品药居多，因为西药见效快，慢性病的话就用中药，平常也会种药材，一般都种黄芩之类的，也上山刨药材。种的和刨的药材自己不炮制，卖给药材公司。西药快，打一针第二天就能下地了，不耽误工，不用扣工分。②

---

① 访谈人：马爱国，男，1943 年生，榆社县陆村赤脚医生、榆社县人民医院医生、赤脚医生培训班班主任，2014 年 7 月 23 日。

② 访谈人：王兴宝，男，1933 年生，榆社县韩村赤脚医生，2014 年 3 月 26 日。

村里人们找我看病，看西医的多，因为觉得用西医来得快，中医见效慢，慢性病就用中药好些，急性病西医西药就来得快，就比如说胃肠痉挛，喝一颗6542就马上不疼了，喝上中药就不行，所以用西药的多。①

在集体化时代的农村，人们需要集体劳动，通过对劳动成果评工分在年末换取口粮。“那时候劳动是评分呢，根据劳力软硬，能不能干评分。以前一个工最高才两毛钱，一般像家庭大的子女多的，劳动上一年都会欠队里的口粮款。因为农业社给你分粮，完了比如说家里一个劳力劳动上一年，你还欠人家队里的口粮款，每年都要欠。”② 对于普通劳动者来说，劳动一分就有一分的工，因生病看病等私事耽误了劳动是不能给工分的。因此，为了能获得更多的工分以在年末换取更多的口粮，很多人生病时候是首先希望能够快速康复而非考虑其他。早一天好或者说早一刻症状减轻就意味着能早一点劳动。不管什么药，只要快速有效地治愈了疾病就会受欢迎。在抗生素运用还不频繁的年代，一支青霉素或者一针安痛定就能迅速解决病症，相对于需要漫长调理的中药来说，西药更受人追捧。因此在求诊就医的时候，会有村民主动要求赤脚医生用西医手段给予治疗而非用中医手法予以调理。

打针快，我头晕了就过来打个针，以前也是，省得喝药苦，难受。③

村里人生病了看西医的多吧，我们家总是看西医，感冒了去打个针就好了，不用费劲，也省钱。④

村里人还是看西医的多吧，现在的年轻人有看中医的，像我们那时候都是吃西药，一个青霉素就好了费劲喝那草药作甚。⑤

---

① 访谈人：曹明心，男，1946年生，榆社县和平村赤脚医生，2014年6月20日。
② 访谈人：王新志，男，1967年生，榆社县下咱则村长，2014年7月30日。
③ 访谈人：孙大娘，女，1950年生，榆社县社城村村民，2014年8月16日。
④ 访谈人：宁成刚，男，1957年生，榆社县社城村村民，2014年8月16日。
⑤ 访谈人：宁大爷，男，1960年生，榆社县和平村村民，2014年6月21日。

此外，影响村民医药选择的另一个重要的因素就是价格。人们往往觉得在农村，尤其是像榆社这样的山村，中药可以遍地取材，因此中药会便宜，然而事实并非如此。在所访谈的21名赤脚医生中，懂中医诊疗的有7人，而所在保健站种植、采摘药材的只有3人。其中只有一人将种植采摘的药材进行炮制并运用到日常诊治中，其余两人只是种植、售卖，并不炮制运用，其日常诊疗中所用中药材均是从药材公司买进的。因为赤脚医生培训所掌握的只是中医的基础知识，并不会对中药学以及重要制剂学进行培训，很少有赤脚医生懂得药材的炮制及应用。对于中药来说药材产地不同、采摘的时间不同、炮制的方法不同，药效就不同，针对的配药及病症就不同[①]，可谓失之毫厘，谬以千里。进行炮制的赤脚医生也并非所有中药都会种植炮制，只是将榆社能生产的黄芩等进行种植炮制，更多的药材还需要从药材公司买进。

1955年1月，中国药材公司山西省公司成立，1956年各地相继将原中药材经理部改组为药材公司。计划经济时代，商品的价格是由政府规定。当时国家有规定，全国的药品无论中西药价格都是固定的，这一说法也得到所有赤脚医生的肯定。

药品按零售价卖，西药是百分之十五，中药是百分之三十，因为中药的投资大，零售价是全国统一规定的，1971年的时候你走到哪儿都是这个价，是国家下的文件的。[②]

那时候去药材进货是批发价……药品的价格是全国统一，你就是在上海买镇痛片也是一分钱一颗，你就是榆社城买也是一分钱一颗，因为那时候是计划经济不是现在的市场经济。[③]

药也是自己进，那会进药就城里药材公司一家，价格都一样，药

---

① 对于炮制不同药的功用不同在中药中比较典型的就是生地（也称地黄），生地黄、熟地黄均来源于玄参科植物地黄的干燥根，为同一药物的不同加工品。生地黄为鲜品的干燥品；熟地黄为生地蒸制不同。生地黄可养阴清、清热凉血、止血生津，熟地黄可滋阴补肾、益精填髓。《本草纲目》载：地黄生则大寒，而凉血，血热者需用之，熟则微温，而补肾，血衰者需用之。男子多阴虚，宜用熟地黄，女子多血热，宜用生地黄。

② 访谈人：孙跃进，男，1945年生，榆社县王今村赤脚医生，2014年6月15日。

③ 访谈人：曹明心，男，1946年生，榆社县和平村赤脚医生，2014年6月20日。

材公司给开单据，上面就有零售价，就按零售价卖，那时候还是比价规范的，单位去进药就都给，其他人去比如个人去就不给。①

由以上访谈可以看出，单从中西药的利润来说，卖西药的利润比卖中药的利润低 15%，这肯定会造成用药成本上的差异。从赤脚医生的访谈中我们也可以看出，他们自己也觉得中药贵。虽然一味两味的中药并不贵，但是中医药方讲求搭配条理、药性中和，这就使得一个方子不只有一两味中药，积少成多，中药的成本在无形中增加。虽然自我种植、采摘的药材没有成本（人工成本忽略不计），但因为炮制等问题，现实中这样用药的情况很少，加之前面分析过，种植与采摘并不能涵盖常用的上百种中药药材，其普及艰难可见一斑。② 西药的价格就相对便宜多了，1958—1988 年，一支青霉素最贵时候 0. 75 元，最便宜时候 0. 12 元，而一服中药只用便宜的药材 ·服需要 2—3 元，如果加上调理的补药则需要 7 元以上。③

在这两种状况的影响下，村民在看病可以选择的情况下选择西药胜于中药是可以理解。当然也有人主动要求开取中药“村里的人也吃中药，中药就去城里开，城里有中医，我们不是中医不会开药。咱们这感冒、咳嗽还是西药来得快，中药就是慢性病，调理比较好。村里人还是过来开西药的人比较多，大部分都是急性的，中药都是慢性病”④。面对这种情况，会中医的大夫可以轻易解决，那么不会的赤脚医生就会将病人推给有中医的机构。

此外在访谈中还有这样一种现象。起初因为西药见效快，让不少初识

① 访谈人：孟振东，男，1957 年生，榆社县社城村赤脚医生，2014 年 8 月 17 日。

② 对于中西药价格问题，参加研究生研讨会时曾有老师提出在南方草药很便宜，往往是山上抓一把就可以解决问题，许三春的论文《一根针、一把草——赤脚医生的医疗方式考察》也将草药作为赤脚医生行医的主要方式。然而药草并不是中药，只是中药的一部分，并且在山西，具有单一功能可以治病的药草极少，有的也被村民作为土办法而非赤脚医生的主要医疗方式。

③ 因找不到具体年份的中西药价格表，此处西药的价格来源于山西省史志研究院编的《山西通志·卫生医药志·医药篇》，第 208 页表 43《50—80 年代山西省四种常用药品价格表》，中药价格为访谈了数十位赤脚医生、乡镇卫生院药房人员、中医、药材公司员工等得出的平均价格，较具有真实性。

④ 访谈人：赵慧琴，女，1957 年生，榆社县坂坡村赤脚医生，2014 年 5 月 28 日。

西药的人认为西药是好药，因此主动要求用西药或者打针输液，赤脚医生曹明心就碰到这种情况。

> 那年我给金龙他爹打青霉素，有天我给他爹打了之后，他娘说："我不舒服也想打些青霉素呢，你给我试试看能打不能打"，我就给她皮试，皮试了，她给了我一根烟，还没吸了几口，她就跟我说："感觉痒呢，还有点喘不上气，感觉脑袋往开炸"。我说："反应呢。"赶紧给她打了扑尔敏，这才好了。到了第二年又去给金龙他爹打青霉素，她又要，说："你再给我试试看，还能行不行？"我说："这肯定不行。"她说："那你也再给我试试吧。"我就又给皮试了，还不行。她不懂为啥不能打，就觉得那个药好，想打。①

虽然像金龙他娘这样的现象相对较少，但是不能否认，在一些农村老人的心中，打青霉素甚至输液都是好的，是可以救命的。因为在 60 年代末药材短缺，极少输液，只有得了大病才会输液，一些人认为用西药输液就是好医疗。直到今天这种认识也存在于一些 70 岁以上的老人中。②

2. 土办法与兽医

虽然在村庄基本有了赤脚医生的时候村民很快就能适应生病可以去找人看病的便利，但是，依然有一些村民在生病之时首先想到的不是去找赤脚医生而是用一些流传下来的土办法以及偏方解决病症，当运用这些办法解决不了病症的时候才会去找赤脚医生诊治。

> 那时候孩子病了感冒什么的，用点铜圆（铜钱）给刮一刮，弄点酒把开水放凉了和起来擦一擦，或者用罐罐拔一拔，倒是也顶事，

---

① 访谈人：曹明心，男，1946 年生，榆社县和平村赤脚医生，2014 年 6 月 20 日。

② 访谈中我往往会问村民这样一个问题："你第一次打针、输液时候怕吗？"得到的回答很有意思，现在年龄上了 70 岁的人都觉得第一次见打针输液有点怕，甚至有人会觉得让输液就是自己快不行了。然而当问到生病了会选中医还是西医的时候，年纪大的人多数希望西医救治。笔者的奶奶前段时候生病去医院，本来打针就可以解决问题，但是她非要输液，当我们劝说激烈时她说："我都这么大年纪了，连输液都不让我输？"可见在一些老人的心中，西医比中医中药有效。因此，我们发现在有选择的前提下选择中医或西医并不是人们简单想象的那样。

像中了暑、着凉了，用针给扎一扎。[1]

孩子让吓着了就不去看赤脚医生，就赎赎惊[2]，黑夜拿上炉杆在脑袋上，手脚上抹一抹，第二天就好了。[3]

小时候孩子咳嗽，拿上7个枣，用火烧成黑的，不能烧干了，黑了就行，然后用水泡一泡熬上喝了，可管用了。……我家院子里还种的臭瓜瓜（马兜铃），村里人有人咳嗽了就过来拿上一个煮了喝也管用，就是苦，不好喝。[4]

来例假肚子疼了，不好意思去看医生，我娘就给我吃7个桃仁就不疼了，我也不知道为什么。[5]

可见在农村，对于要不要用赤脚医生看病、什么病需要找赤脚医生，村民是有自己的选择的。基本上上了点年纪的父母或者家里有老人懂得一些土办法的，都会先尝试一些土办法，并且这些土办法因是老人们一代一代流传下来的，对于一些病症都会起到一些作用。当不懂土办法、土办法不能解决病症或病症来势凶猛（如高烧、抽搐）时，村民则会迅速寻找赤脚医生帮忙。

虽然选拔赤脚医生之时要求是从本村本大队选择，这样既可以有效地施行半农半医、解决工分问题，又可以方便村民的就诊。然而，当赤脚医生外出参加培训、走亲戚或者遇到一些其他问题不在村庄时，村民在紧急需要之时就会找不到他们，面对这样的情况兽医就成了村民的另一种救急的选择。

村里以前最早有那种老一点在村里住着的医生，一般村里人们病什么的都爱找他，实际上他是个兽医，但是看人也差不多。我记得我家孩子小时候半夜发烧，我去了兽医家，从他家墙上翻进去，让他给

---

① 访谈人：马爱莲，女，1944年生，榆社县东汇村村民，2014年5月29日。

② 在榆社也叫叫魂，意为魂被吓丢了需要叫回来。

③ 访谈人：张婆婆，女，1945年生，榆社县大寨村村民，2014年4月6日。

④ 访谈人：鹿平莲，女，1930年生，榆社县韩村村民，2014年7月19日。

⑤ 访谈人：常俊青，女，1966年生，榆社县寨沟村村民，2014年5月26日。

看，也看好了。那几年人们老找他。[①]

村里有兽医，有时候赤脚医生有事不在了，要是着急打针会拿上药让兽医给打一针，他也会打。有时候兽医不在，猪病了也会找赤脚医生打一针，用的药都一样，就是药量不一样。一般不会，总有点特殊情况，各村都有赤脚医生，兽医是大村里，公社都配的。[②]

无论是西医、中医，还是土办法、兽医，对于村民来说急求时刻没有什么大的区别，需要什么选择什么。孰优孰劣也只是病症不同、哪个是更有效的选择而已。对于村民，最重要的就是，村里有这么一个人，可以看病了。

四 结语

对于“中西之争”，自西医的传入就开始了。随着西医的普及以及卫生防疫的流行，西医很快便压过中医，一时独领风骚。中华人民共和成立后为了弥补西医医生的不足，也为了利用中国农村传统流传下来的中医进行卫生保健，中西医结合被纳入国家卫生方针，并制定多项政策，尤其是在大中城市相继开设中医高等教育学院来培养中医。到如今，呼吁传统文化回归的声音越来越多，中西医的论争再次被置于风口浪尖。孰优孰劣百年间难有定论。

从西医进入中国百年以来，对于政权上层，中西医之争是孰优孰劣谁更有利于国家卫生体制、防疫布局与民众生活之争；对于中西医医生来说，中西医之争是谁压倒谁，谁更能广泛、快速地治愈病患的职业之争、自尊之争；对于研究中西医之争的学者来说，中西医之争是文化之争、观念之争、政策之争。从民国的废止中医论争到中华人民共和国成立后的中西医结合政策，中西医之争时时存在。在久争不下的中西医孰优孰劣后，20 世纪开始探讨中西医的共生。赤脚医生的中西医培训只是一种有益的尝试，而如今国际中将中医列入众多疾病治疗的尝试中并取得有效结果的

① 访谈人：王山岗，男，1955 年生，榆社县河南街村支书，2014 年 8 月 22 日。

② 访谈人：杨四平，男，1962 年生，榆社县韩村村民，2014 年 7 月 20 日。

试验更是证明了中西医可以结合，可以走向共生。[①] 然而，对于农村村民来说，中与西，谁好谁坏却不是政策、传统观念能简单衡量的，他们往往更多地会考虑哪种医治更实用、更省钱、更省工，而非更健康、更有利于传统的传承。

赤脚医生的医术继承兼顾中西，一方面是政策使然，一方面也是村庄的传统使然。正如本文所论述的，由中医进入的赤脚医生，所在村庄往往会单独开辟一个药铺进购中药，周围村庄的村民也乐于到此处来寻求中医治疗；而拥有纯西医赤脚医生的村庄往往只需一个药箱就可以了，规模、成本、覆盖面积、流动性等方面与中医村庄差异颇大。因为进入的模式及医疗技术要求的不同，中医进入的赤脚医生能很快掌握农村常见病症的西医治疗方法，而西医进入的赤脚医生却很难掌握中医治疗，这也使得有的村庄只有西医治疗，而另一些村庄却可以在中西医之间分析利弊之后做出选择。这是村庄本身的医疗基础环境使然。

虽然在集体化时代国家的大政策下要求赤脚医生施行一样的职能，但村庄的传统以及赤脚医生的技艺却给了人们更广阔的选择空间，村庄、赤脚医生、村民在政策下有着较明确的自我选择。为了快速康复，村民就会选择西药，为了慢性调理，村民就会选择中药，药效与价格成为他们选择中医还是西医的简单标准，在不能迅速找到赤脚医生之时，他们还会求助选择其他的救治方法，这是求生存的本能。而对于中西医到底孰优孰劣的问题，村庄与村民没有想过，对于他们来说最要紧的是村里能有个医生，能救急能看病，能改善他们的生活，这才是他们最想要的。中与西是选择而非争斗，在村庄中两者其实不存在竞争关系。中与西，本质上不过是为了更好地服务村民。而赤脚医生，无论医术高明与否，无论其受到的褒奖多或是批评多，在当时基本上解决了村庄求医问药的一些需求，做到了更好地保障村民健康。余新忠曾说：“疾病的历史，并不只是其发生、流行及其与社会互动的历史，同时也是社会框设和协商的历史，以及特定时空

---

① 香港康复医学会会长区结成在其著作《当中医遇上西医：历史与省思》（三联书店 2005 年版）一书中从中西医各自的起源说起到中西医现代的发展，阐述了无论是中医遇上西医还是西医遇上中医，中西医在其本质上是可以共生可以相互学习借鉴发展的，为中西医结合做了例证说明。

中人们认知身体、理解生态的历史，乃是生活方式和时代文化的一种展示。”① 赤脚医生的研究意义正在于此，不能单以现在的医疗水平与制度考量它的优劣，也不能以政策的侧重考评它的轻重，从当时出发，从赤脚医生本身及他所在的村庄实际出发，才能真正还原一个时代的赤脚医生。对赤脚医生的技艺和村民选择的考察，正是其中的一个侧面。

---

① 余新忠：《清代江南的瘟疫与社会：一项医疗社会史的研究》，北京师范大学出版社2013年版。